Konstanze Zinnecker-Mallmann
»... und ihr Verbrechen war ein guter Wahn«

Spannende Verbindungen zwischen Psychoanalyse und Literatur herzustellen ist eine der großen Leidenschaften von Konstanze Zinnecker-Mallmann: Gemeinsamkeiten der Schicksale aus ihrer psychoanalytischen Praxis mit literarischen Beispielen, die von Goethe bis Kästner reichen. Dabei stellt sie kreative Trennungs- und Trauerprozesse in den Mittelpunkt ihrer Überlegungen.

Die menschlichen Leiden ranken sich um Liebe und Schuld, Trennung und Tod. Die Psychoanalytikerin präsentiert anhand von Falldarstellungen die psychopathologischen Verstrickungen ihrer Patienten auf der Suche nach Konfliktlösungen, um liebes- und arbeitsfähig zu werden.

Als Leitfaden dienen ihr aber nicht nur die psychoanalytischen Klassiker Sigmund Freud und Kurt R. Eissler, sondern eben auch Goethes klassische Werke *Die Leiden des jungen Werther* und *Faust*.

Konstanze Zinnecker-Mallmann zeigt auf, wie Menschen die existenziellen Konflikte um Liebe und Trennung, *Stirb und werde!* (Goethe), schöpferisch zu bewältigen suchen.

Konstanze Zinnecker-Mallmann, geb. 1947, Dipl.-Psych., Ausbildung zur Psychoanalytikerin am SFI. Seit 1984 niedergelassen in eigener Praxis in Frankfurt am Main. Publikationen zu Goethe, Kästner, Spielrein und klinische Fallstudien. Herausgeberschaft von Kurt R. Eissler: *Diese liebende Verehrung ... Essays zu Literatur, Kunst und Gesellschaft* (2013) und *Bleibende Relevanz, Schriften zu Theorie und Technik* (in Vorbereitung, 2014)

Konstanze Zinnecker-Mallmann

»… und ihr Verbrechen war ein guter Wahn«

Psychoanalytische Überlegungen
zu Liebe, Schuld und Trennung

Brandes & Apsel

Auf Wunsch informieren wir Sie regelmäßig über Neuerscheinungen
in dem Bereich Psychoanalyse/Psychotherapie – Globalisierung/
Politisches Sachbuch/Afrika – Interkulturelles Sachbuch – Sachbücher/
Wissenschaft – Literatur.

Bitte senden Sie uns dafür eine E-Mail an *info@brandes-apsel.de*
mit Ihrem entsprechenden Interessenschwerpunkt.

Gerne können Sie uns auch Ihre Postadresse übermitteln,
wenn Sie die Zusendung unserer Prospekte wünschen.

Außerdem finden Sie unser Gesamtverzeichnis mit aktuellen
Informationen im Internet unter: *www.brandes-apsel.de*

1. Auflage 2014
© Brandes & Apsel Verlag GmbH, Frankfurt a. M.
Alle Rechte vorbehalten, insbesondere das Recht der Vervielfältigung und Verbreitung
sowie der Übersetzung, Mikroverfilmung, Einspeicherung und Verarbeitung in elektronischen oder optischen Systemen, der öffentlichen Wiedergabe durch Hörfunk-,
Fernsehsendungen und Multimedia sowie der Bereithaltung in einer Online-Datenbank oder im Internet zur Nutzung durch Dritte.
Umschlag und DTP: Felicitas Müller, Brandes & Apsel Verlag,
Frankfurt a. M. unter Verwendung eines Fotos von Wulf Hevers
Druck: STEGA TISAK d.o.o., Printed in Croatia
Gedruckt auf einem nach den Richtlinien des Forest Stewardship
Council (FSC) zertifizierten, säurefreien, alterungsbeständigen
und chlorfrei gebleichten Papier.

Bibliografische Information der Deutschen Nationalbibliothek:
Die Deutsche Nationalbibliothek verzeichnet diese Publikation
in der Deutschen Nationalbibliografie; detaillierte bibliografische
Daten sind im Internet über www.ddb.de abrufbar.

ISBN 978-3-95558-060-5

Inhalt

Einleitung
»… und ihr Verbrechen war ein guter Wahn«
Psychoanalytische Überlegungen zu Liebe, Schuld und Trennung   7

1. Sabina Spielrein – eine heimliche Rosa Luxemburg
   der Psychoanalyse?   13

2. Gretchen – ein liebeswahnartiger Adoleszenzkonflikt
   des jungen Goethe   17

3. Werther – eine psychoanalytische Fallstudie zur Übertragungsliebe   47

4. »Vater, du hast mir so gefehlt!«
   Die Analytikerin als *mére paternelle*
   in einer psychoanalytischen Fokaltherapie   73

5. Der doppelte Erich – das Doppelgängermotiv bei Erich Kästner   101

6. »Bist du bei mir, geh ich mit Freuden zum Sterben …«
   Chronologie einer psychotherapeutischen Sterbebegleitung   137

7. *Stirb und werde!*
   Kreative Trennungsprozesse bei Goethe und Piero della Francesca   149

8. Die blaue Hortensie   165

9. »Mein lieber, lieber August! … ich hasse die deutsche Sprache«
   Kurt R. Eissler, Versuch einer Werkbiographie   181

Gesamtbibliographie   195

Abbildungsverzeichnis   204

Dem Andenken Kurt R. Eisslers gewidmet

Einleitung

»… und ihr Verbrechen war ein guter Wahn«
Psychoanalytische Überlegungen zu Liebe, Schuld und Trennung

*Wenn ich Anlass zum Arbeiten gegeben habe,
so ist mir dies eine große Genugtuung.*

Aus einem Brief Kurt R. Eisslers an die Autorin

Die Fähigkeit, zu lieben und zu arbeiten, sind die erklärten Ziele der Psychoanalyse. Sie zu erreichen, ist von konflikthaften Schuld- und Trennungsprozessen durchzogen, die ein Leben lang dauern. Die vorliegenden Arbeiten sind in 30-jähriger Tätigkeit als Psychoanalytikerin entstanden. Rückblickend war es der Kampf um die Entwicklung der eigenen beruflichen Identität in der klinischen Arbeit und vorzugsweise im Spiegel der Literatur. Vor allem Goethes Sprache für seelische Konflikte sollte wegweisend werden. So wurden aus der häufigen Klage über Schuldzuweisungen, meist waren es Patientinnen: »Was habe ich bloß verbrochen?« die Worte Fausts, als er Gretchen im Kerker findet: »… und ihr Verbrechen war ein guter Wahn!« Daher ist dies der Titel des Buches geworden. Der Dichter entwarf eine Figur – »Gretchen« –, die sich aus zu großer Liebe kopflos in immer größere Schuld verwickelte. Im Stück wurde sie gerichtet. Ihr Schöpfer entdeckte früh die heilende Kraft des Schreibens und rettete sich selbst durch die Erschaffung des Schauspiels »Faust«, der in zwei Teilen sein Lebenswerk werden sollte.

Die erste Arbeit (eine Rezension für die *Psyche*, 1988), ein Vergleich von Sabina Spielrein mit Rosa Luxemburg, ergab sich aus der Zeit in der Friedensbewegung, als ich auf das interessante Leben der Pazifistin stieß. Es ging um die Frage, wodurch sich die Revolutionärin in ihrer Entwicklung als Frau von der Psychoanalytikerin unterschied. Beide stammten aus dem bürgerlichen jüdischen Milieu. Sabina Spielrein verliebte sich in Jung und war mit ihm verschmolzen. Rosa Luxemburg war ursprünglich aus Liebe zu einem Mann politisch aktiv geworden, folgte jedoch ihrem eigenen Willen. Sabina Spielreins wichtigste Arbeit »Destruktion als Ursache des Werdens« hat eine innere Nähe zu Goethes »Stirb und werde!«. Weshalb war ihr die Trennung von Jung dennoch nicht gelungen?

Die Beschäftigung mit Goethe und Eisslers großer Dichter-Studie sollten die entscheidenden Wegweiser für weitere Arbeiten bleiben. Das Studium des adoleszenten Goethe, sein *(Ur-)Faust*, die *Leiden des jungen Werther*, seine Reflektionen in *Dichtung und Wahrheit* führten zu der überraschenden Erkenntnis, durch welches Leid sich der pubertierende Dichter freigeschrieben hatte. Nach jahrelangem Suchen entstand schließlich mein Text »Gretchen, ein liebeswahnartiger Adoleszenzkonflikt des jungen Goethe« (1994).

Eine weitere Analyse wurde von Goethes *Werther* inspiriert und 2002 publiziert. Diese »Studie zur Übertragungsliebe« dokumentiert die Behandlung eines beruflich und privat gestrandeten Patienten. Er hoffte, wie Werther durch die idealisierende Liebe zu seiner Analytikerin »erlöst« zu werden. Stattdessen kam er in Kontakt mit seinem schöpferischen Potential und fing selbst an zu dichten und zu musizieren.

Die langjährige Teilnahme an der Fokaltherapiekonferenz erweiterte den Blick aus der Dyade in die konzentrierte Sicht einer Gruppe auf den analytischen Prozess. Aus dieser Zeit (1995) stammt der Bericht »›Vater, du hast mir so gefehlt!‹ Die Analytikerin als mère paternelle in einer psychoanalytischen Fokaltherapie«. Die »Schuld« des Gastarbeitersohnes bestand in schwer kontrollierbaren Aggressionsausbrüchen. Er fühlte sich mit der verhinderten Liebe zu seinem überwiegend abwesenden Vater aus der Bahn geworfen. Er entdeckte in der Kunst, in Hokusais *Die große Woge*, den rettenden (väterlichen) Berg (Abb. 3, S. 83).

Das Thema der Schuld war in der Erich-Kästner-Arbeit »Der doppelte Erich« (2001) ein detektivisches Vorgehen: Wer war der Vater, wer war der Dieb? Der 100. Geburtstag Erich Kästners hatte neue Erkenntnisse zum Doppelgängermotiv in seinem Werk und Leben hervorgebracht. Er war im ungelösten Trennungskonflikt von der Mutter, später der langjährigen Gefährtin hängengeblieben. Nur in der Transfiguration seines Lebens in sein Werk konnte er ideal schöpferisch sein.

»Die Chronologie einer Sterbebegleitung« (2004) war eine erste berufliche Konfrontation, die ich mir aufgrund privater Erfahrungen zutraute. Die Patientin war in Psychotherapie bei mir, als sie plötzlich die Diagnose »unheilbar« erhielt. Die Verknüpfung mit dem Lied aus dem Notenbüchlein der Anna Magdalena Bach »Bist du bei mir, geh ich mit Freuden zum Sterben« kam mir in den Sinn, als ich über ihren Tod informiert wurde. Dieser Text war mir Trost, der Patientin angstlindernde Stunden ermöglicht zu haben. In der Sterbestunde war der Ehemann bei ihr. Die Hintergründe des Liedes, Bachs Verlust seiner ersten Frau, die Bitte an die junge Braut, ihn in seiner letzten Stunde nicht alleine zu lassen, gaben mir Aufschluss über die tröstende Kraft von Text und Musik für den großen Komponisten.

Während es in dieser vorangegangenen Arbeit um konkretes Sterben ging, handelt es sich bei Goethe um das Sterben als Metapher für seine radikale Suche nach Erkenntnis *Stirb und werde!* – als Verdichtung von seinem Lebensmotto im reifen Alter (2009). Um schöpferische Trennungsprozesse geht es bei Goethe in der Dichtung und bei Piero della Francesca in der Malerei. In seinem Bilderzyklus »Die Legende vom Heiligen Kreuz« nimmt *Der Tod des Adams* eine zentrale Stellung ein. Piero lässt den Betrachter am Hadern des schuldig gewordenen alten Adams teilhaben. Die Stärkung für die Trauernden ist der Sprössling, den Adams Sohn Seth dem toten Vater in den Mund pflanzt. Dieser treibt aus und reift zum Baum, aus dessen Holz schließlich das Heilige Kreuz entsteht. Die stärkende Kraft des Sprösslings im Trauerprozess kann Märchenmotiv – Aschenputtel – sein und ist bis heute im Bepflanzen der Gräber Tradition geblieben.

»Die blaue Hortensie« (2011) ist der Bericht über die Analyse einer malenden Patientin, eine Konfliktbewältigung der besonderen Art: Er handelt von einer Mutter, die sich in ihrer Malerei selbst entwarf. Sie wurde an ihrem Jüngsten »schuldig«, weil sie sich eine Tochter als eigene »Wiedergeburt« gewünscht hatte. Sie begann, erneut zu malen, und statt den Sohn zu belasten, »schuf« sie sich selbst in verschiedenen Gemälden. *Die blaue Hortensie*, eine Portraitierung meiner Praxispflanze, wurde ihr gemaltes Abschiedsgeschenk.

Das letzte Kapitel ist der Versuch einer Werkbiographie Kurt R. Eisslers. Unserer langen Bekanntschaft im Briefwechsel und einem Besuch in New York (1994) folgte eine endgültige Bestätigung meiner analytischen Identität. Mein Arbeitsstil hatte sich inzwischen vor allem in der Suche nach der eigenen schöpferischen Ausdrucksform im Schreiben herauskristallisiert. Ich konnte mich in Eisslers Vorgehensweise wie nie zuvor wiederfinden: der Bedeutung des Bemühens um die analytische Haltung als Vorbild im Sinne Dostojewskis (*Die Brüder Karamasoff*), »alles sehen und nicht verurteilen«, verbunden mit Eisslers Wertschätzung der Freundlichkeit und des Humors als letzter Lösungsform.

Der Vortrag wurde erstmals 2011 am Frankfurter Psychoanalytischen Institut gehalten, zur Einleitung von Eisslers Schriften zu Literatur, Kunst und Gesellschaft. Drei Jahre später in Wien anlässlich einer Tagung zum Rückblick auf 75 Jahre Emigration lag der Akzent auf Eisslers Vertriebenenschicksal, daher der Titel: »Mein lieber, lieber August, ich hasse die deutsche Sprache…!«.

Einleitung

Dieser Affektausbruch in einem Brief an Aichhorn war insofern bedeutsam, da Eissler Goethe gleichzeitig so verehrte. Wie viel Ambivalenz in dieser Absage enthalten war, lehrt die Stimme des Gründers der Psychoanalyse, die im Freud Museum in der Berggasse auf Band zu hören ist: »Das Schlimmste an der Emigration ist der Verlust der Sprache.«

Literaturnachweise

Sabina Spielrein – eine heimliche Rosa Luxemburg der Psychoanalyse? (Buchrezension). *Psyche*, 1988, S. 90-93. Carotenuto, A. (Hrsg): Tagebuch einer heimlichen Symmetrie, Sabina Spielrein zwischen Jung und Freud.

Gretchen – ein liebeswahnartiger Adoleszenzkonflikt des jungen Goethe. *Analytische Kinder- und Jugendlichen-Psychotherapie*, 81, 1994, S. 63-90.

Werther. Eine psychoanalytische Fallstudie zur Übertragungsliebe. *Analytische Kinder- und Jugendlichen-Psychotherapie*, 114, 2002, S. 203-230.

»Vater, du hast mir so gefehlt!« Die Analytikerin als mére paternelle in einer psychoanalytischen Fokaltherapie. *Analytische Kinder- und Jugendlichen-Psychotherapie*, 88, 1995, S. 305-325.

»Bist Du bei mir, geh ich mit Freuden zum Sterben«. Chronologie einer psychotherapeutischen Begleitung, 2004, unveröffentlichtes MS.

Der doppelte Erich. Das Doppelgängermotiv bei Erich Kästner. Vortrag auf der DPV Frühjahrstagung, 2001, Tagungsband, S. 357-392, und 2005 im *Jahrbuch der Psychoanalyse*, 51, S. 213-254.

Stirb und werde! Teil 1: Kreative Trennungsprozesse bei Goethe und Piero della Francesca. Vortrag auf der DPV Frühjahrstagung, 2009, Tagungsband, S. 336-354.

Stirb und werde! Teil 2: Die blaue Hortensie. Bericht über die Analyse einer malenden Patientin. Vortrag auf der DPV Herbsttagung, 2011.

Mein lieber, lieber August! ... ich hasse die deutsche Sprache! Versuch einer Werkbiographie Kurt R. Eisslers. Vortrag in Wien am 29. Novemver 2013, Tagung: Emigration in Wien vor 75 Jahren.

»Diese liebende Verehrung ...« Essays zu Literatur, Kunst und Gesellschaft. Revidierte Version eines Vortrags über Kurt R. Eissler vom 26. August 2011 am Frankfurter Psychoanalytischen Institut.

Danksagung

Diese Arbeit ist dem Andenken Kurt R. Eisslers gewidmet, ohne sein Vorbild wäre dieses Buch nicht zustande gekommen. Edda Hevers sei gedankt für wissenschaftliche Zusammenarbeit, Anregung zu beiden *Stirb und werde!*-Vorträgen und für die Erstellung der Bibliographie, Dominic Angeloch für vorbereitende Arbeiten zu diesem Band, Barbara Klemm für das Autorenphoto, Wulf Hevers für die Aufnahmen zur »Blauen Hortensie« und das Coverbild *Am Wasser* (Prof. F. Klimsch, gestiftet 1931 von Prof. Erwin Selck), und wie immer Bernie Eis für wertvolle Arbeit am PC.

Frankfurt a. M., den 15. März 2014

1. Kapitel

Sabina Spielrein – eine heimliche Rosa Luxemburg der Psychoanalyse?

Mit den Tagebüchern Sabina Spielreins und ihrem Briefwechsel mit Jung und Freud ist ein phänomenaler Fund aus einem Genfer Keller nach Rom auf den Schreibtisch des italienischen Psychoanalytikers Aldo Carotenuto ans Tageslicht gelangt. Wie bleibt offen. Es ist jedoch verdienstvoll, dass wir mit Hilfe des Kore Verlags eine sorgfältige Edition, in der ihre Aufzeichnungen geordnet und mit den Originaltexten der Briefe von Jung und Freud ergänzt wurden, in einer deutschen Ausgabe vorliegen haben (Carotenuto 1986). Es ist phänomenal und unglaublich zugleich, dass es möglich war, ein Dreivierteljahrhundert lang die Bedeutung von Sabina Spielrein totzuschweigen, während sie anonym, als *narrow escape* Jungs, längst in die psychoanalytische Geschichte eingegangen ist. Sie regte Freud zu seinen Überlegungen zur Übertragungsliebe an – er führte daraufhin die Lehranalyse als Pflicht ein –, und Jahre nach Spielreins Arbeit »Destruktion als Ursache des Werdens« formulierte er sein Todestriebkonzept (Spielrein 1912).

Sabina Spielrein, geboren 1885 in Rostow, ist die Tochter reicher jüdischer Eltern. Der Vater war Kaufmann, die Mutter Zahnmedizinerin, die sich jedoch ausschließlich ihren vier Kindern widmete. Sabina wuchs in Rostow auf, ging dort bis zur Reifeprüfung in die Schule. 1904 wird sie wegen einer angeblich »psychotischen Hysterie« von den Eltern ins Burghölzli nach Zürich gebracht. Dort lernt die auffallend intelligente Russin Jung als Arzt kennen, der sie nach neuesten psychoanalytischen Erkenntnissen behandelt. Nach einem Dreivierteljahr ist sie »geheilt« – ein sensationeller Erfolg für beide. Danach beginnt sie ihr Medizinstudium und setzt die als Analyse missinterpretierte Liebesgeschichte mit Jung fort. Cremerius schreibt mit viel Liebe und Sorgfalt das Vorwort zu der »furchtbaren Geschichte«. Zwischendurch hält er für ein außergewöhnliches Bekenntnis inne:

> Sabina Spielrein hat sich nach ihrem traumatischen Eintritt ins Erwachsenenleben […] zu einer Frau entwickelt, die Zuneigung und Achtung in mir ausgelöst hat – mit

1. Kapitel

Würde und großer seelischer Kraft hält sie sich im plötzlichen Zusammenbruch all ihrer Hoffnungen nach Jungs Verrat von Hass und Destruktion frei. Es scheint, als habe sie den Hass […] kreativ sublimiert. (Cremerius 1986, S. 16)

Es ist tragisch und paradox, dass sie, statt auf Rache und Bruch zu sinnen, die Bewältigung in der wissenschaftlichen Arbeit suchte, da ihr dies zum Verhängnis wurde. Trotz fortgesetzter analytischer Publikationen und späterer Lehrtätigkeit in Russland wurde sie den Ruf des heimlichen Liebchens nicht los. In den bekannten Biographien von Jung und Freud sucht man ihren Namen vergeblich. Ihre Schriften waren vor Erscheinen des vorliegenden Buches nur in Fachbibliotheken in alten psychoanalytischen Jahrbüchern zu finden. Wie war das möglich? Die viktorianische Zeit allein reicht als Erklärung nicht aus.

Die Lebendigkeit ihrer Tagebucheinträge erinnert an die Leidenschaftlichkeit der Briefe von Rosa Luxemburg. Doch die Revolutionärin ging als eigenständige Frau in die Geschichte ein. 1871 geboren, in Warschau aufgewachsen war sie gleichfalls Tochter jüdischer Kaufmannseltern. Auch sie hatte eine heftige Liebesbeziehung über den Beruf, jedoch ein gelebtes Verhältnis, wenn auch mit häufiger räumlicher Trennung. Bei intensiverem Studium ihres Lebens erfährt man eher erstaunt, welche Rolle sie dem Lebensgefährten Leon Jogiches einräumt: »Und fühlst Du es denn nicht, dass ich alles, was ich tue, ja alles nur mit dem Gedanken an Dich tue?« (Luxemburg 1980, S. 52). Seine Bedeutung schrumpft nach über 100 Jahren fast zum bloß auslösenden Moment der Kreativität dieser Frau. Er ist es, der sie »in die Ketten dieser verfluchten Politik geschlagen hat« (ebd., S. 139). Der Partner, trotz dessen Enge und Unverständnis sie sich immer weiter entwickelt, ermöglicht ihr durch den schließlich vollzogenen Bruch die separierende Autonomie als Wissenschaftlerin, neben deren Namen der des Mannes verblasst. »Die Arbeit, die tüchtige intensive Arbeit, die einen ganz in Anspruch nimmt mit Hirn und Nerven, ist doch der größte Genuss im Leben« (1898) – dieses Motto von Rosa Luxemburg könnte auch das von Sabina Spielrein gewesen sein. Beide Frauen schlugen eine wissenschaftliche Laufbahn ein, waren Töchter der viktorianischen Zeit. Warum gelingt es der Revolutionärin, als selbständige Frau einen Ruf zu erwerben, während die andere mit nicht minder revolutionären Ideen ihrer Zeit voraus – wenn auch auf anderem Gebiet – verheimlicht und verleugnet wurde?

Cremerius beginnt sein Vorwort: »Dieses Buch dokumentiert die Geschichte einer tragischen Übertragungsliebe zwischen einer Patientin und ihrem Analytiker« (Cremerius 1986, S. 9). Psychoanalytisch war diese Beziehung jedoch nur während ihres Aufenthaltes in der Klinik. Jung war 30, Sabina 19 Jahre alt. Sein Ehrgeiz, sie mit der neuen psychoanalytischen Methode zu heilen, korrespondierte mit ihrem Wunsch, ihm zu gefallen und ihre eigenen »unvollendbaren Wünsche« in einem gemeinsamen Kind »zur Vollendung« zu bringen (so Jung am 6. Juli 1907 in einem Brief an Freud (Carotenuto 1986, S. 231). Nach etwas mehr als neun Monaten (eine Schwangerschaft lang) kam es zu dem ungewöhnlich raschen »Heilungserfolg«.

Was dann draußen fortgesetzt wurde, ist eine Liebesaffäre, die durch den analytischen Charakter, das Interpretieren von Erleben und Träumen, die große seelische Verwandtschaft der beiden, das Schwelgen in Wagner'scher Musik und gemeinsame Publikationen eine besonders innige Verflechtung erhielt. Sie war »bereit für ihn zu sterben« – vertraut sie ihrem Tagebuch an (Carotenuto 1986, S. 49) – und er sei »[v]om Parallelismus in ihrem Denken und Fühlen ganz ergriffen, auch wenn ihn diese Erkenntnis bange machte, weil dies der Weg sei, mit dem sie seine Liebe gewänne« (ebd., S. 59). Trotz intensivster Glücksbekenntnisse, einen Menschen gefunden zu haben, bei dem »Leben und Denken eines« ist, und trotz des Austausches von Zärtlichkeiten ist das, was beide vom »normalen« Paar unterscheidet, dass es nicht zur sexuellen Vereinigung kommt, die Beziehung identifikatorisch, im Kern illusionär bleibt. Jung habe sie gewarnt, es sei »ein großer Philister in ihm, der das enge, spezifisch Schweizerische brauche« (ebd., S. 74). Außerdem ist er ein verheirateter Mann und fürchtet um seine Laufbahn als Psychoanalytiker. Statt Sabina schwängert er seine Frau. Sie bringt 1910 – im Trennungsjahr des Liebespaares – ein Mädchen zur Welt. Sabina bleibt mit ihrem imaginären »göttlichen Kind Siegfried« zurück, der gemeinsam entwickelten Fiktion, und sucht Trost in der Arbeit. Seine Ehefrau schreibt einen aufklärenden Brief an ihre Mutter, Jung versucht, sich mehr schlecht als recht aus der Affäre zu ziehen – wie der Leser aus seinem Briefwechsel mit Freud erfährt. Sabina wendet sich in ihrer Not schließlich auch an Freud, der ihr Anliegen zunächst brüsk ablehnt, weil ihm Jung vertrauenswürdiger erscheint. Erst als sein »arischer Thronfolger« voller Reue geständig wird, entschuldigt er sich bei ihr, behält jedoch vor allem die Vermeidung des Skandals für die junge psychoanalytische Bewegung im Auge. Später lernt er sie dann als »kluge« Analytikerin kennen und schätzen. Sabina kehrt nach Russland zurück, heiratet, bekommt zwei Töchter und findet im eigenen Musizieren und Komponieren eine weitere Sublimationsmöglichkeit. Sie analysiert und publiziert auch dort, leistet Wesentliches zur Erweiterung der Psychoanalyse in Russland. Mit Jung bleibt sie in brieflichem Kontakt. Es bleibt eine traumhafte Beziehung. Er soll »hoch und edel« für sie bleiben, während sie für Jung im Briefwechsel mit Freud »die Kleine« wird oder werden muss, weil sie ihn, wie er ihr schreibt, »die schicksalsbestimmende Macht des Ubw« gelehrt habe (Jung an Spielrein v. 1. September 1919 [Carotenuto

1986, S. 223]). Sie schreibt ihm ihre Träume, übersetzt seine Arbeiten ins Russische, um den Freund nicht zu verlieren, so scheint es. So vollzieht sie den Bruch zwar konkret, indem sie als Freudianerin arbeitet und lehrt, wird jedoch nicht müde in ihren Versuchen, die beiden Männer miteinander auszusöhnen; aber die innere Trennung von Jung gelingt nicht. Ihr Ideal bleibt mit seinem verschmolzen, und damit verharrt sie in seinem Schatten. Hierin liegt der gravierende Unterschied zu Rosa Luxemburg.

Das Buch endet mit einer interpretierenden Darstellung von Aldo Carotenuto, der nochmals durch die Stationen ihres Lebens führt. Und so erfährt man, dass es zum Schluss noch eine traurige Parallele zwischen den Frauen gibt: Beide fanden einen grausamen Tod von der Hand von Rechtsextremisten. Rosa Luxemburg wurde erschlagen, Sabina Spielrein mit ihren Töchtern 1941 in einer Synagoge in Rostow von Nazis erschossen.

Nachdem so namhafte Analytiker wie Johannes Cremerius in seiner Einführung und Tilmann Moser in seiner gelungenen Rezension in der *FAZ* mit dem Titel »Verrat in inniger Umschlingung – eine Gefühlskatastrophe aus der Frühzeit der Psychoanalyse«, sich gleichsam für die Männer von damals entschuldigend, so verständnisvoll und engagiert für ihre Rehabilitation eingesetzt haben, ist es höchste Zeit, dass Sabina Spielrein endlich selbst für sich sprechen kann, dass ihre Schriften nicht mehr umständlich gesucht und photokopiert werden müssen, sondern als eigenständige Arbeiten verlegt werden. Erst wenn ein breites Publikum sich ein eigenes Urteil über die Gedanken der klugen Revolutionärin bilden kann, ist sie wirklich rehabilitiert.

Der Verlag Brinkmann und Bose ist dieser Forderung mit einer ersten Ausgabe nachgekommen (Spielrein 1986).

2. Kapitel

Gretchen – ein liebeswahnartiger Adoleszenzkonflikt des jungen Goethe

Übersicht

Anhand der Gestalt des Gretchens im *Faust* versucht die Autorin vor dem Hintergrund der biographischen Erlebnisse des jungen Dichters einen liebeswahnhaften Konflikt seiner Adoleszenzzeit darzustellen. Dieser begann in Frankfurt mit einem Gretchen, wiederholte sich in weiteren Beziehungsversuchen – Käthchen und Friederike – und fand schließlich in der Verknüpfung mit der Kindesmörderin Margaretha Brandt eine dichterische Sublimation in der Schaffung des *Urfaust*.

Einleitung

Gretchen aus dem *Faust* entspricht einer wahren Person im Leben Goethes. Dass sich hinter der Gretchen-Tragödie der erste liebeswahnhafte Konflikt des Adoleszenten in Frankfurt verbirgt, ist weniger bekannt, da meist erst die nachfolgenden Mädchen, Käthchen in Leipzig und Friederike in Straßburg, als ernst zu nehmende Freundinnen in Goethes Leben betrachtet werden. Allein er selbst räumt Gretchen in *Dichtung und Wahrheit (DuW)*[1] den gebührenden Platz ein und widmet ihr ein ganzes Kapitel.

Lässt man sich von der Geschichte des Schauspiels leiten, dass ein 14-jähriges Mädchen dem Liebeswerben eines Gelehrten erliegt, und verfolgt dann die Spur in die Adoleszenzzeit des Dichters, so zeigen sich eindrucksvolle Ent-

---

[1] Im Folgenden abgekürzt als »*DuW*«, gefolgt von der entsprechenden Seitenzahl. Goethes Werke werden zitiert nach der Hamburger Ausgabe in 14 Bänden. E. Trunz (Hrsg.). München: dtv, 1988.

deckungen. Goethe liebte ein Gretchen, wie in seiner dichterischen Schöpfung, dem *Urfaust*, – zehn Jahre später – Gretchen ihren Heinrich liebt.

Damals war der über 14-jährige Adoleszent im wahren Sinn des Wortes *wahnsinnig* in dieses Gretchen verliebt. Sie war ein paar Jahre älter als er, jedoch klug und besonnen, während er sich so in Phantasien verlor, dass er nach ihr »das Bild seiner zukünftigen Gattin« (*DuW*, S. 168) entwarf. Schließlich musste er sie unter entsetzlicher Kränkung aufgeben und fühlte sich durch ihren Verlust nahezu vernichtet.

Im Schauspiel ist Faust von Gretchen entflammt. Er begegnet ihr mithilfe von Mephistos List und Welterfahrenheit und begehrt sie mit bemerkenswerter Überheblichkeit. Er verlässt sie geschwängert und vernichtet sie damit. So vergleichend betrachtet liegt der Gedanke an Rache und Genugtuung des adoleszenten Liebeskranken an der frühen Geliebten, die ins Drama kanalisiert werden mussten, nicht fern.

Hier wird ein Bezug zwischen der überlieferten Realität des jungen Dichters unter Berücksichtigung seiner Adoleszenzphase und seiner Schöpfung *Urfaust* mit besonderer Beachtung der Wortwahl, des Gebrauchs von Zahlen, Orten und Namen hergestellt. Wie in der Traumdeutung gilt auch für die dichterische Produktion die psychoanalytische Erkenntnis, dass die Wortwahl nach einem unbewussten Zwang, dieses Wort und kein anderes zu benutzen, geschieht (siehe auch Reik 1930, S. 462).

Der Liebeswahn – ein adoleszenter Entwicklungskonflikt

Das Ehepaar Laufer (1965) hat eindrucksvoll dargestellt, welche Entwicklungsaufgaben der Jugendliche bewältigen muss: 1. die physiologische Reifung, den Triebschub und die Umstrukturierung des Körperbildes, 2. die Veränderung der Beziehung zu den infantilen Bezugspersonen, vor allem die Loslösung von den Eltern, 3. das Finden eines heterosexuellen Liebesobjektes, 4. die Integration von Identifikationen, Verhaltenserwartungen und Idealen in einer stabilen Identität, kurz, das Finden einer Antwort auf die Frage: Wer bin ich?

Hierbei seien Krisen wie »der Ausbruch aus der Realität« keine Seltenheit.

> Die wahnhaften Konstrukte, die paranoiden Projektionen, die heftigen Attacken gegen den Körper in Form von Selbstmordversuchen und Akten der Selbstverstümmelung, die Halluzinationen des Jugendlichen – all das lässt sich als ein Teil einer solchen Entwicklungskrise verstehen. (Laufer 1989, S. 15)

Abb. 1: Das Bild ist eine Darstellung aus den Faust-Zyklen *von Eugene Delacroix aus dem Jahre 1828,* Gretchen am Spinnrad, *die Goethes Zustimmung fand.*

2. Kapitel

Ihr Konzept der »zentralen Masturbationsphantasie« kann in erweiterter Form für die Genese des neurotischen Liebeswahnes aufgegriffen werden als frühkindliche unbewusste Wunsch- oder Kernphantasie, die in der Adoleszenzphase im Sinne Freuds auf das Liebesobjekt projiziert wird: »Man liebt, was man selbst sein möchte, und die Person, die ein Teil des eigenen Selbst war.« (Freud 1914c, S. 318)

Das Finden der Identität wird nach neuen dynamischen Konzepten als »Realitätsgefühl des Selbst« definiert, das erst in einem »inneren Spiegelungsprozess« (Bohleber 1987, S. 63) erfahrbar sei, der im Gesicht der Mutter begänne.

Die Disposition zur Wahnbildung ergibt sich aus einer dauernden Enttäuschung der zentralen Wunschphantasie. Die Fixierung findet in der frühkindlichen Phase statt, wenn der Bezug zur Mutter unterbrochen ist. Dies kann geschehen durch eine neue Geburt, aber auch durch den Tod eines Geschwisters oder die Unterbrechung der Elternbeziehung durch Scheidung, die irritierend, ja traumatisierend wirkt. Gestörtes Ur-Vertrauen, Scham und Zweifel (Erikson) wirken hemmend auf die frühen Autonomiebemühungen. Gute schulische Leistungen können kompensierend wirken, die Traumatisierung jedoch nicht auslöschen. Die Flucht in die Welt der Phantasie wird zur Überlebenstechnik.

Mit der Pubertät beginnt sich der *hysterische Wahn* zu manifestieren. Freud führt diesen Begriff in seiner Schrift »Der Wahn und die Träume in W. Jensens ›Gradivia‹« ein und lässt sich vom Dichter hierzu inspirieren:

> [...] wir haben keinen Grund, diese Bezeichnung [Wahn, KZM] zu verwerfen. Zwei Hauptcharaktere können wir vom »Wahn« angeben, [...] Er gehört erstens zu jener Gruppe von Krankheitszuständen, denen eine unmittelbare Einwirkung aufs Körperliche nicht zukommt [...] und er ist zweitens durch die Tatsache gekennzeichnet, daß bei ihm »Phantasien« zur Oberherrschaft gelangt sind, d. h. Glauben gefunden und Einfluß auf das Denken genommen haben. (Freud 1907a, S. 71)

Freud geht von der Existenz eines erotischen Kindheitserlebnisses, das verdrängt blieb, aus. Die Macht zwischen der Erotik und den sie verdrängenden Kräften äußere sich als Wahn. Der Adoleszente, der versucht, seine Identität über das Liebesobjekt zu finden, projiziert seine eigenen Ideale, und der Spiegelungsprozess vollzieht sich nicht in seinem Inneren (Bohleber 1987, S. 63), sondern im Auge des oder der Geliebten.

In Anlehnung an Freuds Theorie der narzisstischen Objektwahl verfällt der Adoleszente einer Person, die 1. seiner Idealbildung entspricht und 2. einer Gestalt seiner Vergangenheit – meist der Mutter bzw. dem Vater – gleicht. Während dem Psychotiker der Bezug zur Realität verloren geht, stellt der Neurotiker zum Objekt seiner Sehnsucht eine Beziehung her, die jedoch etwas Phantastisches und Unpersönliches hat. Die Realität des Anderen tritt zugunsten der eigenen Liebeswahnidee in den Hintergrund. Meist wird bei der ersten Begegnung ein tief verdrängtes Erinnerungsbild ausgelöst, ohne dass dies dem Betroffenen bewusst wäre. Er fühlt nur seine Abhängigkeit, die ihn in Bann geschlagen hat und in Hörigkeit am Anderen festhalten lässt.

Vom Wahn wird deshalb gesprochen, weil der Liebende an seiner Phantasie vom Anderen, gleich einer fixen Idee, festhält, auch wenn die Realität Gegenteiliges beweist. Er kann nicht anders, weil sein Ich verarmt ist. Trennung ist gleichbedeutend mit Selbstverlust und führt zur Destruktion, wird oft katastrophal durch Mord am Selbst, dem Kind dieser Beziehung oder am Geliebten.

Liebe und Wahn in der Literatur

Die Definition des Liebeswahnes als adoleszenter Entwicklungskonflikt befindet sich gar nicht weit entfernt vom Verständnis der Dichter und Literaturwissenschaftler. So spricht Peter von Matt von einem »Konzept des Wahnsinns«, der keine »psychiatrische Angelegenheit«, sondern in der Literatur der klassisch-romantischen Epoche ausgebildet worden sei.

> Vom Sturm und Drang bis zur Romantik ist der Wahnsinnige nicht der arme Beschädigte, dem es zur Vernunft nicht langt, [...] vielmehr ist der Wahnsinn ein Ereignis, das dort entspringt und, wo ein empfindungsmächtiges Subjekt die Normen und Gesetze seiner Welt als falsch erfährt, [...] aber denkend nicht zu widerlegen und beseitigen vermag. [...] Der Wahnsinn signalisiert die Erfahrung einer erweiterten Wirklichkeit, [...] hier bleiben und dort leben, lässt den Wahnsinn manifest werden. (Matt 1989, S. 187)

Foucault habe den Wahnsinn auf die kürzeste Formel gebracht: »Das Fehlen einer Arbeit«. Unter dem Aspekt der »sinnstiftenden Lebenstätigkeit« fielen Liebe und Arbeit zusammen.

> Der Wahnsinn ist so wenig von der scheiternden Lebensarbeit, vom »Wirken« zu trennen, wie von der Liebe. Und wenn Liebe zuletzt das Hauptwort bleibt, sich als Kron- und Gipfelthema präsentiert, bleibt es umso wichtiger zu wissen, dass zu ihr die Dimension der Arbeit gehört. (Matt 1989, S. 187)

Die Überlegungen umschreiben Freuds Behandlungsziel, dass der Analysand arbeits- und liebesfähig werde.

Nach der Theorie soll nun Goethes Biographie mit besonderem Blick auf seine erste Liebe Gretchen und die nachfolgenden Mädchen im Hinblick auf die *Faust*-Tragödie betrachtet werden.

Goethes familiäre Hintergründe

Goethes Vater, Johann Caspar, ein Jurist, ist 38 Jahre alt, als er die 17-jährige Elisabeth Textor heiratet. Der Sohn Johann Wolfgang wird ein Jahr nach der Eheschließung geboren. Der Vater widmet sich ganz der Erziehung seiner Familie und häuslichen Dingen, nachdem ihm die Karriere im öffentlichen Dienst versagt geblieben war. Der Sohn habe sich über Härte und Unverstand des Vaters beklagt, aber auch innere Weichheit, kaschiert mit Unbeholfenheit bei ihm vermerkt, schreibt der Biograph Friedenthal (1963). Entscheidend ist, dass er mit dem Auftrag heranwuchs, die unerfüllten Berufsziele des Vaters zu erreichen. So meint der Sohn in seinen Lebenserinnerungen: »Es ist ein frommer Wunsch aller Väter, das, was ihnen selbst abgegangen, an den Söhnen realisiert zu sehen« (*DuW*, S. 31). Dies führt vor allem in den Adoleszenzjahren zu massiven Konflikten, weil die Neigungen des Sohnes immer mehr von den Vorstellungen des Vaters divergieren.

Die Mutter, seine Beziehung zu ihr und die frühen Jahre sind schwer zu fassen, da Goethe alle Dokumente dieser Zeit zerstört hat. Kein Brief von ihr oder an sie ist erhalten geblieben, da erst ab der Weimarer Zeit die Korrespondenz bewahrt ist. Diese radikale Vergangenheitsvernichtung bezeichnet er als »Häutung«.

Seine ersten außerfamiliären Liebesversuche bzw. deren Scheitern legen die Vermutung nahe, dass die Beziehung zur Mutter von Ungewissheit und unerfüllter Sehnsucht bestimmt war. Ihr Erinnerungsbild war allmächtig und doch früh verdrängt, ständig erschüttert durch Gebären und Sterben von kleinen Kindern.

Seine Geburt, die erste der 18-jährigen Mutter, habe drei Tage gedauert. Der dann leblos zur Welt gekommene Knabe musste durch Massagen ins Leben zurückgerufen werden. Dann sei eine Amme bestellt worden, die ihn genährt habe, weil die Brüste der Mutter den Dienst versagten. Psychologisch kann hier ein unbewusster Widerstand vermutet werden. War es die zu schnelle Heirat, für die das schwärmerische Mädchen – das sich gerade als 15-Jährige in den Kaiser verliebt hatte, ein Erlebnis, das im Zusammenhang mit ihrem Sohn nochmals aufgegriffen werden soll – bestimmt war oder war es das Leid der tagelangen Geburt?

Jedenfalls wurde die junge Mutter nach vier Monaten erneut schwanger, um dann Cornelia, die einzige Schwester Johann Wolfgangs, die mit ihm die Kindheit überlebte, zur Welt zu bringen.

Seine ersten zwölf Lebensjahre waren im Zwei-Jahres-Rhythmus von Geburt und Tod weiterer Geschwister bestimmt. Aus Analysen ist bekannt, wie schwer überlebende Kinder den Verlust von verstorbenen Geschwistern verarbeiten und dass sie oft von tiefen unbewussten Schuldgefühlen geplagt sind. Goethes lebenslange Unfähigkeit, mit Krankheit und Tod umgehen zu können, mag in dieser Lebensphase ihre Wurzeln haben.

Freud stellt einen Bezug zwischen dem Geschirr-Hinauswerfen des jungen Goethe – als Deckerinnerung – und dem Sterben der Geschwister her. Dies sei ein Verarbeitungsversuch gewesen, in der magischen Handlung Schuld und Aggression auf die kleinen Rivalen, als »Glückskind« und »unbestrittene[r] Liebling der Mutter« überlebt zu haben, loszuwerden (Freud 1917b, S. 26).

Goethe beschreibt seine Mutter als »fast noch ein Kind, welche mit und in ihren beiden Ältesten zum Bewußtsein heranwuchs« (*DuW*, S. 256). Die Beziehung zur Schwester Cornelia wird von Freud des geringen Altersabstandes wegen als nicht rivalisierende bezeichnet, auch von Eissler (1983) wird der innige, inzestuöse Charakter betont. Die fehlende Rivalität ist fragwürdig und sollte vielmehr als Identifikation mit der Mutter verstanden werden. Ulrike Prokop (1991, S. 310f.) weist auf die wütende Fütterungstechnik des Johann Wolfgang hin, der die Schwester Cornelia mit Brotstücken, die er ihr in den Mund stopfte, »zum Schweigen« bringen wollte. Er habe »passives Leiden an der Konkurrenz in Aktivität« verwandelt: »Er hatte in Cornelia nun ein Kind wie eine lebendige Puppe. Mehr noch. Wie Eissler zu Recht bemerkt, übernahm er eine weiblich mütterliche Position durch Identifikation.« (Prokop 1991, S. 310)

Zur Entstehungsgeschichte des *Faust* sei hier erwähnt, dass Bruder und Schwester zehn und neun Jahre alt waren, als Johanna Maria, die schöne, zweijährige Lieblingsschwester der beiden, starb, das zweite Kind in einem Jahr, an dessen Ende die Mutter erneut schwanger wurde. Diese reale, tief greifende Erfahrung könnte daher von Goethe für Gretchens Biographie im *Faust* mitverwandt worden sein, denn sie erzählt Faust:

> Mein Schwesterchen ist tot. / Ich hatte mit dem Kind wohl meine liebe Not, / Doch übernähm ich gern noch einmal alle Plage, / So lieb war mir das Kind […] / Ich zog es auf, und herzlich liebt' es mich. (*Urfaust*, S. 401)

Goethe schreibt weiter über den Kontrast zwischen der Mutter und dem Vater:

> Ein solcher Widerstreit vermehrte sich mit den Jahren. […] Unter diesen Umständen war es natürlich, dass sich Bruder und Schwester fest aneinander schlossen und

sich zur Mutter hielten, um die im ganzen versagten Freuden wenigstens einzeln zu erhaschen. (*DuW*, S. 256)

Versucht man, sich aus den noch verbliebenen Briefen der Mutter und Zeitdokumenten einen Eindruck von ihr zu verschaffen, so entsteht das Bild einer dennoch lebensfrohen Frau, die Schicksalsschläge als Prüfungen Gottes verstand und so fest verankert in ihrem Glauben »Ordnung und Ruhe« als die Hauptzüge ihres Charakters sah.

Wie Ulrike Prokop (1991) entwickelt, habe sie sich »in Kunst und Wissenschaft als ewige Schülerin [empfunden], die sich lebenslang über die entgangenen Bildungsmöglichkeiten ihrer Kindheit und Jugend beklagte« (ebd., S. 202). Literatur und Musik waren ihr Lebenselixier und Religion ihre Lebensphilosophie. Nach dem Tod der Freundin Susanna von Klettenberg begann sie, sich auch im Bereich des Theaters interessiert zu betätigen, und war so vor allem im Ideellen mit ihrem Sohn verknüpft. Und wenn sie sich als »Mutter des Dichters« verstand, sei dies gerade nicht die »Idealgestalt der allseits mütterlichen Hausfrau« (ebd., S. 205) gewesen.

Der Sohn war also nicht nur für den Vater, sondern auch für die Mutter ein idealer Selbstanteil. Sie nennt ihn liebevoll »Häschelhanß« und verehrt ihn als »einen Menschen wie du bist, mit deinen Kenntnüßen, mit dem reinen Blick vor alles was gut, groß und schön ist, der so ein Adlerauge hat« (C. E. Goethe 1971, S. 10).

So wuchs der Sohn heran, von beiden Eltern hochidealisiert, von beiden beauftragt, eigene verhinderte Ambitionen zur Erfüllung zu bringen. Vom Vater mit Strenge und Kontrolle überwacht, von der Mutter als einziger überlebender Sohn verwöhnt, durch neue Geburten auch immer wieder entthront. Dies wirkt verstärkend auf seine Beziehung zur Schwester, die er wie einen weiblichen Zwilling besitzergreifend vereinnahmte. Ihren Tod hat der 28-Jährige mit einer »Entwurzelung« verglichen. Sie half, die durch Geburt und Tod der Kinder immer wieder abwesende Mutter als zuverlässiges Objekt zu kompensieren, nicht jedoch zu ersetzen, wie später noch gezeigt werden soll.

Das Bild der Frau, die er zeitlebens suchte, entsprach einem idealisierten Bild der Mutter. Er sah es zum ersten Mal in der Freundin Gretchen, die er bedingungslos, eifersüchtig, ja wie im Wahn liebte, wie seine Erschütterung bei ihrem Verlust zeigte.

Das Ich des adoleszenten Goethe war durch die Problematik des Triebschubes geschwächt und in einem Wechselbad von Verwöhnung und Strenge, Liebe und Tod, Gratifikation und Entthronung herangewachsen, die sein narzisstisches Selbstwertgefühl übersteigert, radikal und fragil werden ließ. Der Vater bot durch seine mangelnde Idealisierungsfähigkeit keinen Halt als Vorbild.

Gretchen –
»der erste und bleibende Eindruck«

»Die Gestalt dieses Mädchens verfolgte mich von dem Augenblick an auf allen Wegen und Stegen: es war der erste bleibende Eindruck, den ein weibliches Wesen auf mich gemacht hatte« (*DuW*, S. 168). Mit diesen Worten stellt der 60-jährige Goethe in seinen Lebenserinnerungen ein Mädchen namens Gretchen vor. Die Präzision seiner Erinnerung zeigt, von welch starken Gefühlen sie konserviert war. Goethes Alter ist mit 15 genau rekonstruierbar, da sein Erlebnis mit Gretchen während der Kaiserkrönung stattfand. Die Betonung seines Alters ist deshalb so aufschlussreich, weil es genau dem Alter seines Gretchens im *Faust* entspricht – »Ist über vierzehn Jahr doch alt« –, während das reale Gretchen noch ein paar Jahre älter war als er.

Es gibt außerdem eine bereits erwähnte interessante Parallele zwischen Mutter und Sohn. Catharina Elisabeth hatte im Alter von 15 Jahren ein für sie unvergessliches Erlebnis mit dem Kaiser. Sie beobachtete ihn, verliebte sich in ihn und glaubte, er habe ihr zugewinkt. Ulrike Prokop schreibt hierzu, »dass das geheimnisvolle Einverständnis auch von seiner Seite (real) bestanden hat, liegt wohl außerhalb jeder Wahrscheinlichkeit. Es war ein Bild ihrer Phantasie.« (Prokop 1991, S. 276) Auch Eissler verweist auf die Bedeutung dieses Erlebnisses (Eissler 1985, S. 1362) und interpretiert es als Racheakt des Sohnes an der untreuen Mutter. Hier soll die Parallele der liebeswahnhaften Beziehung zwischen Mutter und Sohn hervorgehoben werden: Die Mutter verliebt sich als 15-Jährige in den Kaiser, und der Sohn erhebt als 15-Jähriger ein Mädchen zur Kaiserin seines Herzens. Und das beschreibt er so: Er trifft seinen Freund Pylades wieder. Dieser fordert ihn auf, ein Gedicht zu schreiben, eine Gruppe von Gleichaltrigen stelle sein Talent infrage. Goethe erfüllt den Auftrag in Versform: Ein Mädchen gesteht einem Jüngling seine Liebe. Die Gesellschaft ist begeistert und benutzt das Liebesgedicht, um einem anderen Eingebildeten einen Streich zu spielen. Dieser fühlt sich nun angesprochen und will gleichermaßen antworten. So gerät der junge Dichter in die Rolle eines »poetischen Sekretärs«. Doch die Wiederholung der Verhöhnung des Liebhabers beginnt ihn langsam anzuekeln, als ihm bei einer Abendgesellschaft zum ersten Mal Gretchen begegnet:

> […] statt derselben [der Magd, KZM] trat ein Mädchen herein, von ungemeiner und, wenn man sie in ihrer Umgebung sah, von unglaublicher Schönheit. […] Ihre Gestalt war von der Rückseite fast noch zierlicher. Das Häubchen saß so nett auf dem kleinen Kopfe, den ein schlanker Hals gar anmutig mit Nacken und Schultern

verband. Alles an ihr schien auserlesen, und man konnte der ganzen Gestalt um so ruhiger folgen, als die Aufmerksamkeit nicht mehr durch die stillen treuen Augen und den lieblichen Mund allein angezogen und gefesselt wurde. (*DuW*, S. 167)

Im *Urfaust* sagt Faust von Gretchen: »Das ist ein herrlich schönes Kind / Die hat was in mir angezündt.« (S. 386) Faust ist wie der Dichter vom Blitz getroffen, er weiß nicht, wie ihm geschieht, nur dass er entbrannt, in Bann geschlagen ist. Doch bei dieser ersten Begegnung mit Gretchen ist Johann Wolfgang eingestimmt durch seine Tätigkeit als »poetischer Sekretär«, als er für ein Mädchen eine Liebesgeschichte erfinden soll. (Hier wird vielleicht die Identifikation mit der geschichtenerzählenden Mutter deutlich.) Ungeachtet der Tatsache, dass Gretchen älter als er ist, bezeichnet er sie als »Kind«, eine Wortwahl, die nicht nur im *Faust* wiederkehrt, sondern auch später noch bedeutsam wird.

Johann Wolfgang ist so entzückt, dass er nach einer Gelegenheit sucht, sie bald wieder zu sehen. Er geht ihr zuliebe in die Kirche, nachdem er herausbekommen hat, wo sie sitzt, um sich an ihr sattzusehen. Wenn er nun fortfährt, dass er beim Herausgehen sich kaum getraute sie »anzureden, noch weniger sie zu begleiten«, so ist die Verwandlung zum *Faust* umso gravierender: »Mein schönes Fräulein darf ich's wagen, / Mein Arm und Geleit ihr anzutragen«, und wenig später sagt Faust zu Mephisto: »Wenn nicht das süße junge Blut / Heut Nacht in meinen Armen ruht« ...

Der junge verliebte Goethe erfüllt jedoch seine Aufgabe als »poetischer Sekretär« nun stets in Gedanken an seine Verehrte – »Gretchen saß am Fenster und spann« – und achtet auf ihre Reaktion, wenn er seine Verse vorliest, die immer mehr auf sie zugeschnitten sind als dem Auftrag entsprechend. Während er ihrer »Unruhe und Erröten« die gleichen Gefühle entnimmt, die ihn bewegen, hält sie ihm plötzlich »mit viel Verstand und Freundlichkeit eine Strafpredigt«, dies sei kein unschuldiger Scherz mehr. Sie sei »arm und abhängig« und habe den Wünschen der Verwandten widerstanden, mit verstellter Hand zu schreiben, wie viel mehr gebühre es ihm, wo er ein junger Mann »aus gutem Hause« sei, »wohlhabend und unabhängig«. Hier ist die Übereinstimmung zum *Faust* wieder gravierend, der Gegensatz von abhängig und unabhängig, von arm und reich. Gretchen sagt im *Faust*: »Er ist aus einem edlen Haus« und von sich: »Bin doch ein arm unwissend Kind«.

Johann Wolfgang ist glücklich, sie erstmals so reden zu hören, gesteht ihr seine Zuneigung und sagt ihr, dass er am liebsten *ihr* dieses Blatt gäbe, und sie unterschreibt es auf seine Bitte hin. Er will sie außer sich vor Freude umarmen, wird von ihr jedoch gebremst: »Nicht küssen, das ist so was Gemeines; aber lieben, wenn's möglich ist.« (*DuW*, S. 191) Er fühlt sich von ihr »gerettet«, sie

Gretchen – ein liebeswahnartiger Adoleszenzkonflikt des jungen Goethe

drückt mit beiden Händen seine Rechte, er ist den Tränen nahe, wähnt sie in gleicher Verfassung, presst sein Gesicht in ihre Hände, ehe er in großer »Verwirrung« davoneilt.

Es sei hier nochmals daran erinnert, dass Goethe sich in der Phase der Adoleszenz befindet, ein Alter, in dem der Heranwachsende verschiedene Entwicklungsaufgaben zu bewältigen hat.

Johann Wolfgangs Ausbruch aus der bisherigen infantilen Welt wird durch das Verzichtgebot des Mädchens in die Phantasie geleitet. Er unterwirft sich allen Dichtungswünschen der Vettern, nur um in der »kleinen engen Wohnung neben dem allerliebsten Mädchen« (*DuW*) sitzen zu können. Bei einem abendlichen Spiel soll ein Zukunftsmärchen entworfen werden, da schreibt er die »Schilderung einer Gattin, wie ich sie wünschte, und es müsste seltsam zugegangen sein, wenn sie nicht Gretchens vollkommenes Ebenbild gewesen wäre« (*DuW*, S. 196).

Ihr nahe zu sein, wird nun zu einer »unerlässlichen Bedingung seines Wesens«. Er sieht sie täglich, doch hält sie ihn geschickt auf Abstand und duldet keine Berührung, setzt sich höchstens manchmal neben ihn oder legt ihm den Arm auf die Schulter, wenn er vorliest. (Hier ist er wieder mit der Mutter identifiziert.) Dies werden für ihn Augenblicke höchster erotischer Spannung, die jedoch nicht wechselseitig sind, denn nimmt er sich eine ähnliche Freiheit gegen sie heraus, »wich sie und kam sobald nicht wieder«. Hier wird die Diskrepanz zwischen seinen Phantasien von der »zukünftigen Gattin« und der Realität des Mädchens überdeutlich.

Auf Schiffsfahrten mit Gretchen und den Vettern wird die Verbindung immer intensiver, er bekommt weitere Gedichtaufträge, die er gerne im Kreis der Freunde erfüllt. Dies wird seine *peer group*, die dem Adoleszenten bei der Loslösung vom Elternhaus hilft. Für einen jungen Mann dieses Kreises soll er sich beim Großvater einsetzen, was ihm mit Erfolg gelingt.

Im Hintergrund finden die Vorbereitungen für die Wahl des künftigen Kaisers statt. Gretchen beklagt ihre fehlende Bildung, und Johann Wolfgang nimmt dies beglückt als »Lehrauftrag« an, und wie die Schwester Cornelia unterrichtet er sie mit Begeisterung. Weiter erzählt er: »Das liebe Mädchen äußerte gar anmutig ihr Behagen, dass sie als eine Fremde, am Wahltage für eine *Bürgerin* [meine Hervorhebung, KZM] gegolten habe.« (*DuW*, S. 219) Im *Faust* sagt Marthe: »Denk Kind um alles in der Welt / Der Herr dich für ein Fräulein hält!« (S. 759f.)

Eines Abends vergessen sie die Zeit, und Gretchen beschließt, dass die Gesellschaft zusammenbleibt. Sie schläft an seiner Schulter ein. Er wacht noch lange, bis auch ihn »der freundliche Bruder des Todes« zu beruhigen wusste.

Für ihn hat die »unschuldige Nacht« keine Folgen, da die Mutter sein nächtliches Fernbleiben mit frühzeitigem Ausgang kaschiert. Überhaupt entgeht der Mutter die erste Liebe ihres Sohnes nicht, wie sie später Bettine Brentano erzählt. Als ihr beim Ausschütteln der Weste des Sohnes kleine Steine fast ins Auge geflogen seien, habe er sie mitleidslos angehalten, sie unverzüglich wiederzufinden. »Nun, muss er sie wohl von seinem Schatz bekommen haben«, kommentiert die Mutter. Die Tochter vom Wirtshaus zur Rose »hieß das schöne Gretgen, er hatte sie gern, das war die erste von der ich weiß, dass er sie lieb hatte« (zitiert nach Prokop 1991, S. 288f.). Die Mutter merkt wohl, dass an ihrer statt nun die Freundin im Zentrum der Aufmerksamkeit des Sohnes steht.

Goethe verbringt den Krönungstag mit der »Geliebten« am Arm, wandelt mit ihr durch »jene glücklichen Gefilde Elysiums«. Doch dann kommt das unerwartete Ende der realen Beziehung zu Gretchen, die er nach Hause begleitet: »Sie küsste mich auf die Stirn. Es war das erste und letzte Mal, dass sie mir diese Gunst erwies: denn ich sollte sie nicht wiedersehen.« (DuW, S. 233)

Damit ist dieser Traum von Gretchen zu Ende, und erst durch das Nachspiel wird das Wahnhafte, Unwirkliche dieser Beziehung deutlich, was in der dichterischen Verknüpfung von Gretchen mit der Kindsmörderin Margarete Brandt, einer Gasthausbediensteten, die seelische Verarbeitung verständlich macht.

Doch zunächst das Ende der Geschichte: Der junge Mann, für den sich Johann Wolfgang beim Großvater eingesetzt hat, entpuppt sich als Betrüger, und es wird vermutet, dass die ganze Gesellschaft eine schlechte, und der Sohn aus gutem Hause in »gefährliche und schlimme Händel« verwickelt« gewesen sei. Der Vater ist außer sich vor Zorn, die Mutter kann bewirken, dass die Sache von einem Freund der Familie untersucht wird. Johann Wolfgang wähnt sein Gretchen »gefangen, verhört, bestraft und geschmäht« – wie Fausts Gretchen im Kerker. Sein Schmerz ist grenzenlos, er bricht in Tränen aus und überlässt sich einer »unbändigen Leidenschaft«. Er droht, sich ein Leid anzutun, wenn man jene wegen des sozialen Unterschieds nicht schonen wolle wie ihn. Das Ausmaß seines Zusammenbruchs wird verständlicher, wenn hier nochmals sein Alter betont wird, dass »diese Gesellschaft« seine *peer group* war, Gretchen sein erstes Liebesobjekt und damit sein erster Loslösungsversuch vom Zuhause gescheitert war.

Die Verhältnisse seiner Freunde und die des Mannes können bald geklärt werden, sie berührten einander, trafen aber nicht zusammen. Der Vater bietet ihm völlige Amnestie für das Geschehene an, er lehnt jedoch ab und versichert, dass er »weder von der Welt, noch von dem Römischen Reiche etwas wissen wolle«, ehe man ihm gesagt habe, wie dieser »verdrießliche Handel« für seine

»armen Bekannten ausgegangen« sei. Goethe ist durch nichts aus seiner »leidenschaftlichen Einsamkeit« herauszurufen und beschreibt seine Gemütsverfassung mit klinischer Präzision:

> Ich empfand nun keine Zufriedenheit, als im Wiederkäuen meines Elends und in der tausendfachen imaginären Vervielfältigung desselben. Meine ganze Erfindungsgabe, meine Poesie und Rhetorik hatten sich auf diesen *kranken* Fleck geworfen, und drohten, gerade durch diese Lebensgewalt, Leib und Seele in eine unheilbare *Krankheit* zu verwickeln. In diesem traurigen Zustande kam mir nichts mehr wünschenswert, nichts begehrenswert mehr vor. (*DuW*, S. 214f.; meine Hervorhebung, KZM)

Es sei hier an Gretchens Verse im *Faust* erinnert; wenn statt *er sie* eingesetzt wird, so ist unschwer zu erkennen, wessen Gefühle hier zum Ausdruck gebracht werden:

> Meine Ruh ist hin / Mein Herz ist schwer / ich find sie nimmer / Und nimmer mehr! Wo ich sie nicht hab / Ist mir das Grab / Die ganze Welt / Ist mir vergällt

Goethes Verfassung wird immer kritischer, da er keine Informationen bekommt, wie es seinem Gretchen geht. Die psychische Abwehr ist schließlich mit dem seelischen Konflikt überfordert, sein Körper reagiert mit heftiger Krankheit. Er empfindet es als Erlösung, dass so nach dem »Rasen und der Ermattung und Unruhe« eine Verschiebung seines Leidens stattfindet. Man glaubt, ihn mit der Versicherung, seine Freunde seien mit leichten Verweisen davongekommen, beruhigen zu können, dass auch Gretchen die Stadt verlassen habe und wieder in ihre Heimat zurückgekehrt sei. Letzteres hält er jedoch für eine »schmähliche Verbannung«, und er malt sich selbstquälerisch eine »unvermeidliche tragische Katastrophe« aus (*DuW*, S. 216).

Der Adoleszente befindet sich in einer schweren Krise, seine Reaktion auf den Verlust des Liebesobjektes ist inadäquat und lässt ihn in die Verfassung eines verlassenen Kindes regredieren. Man hofft, ihn zu schonen, indem man ihm »Versiegeltes« fernhält, ohne darauf zu achten, dass dies seine Befürchtungen aufpeitscht. Es kommt zu Wahnvorstellungen, er fühlt sich verfolgt und verhöhnt und glaubt, Gretchen und seine Freunde wollten ihm schreiben. Man beschließt, ihn einem »Aufseher« anzuvertrauen, einem Mann, den er jedoch auch schätzen kann und der schließlich von ihm ins Vertrauen gezogen wird. Der Leidende entlastet sich so durch die »Erzählung und Wiederholung der kleinsten Umstände meines vergangenen Glücks« (*DuW*, S. 218).

Der kluge Mann versteht, dass die Wahrheit heilsam ist und es besser sei, ihn mit dem Ausgang der Geschichte vertraut zu machen. So erfährt Johann

2. Kapitel

Wolfgang, dass man nur »Gutes und Liebes« an ihr finden konnte, besonders ihre Rücksichtnahme ihm gegenüber habe ihr Ehre gemacht. Schließlich rückt der Mann zögernd heraus, Gretchen habe gesagt: »Ich kann es nicht leugnen, daß ich ihn oft und gern gesehen habe; aber ich habe ihn immer als ein *Kind* betrachtet, und meine Neigung zu ihm war wahrhaft *schwesterlich*.« (*DuW*, 6, S. 219; meine Hervorhebung, KZM)

Eine empfindlichere Kränkung, ja Vernichtung hätte sie nicht aussprechen können. Und doch dokumentieren gerade diese Worte die Diskrepanz zwischen ihrer Wahrnehmung und der wahnhaften Verklärung des Jünglings, der sie zu seiner künftigen Gattin erklärt hatte; eine Diskrepanz zwischen Phantasie und Realität, die an das erste Liebeserlebnis seiner 15-jährigen Mutter mit dem Kaiser erinnert.

Dass sie ihn jedoch für ein »*Kind* zu den Akten erklärt« (ebd.; meine Hervorhebung, KZM) hat, nimmt er ihr »ganz entsetzlich übel« und glaubt sich von aller Leidenschaft geheilt. Und so wie er sich von ihr als Kind vernichtet fühlt, bringt Gretchen im Stück ihr Kind um, und er richtet Gretchen im Stück dafür.

»Auch sprach ich nicht mehr von ihr, nannte ihren Namen nicht mehr« (ebd.). Nun »graut's ihm vor ihr«, wie Gretchen später zu Faust sagt: »Mir graut's vor dir Heinrich!«, als sie *seine* teuflische Realität wahrnimmt und nicht mehr auf Mephisto projizieren kann. Ihr Wesen und Betragen scheinen ihm in einem ganz anderen Licht:

> Ich fand es unerträglich, daß ein Mädchen, höchstens ein paar Jahre älter als ich, mich für ein Kind halten sollte, der ich doch für einen ganz gescheuten und geschickten Jungen zu gelten glaubte. Nun kam mir ihr kaltes abstoßendes Wesen, das mich sonst so angereizt hatte, ganz widerlich vor; die Familiaritäten, die sie sich gegen mich erlaubte, mir aber zu erwidern nicht gestattete, waren mir ganz verhaßt. (*DuW*, S. 219)

Die Konfrontation mit der Realität ist niederschmetternd, ein gewisser Höhepunkt dieser Unerträglichkeiten ist für ihn das Spiel mit den Unterschriften. Hatte er doch die Vorstellung, dass sie ihm damit »eine förmliche Neigung« erklärt habe. Nun fühlt er sich so getäuscht, dass er sie als eine »verschmitzte und selbstsüchtige Kokette« verwirft.

Dies könnte eine Erklärung für Fausts Arroganz sein, mit der er Gretchen so grob und direkt haben will. Zu Mephisto: »Hör, du musst mir die Dirne schaffen!«, und an anderer Stelle: »Hab Appetit auch ohne das« oder »Hätt ich nur 7 Tage Ruh / Braucht keinen Teufel nicht dazu / So ein Geschöpfchen zu verführen«.

Gretchen – ein liebeswahnartiger Adoleszenzkonflikt des jungen Goethe

Einer der prominentesten Faust-Darsteller, Will Quadflieg, schreibt, dass er sich mit dem Faust im Ersten Teil nur schwer habe identifizieren können: »Grundsätzlich hatte mich Fausts schon allzu deutsche Bedeutsamkeit und Tiefgründigkeit, die mit solcher Rücksichtslosigkeit des Strebens vereint auftritt, immer abgestoßen.« (1974, S. 164)

Johann Wolfgang versucht vom Kopf her, Gretchen zu entwerten, ihr Bild straft ihn jedoch Lügen, sooft er es vor sich sieht. Dennoch nimmt er hier zum ersten Mal eine Radikalkur vor: Der »Pfeil mit seinen Widerhaken [war] aus dem Herzen gerissen«, er stellt sein »Weinen und Rasen« ab, welches ihm nun auch »höchst kindisch« vorkommt. Der »Verdruß«, den ihm diese Entdeckung jedes Mal bereitet, wenn er daran denkt, lässt ihn

> jede Weichheit verbannen; ich fand es schrecklich, dass ich um eines Mädchens willen Schlaf und Ruhe und Gesundheit aufgeopfert hatte, die sich darin gefiel, mich als einen *Säugling* zu betrachten und sich höchst *ammenhaft weise* gegen mich zu dünken. Diese kränkenden Vorstellungen waren, wie ich mich leicht überzeugte, nur durch eine *Tätigkeit* zu verbannen. (*DuW*, S. 220; meine Hervorhebung, KZM)

So versucht er entwertend und intellektualisierend mit der Kränkung fertigzuwerden und regrediert zu den Primärobjekten, der Schwester und dem väterlichen Freund. Der Wahn, das Bild seiner Phantasie von Gretchen, das Abbild der tieferen Beziehung zur Mutter, wird verdrängt, um in Leipzig, bei der Wirtstochter Käthchen Schönkopf, unvermindert wieder aufzubrechen. Wichtig ist jedoch, dass er sich früh seines schöpferischen Talentes bewusst wurde, um dichterisch, in eigener Regie zu schaffen, was ihm in der Realität versagt geblieben war. So stürzt er sich nach dieser kränkenden Erfahrung zunächst in das Studium der Philosophie. Doch die eigentliche »Tätigkeit«, die befreiende Sublimation findet in der Schaffung des *Faust* statt, den er in seiner ursprünglichen Form zehn Jahre später, als 24-Jähriger, erstmals vortrug. So erhielt er schließlich die Bestätigung, die dem suchenden Adoleszenten damals vorenthalten war. Selbst schreibt er:

> Bei meiner Geschichte mit Gretchen und an den Folgen derselben hatte ich zeitig in die seltsamen Irrgänge geblickt, mit welchen die bürgerliche Sozietät unterminiert ist. […] Um mir Luft zu verschaffen, entwarf ich mehrere Schauspiele. (*DuW*, S. 285)

Ausgangspunkt für die »Gretchentragödie« im *Faust* waren Goethes eigene Gefühle und Erfahrungen. Während sein reales Gretchen klug und besonnen handelte, war er ihr im Liebeswahn verfallen, mit der ganzen Vehemenz des jungen Mannes, dessen erwachte Triebe in den Bereich der Phantasie verwiesen waren. Es war das erste Mal, dass er liebte und fürchterlich gekränkt gescheitert war. Er war es selbst, der sich beunruhigt und verfolgt fühlte, ja der seine *Unschuld* verloren hatte: »Ich hatte jene *bewußtlose* Glückseligkeit verloren, unbekannt und unbescholten umherzugehen und in dem größten Gewühle an keinen Beobachter zu denken.« (*DuW*, S. 222; meine Hervorhebung, KZM) Auch vermitteln ihm die väterlichen Erwartungen das Gefühl des Versagers. Das geliebte Objekt wird »wie ein Pfeil mit seinen Widerhaken aus dem Herzen gerissen«, umgebracht, abgetrieben. Die im Wahn als Selbstanteil vereinnahmte »Geliebte« wird in der dichterischen Verarbeitung im *Faust* gerichtet. Hier kommt die Verknüpfung mit dem Schicksal der Margaretha Brandt zum Tragen. Das Ausmalen des Endes von Gretchen – wäre sie nicht so klug und besonnen gewesen! Rachephantasien wegen seiner eigenen vernichtenden Kränkung, als Kind gegolten zu haben, wo der erwachte Adoleszente in Gedanken Gretchen doch schon zu seiner Frau erwählt hatte.

Goethe kehrt zu seiner Schwester, seinem »Magneten«, zurück. Eissler meint hierzu:

> Die Rettung von der Psychose dankte er seiner Schwester. Die Beziehung zu ihr war so, daß er jederzeit zu ihr zurückkehren und durch sie, die Schwester, ein ungebrochenes Verhältnis zur Welt aufrechterhalten konnte. Die Bindung an sie schützte ihn vor der Regression auf ein Niveau, auf dem die äußere Welt entwertet wäre und die Welt des Unbewussten Besitz von seinem Geist ergriffen hätte. (Eissler 1983, S. 110)

Peter Blos bewertet die Besetzung des eigenen Selbst und das als Selbstanteil vereinnahmte Objekt nicht minder stark. Der Narzissmus des Pubertierenden führe zu einer Überbewertung des Selbst und zu erhöhter Selbstwahrnehmung auf Kosten der Realitätsprüfung, entsprechend zu erhöhter Empfindlichkeit, vielfach zur Selbstvergrößerung bis zu psychosenahen Zuständen (siehe Blos 1962, S. 187ff.).

Goethe flieht in die Wälder, um sein »armes verwundetes Herz« zu verbergen. Er sucht Trost in der Natur, doch es will nicht gelingen:

> »Mein Herz war […] zu verwöhnt, als daß es sich hätte beruhigen können: es hatte geliebt, der Gegenstand war ihm entrissen; […] jene Gestalt, an der sich der Begriff des Schönen mir hervortat, war in die Ferne weggeschwunden; sie besuchte mich oft unter den Schatten meiner Eichen, aber ich konnte sie nicht festhalten, und ich fühlte einen gewaltigen Trieb, etwas Ähnliches in der Weite zu suchen. (*DuW*, S. 223f.)

Käthchen –
»etwas Ähnliches in der Weite«

Der 16-jährige Johann Wolfgang soll auf ausdrückliches Geheiß seines Vaters nach Leipzig gehen und dort sein Jurastudium beginnen, während der Sohn lieber nach Göttingen gegangen wäre, um sich dort dem Studium der Sprachen, Altertümer und Geschichte zu widmen. Der Vater, dessen gescheiterter Lebensplan und dessen einsames Leben innerhalb der Stadtmauern sind ihm kein Vorbild. Vielmehr gibt er Anlass, sich einen Gegenplan, ja eine »Notwehr«, zu entwickeln, da dieser unbeweglich an seinen Wünschen und Vorstellungen festhält. Der Sohn fühlt sich so eingesperrt, dass er dem Reisetermin entgegenfiebert, um nur endlich aus der Gefangenschaft des Vaters befreit zu werden. In der Ferne malt er sich nichts als »Glück und Zufriedenheit« aus, wie er der Schwester anvertraut. So hofft er, von den Eltern unabhängig zu werden, um »für sein eigen Selbst zu leben« (*DuW*, S. 242). Frankfurt will er am liebsten nie wiedersehen.

In Leipzig weiht er arglos den Hofrat Böhmen in seine Absicht, statt Jura Philologie und Altertum zu studieren, ein, erhält jedoch statt des erhofften Verständnisses eine Strafpredigt, die an die Begegnung Mephisto und Schüler im *Faust* erinnert. Eingeschüchtert unterwirft er sich dessen Vorstellungen, wendet sich jedoch bald gelangweilt ab, weil ihm vieles von den Studien des Vaters bekannt ist. Diese enttäuschenden Erfahrungen in der Fremde werden durch die andere Mundart und Kleidung noch verstärkt, so dass er voller Sehnsucht auf Johann Georg Schlosser – seinen späteren Schwager – als einen Boten aus der Heimat wartet. Dieser führt ihn beim Wirte Schönkopf ein, dessen Frau aus Frankfurt stammt, und hier nun fällt sein Auge auf die Tochter des Hauses. Und wie Gretchen ist Annette Katharina, genannt Käthchen, ein paar Jahre älter als er. Den freundlichen Blickwechsel kommentiert er als »ein Behagen, das ich seit dem Unfall mit Gretchen weder gesucht, noch zufällig gefunden« habe (*DuW*, S. 269).

Das sich nun entspinnende Liebesdrama erhält in den Lebenserinnerungen nur eine knappe Darstellung. Er bezeichnet sich aus der Distanz als »launischen Liebenden«, »ein Schäfer an der Pleiße«. In seinen Briefen an die Schwester und vor allem an den Grafen Behrisch, den elf Jahre älteren Freund, wird jedoch ein Ausmaß an Kummer und Eifersucht deutlich, das an die späteren *Leiden des jungen Werthers* erinnert. »Sieh, Behrisch, in dem Augenblicke da sie mich rasen macht fühl ich's. Gott, Gott warum muss ich so lieben.« (an Behrisch v. Goethe, 1767, *Briefe*, S. 58) Der Liebeswahn ist erneut entbrannt, mit Käthchen wiederholt er, was mit Gretchen passiert war: »Ich liebe ein Mädchen ohne Stand und Vermögen, und jetzo fühle ich zum allererstenmale das Glück, das eine wahre Liebe macht«, gesteht er schließlich der Schwester. Der Mutter schickt er ein Gedicht, da er trotz der Stürme desLebens nicht aufhörte, sie zärtlich zu verehren. Er erkennt, seine frühere Neigung zu Gretchen danach auf Käthchen übertragen, sie in den »Schrein seines Herzens« gestellt zu haben.

Die Rolle, die in dieser Zeit Graf Ernst Wolfgang Behrisch zu spielen beginnt, ist mächtig. Er steht dem jungen Goethe, der sich bei seiner Identitätssuche in neue Liebespein verstrickt hat, stützend zur Seite, wie dies in den leidenschaftlichen Briefen an ihn dokumentiert ist. Eissler schreibt:

> Ein neues Element wurde in Goethes Leben gebracht – das später in der Figur des Mephistopheles symbolisiert wurde –, und er wandte sich dieser neuen Persönlichkeit mit all dem Vertrauen und der Liebe zu, die ein Jüngling für einen bewunderten älteren und daher auch erfahreneren Mann zu empfinden vermag. (Eissler 1983, S. 95)

Nach Blos setzt sich der Rückzug von den Eltern auf der Basis narzisstischer Objektwahl gleichgeschlechtlicher, neuer Objekte fort. Goethe fand immer einen Wegbegleiter, auf den er seine Ideale projizieren konnte. Wichtig ist auch, dass er hier den eigentlichen Beginn seiner Identität als Dichter ansiedelt:

> Und so begann diejenige Richtung, von der ich mein ganzes Leben über nicht abweichen konnte, nämlich dasjenige, was mich erfreute oder quälte, oder sonst beschäftigte, in ein Bild, ein Gedicht zu verwandeln und darüber mit mir selbst abzuschließen, um sowohl meine Begriffe von den äußeren Dingen zu berichtigen, als mich im Innern deshalb zu beruhigen. (*DuW*, S. 283)

Käthchen treibt er mit seiner Eifersucht und seinen Quälereien so weit, dass sie sich schließlich von ihm entfernt, und er bei dem drohenden Verlust in »die bisherige Rolle des Mädchens« schlüpft, bloß »um ihr gefällig zu sein«, sie nicht verlieren zu müssen (*DuW*, S. 284). Als die Trennung jedoch unausweichlich ist, somatisiert er wieder und verliert »einige der besten Jahre meines Lebens«. Die Wiederbelebung des vergangenen Leids setzt ihm so zu, weil sich mit Käthchen wiederholte, was er mit Gretchen nur glimpflich überstanden hatte. »[...] ja, ich wäre vielleicht an diesem Verlust völlig zugrunde gegangen, hätte sich nicht hier das poetische Talent mit seinen Heilkräften besonders hülfreich erwiesen.« (ebd.)

Als Behrisch als Erzieher an den Hof von Dessau gerufen wird, findet Goethe durch diesen Verlust schließlich nicht mehr die Balance zwischen den Extremen ausgelassener Lustigkeit und melancholischen Unbehagens. Ein heftiger Blutsturz lässt ihn zwischen Leben und Tod schwanken, und er kehrt im September 1768 von Leipzig heim nach Frankfurt und vergleicht sich mit »einem Schiffbrüchigen« gemessen an den Gefühlen, mit denen er von Zuhause ausgeflogen war.

Susanna von Klettenberg – »eine schöne Seele«

Der Vater steht dem kranken Sohn, der seine Pläne durchkreuzt hatte, eher verdrossen gegenüber. Dass er jedoch »noch mehr an der Seele, als am Körper zu leiden schien«, verstimmt ihn besonders. Die Rekonvaleszenz bei der frommen Freundin der Mutter, Susanna von Klettenberg, darf daher nicht unterschätzt werden. Ihre Lebensgeschichte hat er in den *Bekenntnissen einer schönen Seele* im siebten Buch von *Wilhelm Meisters Lehrjahre* festgehalten. Hier kann man erfahren, dass Susanna aus Enttäuschung über die Unzulänglichkeit einer irdischen Liebe sich Gott im Sinne einer ideellen und damit auch wahnhaften Liebe zugewandt hatte und Johann Wolfgang in ihrem Sinne zu überzeugen versuchte.

Die Beziehung zu dieser tief religiösen Frau gibt ihm intellektuellen Halt und sublimierte Libido: Ihre zurückhaltende Aufmerksamkeit und ihr dennoch unverhohlenes Interesse an ihm sind Balsam für seine kranke Seele, ohne ihn in neue Liebespein zu verstricken; vielmehr kann er bei ihr, gleichsam in »Latenz«, neue Kräfte sammeln, sich in ihren Augen wieder als wertvoll erleben.

Betrachtet man seine Erinnerungen an sie im Hinblick auf seinen *Faust*, so taucht ihre Gestalt in Gretchens religiöser Verbundenheit unverkennbar wieder auf. Er schreibt:

> Meine Unruhe, meine Ungeduld, mein Streben, mein Suchen, Forschen, Sinnen und Schwanken legte sie auf ihre Weise aus, und verhehlte mir ihre Überzeugung nicht, sondern versicherte mir unbewunden, das alles komme daher, weil ich keinen versöhnten Gott habe. […] Es lässt sich denken, wie oft ich und meine Freundin hierüber in Streit gerieten. (*DuW*, S. 340)

Und im *Urfaust* fragt Gretchen Heinrich in Marthens Garten:

> Wie hast du's mit der Religion? / Du bist ein herzlich guter Mann, / Allein ich glaub, du hälts nicht viel davon.
> Faust: Will niemand sein Gefühl und seine Kirche rauben.

Doch wenig später kommentiert sie seine Ausführungen:

> Wenn man's so hört, möcht's leidlich scheinen, / Steht aber doch immer schief darum, / Denn du hast kein Christentum. (*Urfaust*, S. 405-407)

Johann Wolfgang teilt mit der Freundin konfliktfreie Interessen wie die Alchemie, schöpft neue Kraft von den alten Griechen und entdeckt seine Leidenschaft für Ovid. Doch im Frühjahr, als er sich wieder genesen und mutig fühlt, sehnt er sich abermals aus dem Vaterhause weg. Diesmal macht ihm vor allem die väterliche Intoleranz ob seiner Krankheit und langsamen Genesung mit Konflikten und Meinungsverschiedenheiten zu schaffen, sodass er seine Reise nach dem Elsass beschleunigt antritt.

Die Trennung von der Freundin Susanna von Klettenberg findet in seinen Lebenserinnerungen keine weitere Erwähnung.

Friederike –
»das Bild eines holden Wesens«

Ostern 1770 wird der 21-jährige Johann Wolfgang vom Vater zur Fortsetzung seines Jurastudiums nach Straßburg geschickt. Dort angekommen stürzt er sich wieder ins weltliche Leben und nimmt Tanzunterricht. Hierbei bändelt er mit den Töchtern seines Tanzmeisters an und gerät in deren Konkurrenzkampf. Der Streit endet mit einem Fluch, den die eine auf seine Lippen drückt: dass unglücklich werde, wer ihn als Nächste küsse. Auch wenn er das Haus nicht mehr betritt, bleibt die Verwünschung an ihm haften.

In Straßburg lernt er Herder kennen und mit ihm die neue Literatur, u. a. den von Herder so geschätzten *Landespriester von Wakefield* von Oliver Goldsmith. Johann Wolfgang ist durch diese »moderne Idylle« des Romans tief berührt und so eingestimmt, dass er seine Bekanntschaft mit der Pfarrerstochter Friederike gleich einem Rollenspiel wahrnimmt.

Theodor Reik, der sich damit beschäftigte, warum Goethe Friederike verließ (1930, S. 405), bezeichnet sie als das »Urbild eines Mädchentypus«. Und in der Tat, noch ehe Goethe Friederike kennenlernt, tauchen Ahnungen bzw. die Bereitschaft auf, sich erneut zu verlieben, allerdings hier in dem Sinne, wieder ein Objekt für seinen Liebeswahn zu finden. Ob er beim ersten Blick vom Münster neue Leiden und Freuden erwartet oder in der Sommernacht sinniert: »Da erwachte in mir das Bild eines holden Wesens, das von den bunten Gestalten dieser Reisetage in den Hintergrund gewichen war, es enthüllte sich immer mehr und mehr und trieb mich von meinem Platz nach der Herberge.«

Gretchen – ein liebeswahnartiger Adoleszenzkonflikt des jungen Goethe

Er sucht und findet Friederike, die Pfarrerstochter aus Seesenheim, und die Beschreibung der ersten Begegnung ähnelt der mit Gretchen:

> In diesem Augenblick trat sie wirklich in die Türe; und da ging fürwahr an diesem ländlichen Himmel ein Stern auf. [...] diese fast verdrängte Nationaltracht kleidete Friederiken besonders gut. Ein kurzes weißes Röckchen mit einer Falbel, nicht länger, als daß die nettsten Füßchen bis an die Knöchel sichtbar blieben; ein knappes weißes Mieder und eine schwarze Taffetschürze – so stand sie auf der Grenze zwischen Bäuerin und Städterin. Schlank und leicht, als wenn sie nichts an sich zu tragen hätte, schritt sie, und beinahe schien für die gewaltigen blonden Zöpfe des niedlichen Köpfchens der Hals zu zart. Aus heiteren blauen Augen blickte sie sehr deutlich umher, und das artige Stumpfnäschen forschte so frei in die Luft, als wenn es in der Welt keine Sorgen geben könnte. (*DuW*, S. 433)

Im *Urfaust* heißt es:

> Und seitwärts sie, mit kindlich dumpfen Sinnen / Im Hüttchen auf dem kleinen Alpenfeld, / Und all ihr häusliches Beginnen / Umfangen in der kleinen Welt. (S. 415)

Er fühlt sich wie im Roman und beginnt, wieder wie »zum ersten Mal zu lieben«. Und doch enthalten die Gedichte etwas Unpersönliches, sie scheinen mehr eine Ode an die Liebe als an die Persönlichkeit des Mädchens zu sein. Während er das Bild eines weiblichen Wesens auffrischt und zu lieben glaubt, geht sie an dieser Liebe fast zugrunde. Sie kann nie wieder einen anderen lieben und stirbt einsam als alte Jungfer. Er verlässt sie schließlich voller Schuldgefühle (die in Theaterstücken verarbeitet werden: z. B. *Clavigo*) nach Abschluss seiner juristischen Studien mit der Promotion.

Wodurch sich dieses Erlebnis mit Friederike von den anderen unterscheidet, kommentiert er selbst im Rückblick, nachdem er, wie bei Käthchen aus Frankfurt, den Abschiedsbrief schrieb: »Gretchen hatte man mir genommen, Annette mich verlassen, hier war ich zum ersten Mal schuldig, ich hatte das schönste Herz in seinem Tiefsten verwundet.« (*DuW*, S. 410) Er sah sich mit anderen Worten gar nicht fähig, eine Beziehung zu halten, obwohl er suchthaft immer nach einer neuen verlangte.

Reik (1930) beschäftigt sich in seiner Studie mit Goethes Vermummung bei der ersten Begegnung, seiner Kussangst und den magischen Phantasien des jungen Mannes. Er hebt hervor, dass Friederike auf dem Höhepunkt ihrer Liebe krank wurde und der Adoleszente von der Vorstellung gequält war, sein »unglückverheißender Kuss« habe sie zu Fall gebracht, ohne jedoch einen Bezug zur Kindheit, zur frühen Traumatisierung herzustellen.

Wie bereits hervorgehoben, waren Goethes erste elf Lebensjahre von Geburt und Tod weiterer Geschwister bestimmt. Seine Mutter gebar und verlor alle zwei Jahre ein Kind. Seine Allmachtsgedanken sind in dieser Zeit anzusiedeln, dass er durch das Sterben der kleinen Geschwisterrivalen, gleichsam wie die Mutter, Macht über Leben und Tod habe, also im Kern eine tiefe unbewusste Identifikation mit ihr vorlag. Seine Triebangst, seine zerstörerischen Phantasien von der Urszene waren bestimmend. Daher drohten nicht erst seit der Straßburger Zeit, sondern schon seit Kindertagen »Unheil, Krankheit und Tod von der Frau« (Reik 1930, S. 470) bzw. vom ihm.

Er verbrachte seine Jugendzeit von 14 bis 24 mit dem Suchen und wieder Verlieren von Freundinnen, ebenfalls im Zweijahresrhythmus (Gretchen, Käthchen, Susanna von Klettenberg, Friederike, Charlotte und Lili). Jeder Verlust wurde von schwerer seelischer Erschütterung begleitet, meist gefolgt von psychosomatischen Begleiterscheinungen und dem Bedürfnis, schnell Ersatz zu finden. So liegt die Vermutung nahe, dass hierbei eine tiefe unbewusste Identifikation mit der Mutter vorliegen könnte.

Friederike bekommt in den beiden Marien im *Götz von Berlichingen* und *Clavigo* ein Denkmal gesetzt. Goethe wird nicht müde, ihr zu beteuern, welch schlechte Figur ihre Liebhaber dabei abgaben, und schreibt an Salzmann: »Die arme Friederike wird sich einigermaßen getröstet finden, wenn der Untreue vergiftet wird.« Im *Faust* wird jedoch Gretchen gerichtet, nicht ihr Liebhaber.

Der Doktor
und die Kindsmörderin Margaretha

An seinem 22. Geburtstag (1771) wird der inzwischen promovierte Goethe in Frankfurt als Advokat zugelassen. Er wirkt als Anwalt in dieser Zeit und kennt auch die Akten der Susanna Margaretha Brandt.

Zur Frage, in welcher Weise er vom Schicksal dieser Magd für seine Gretchentragödie im *Faust* beeinflusst war, zunächst die Fakten: Ein holländischer Kaufmannsdiener auf der Durchreise hatte ein Auge auf die 24-jährige Waise geworfen, die in einem Gasthof arbeitete. Er habe ihr mit Alkohol nicht nur die Zunge, sondern auch die Moral gelockert, »so dass er sie auf das Bett gezerrt, und daselbst Unzucht mit ihr getrieben« habe (S. 138). Das Geschehen bleibt nicht ohne Folgen. Margaretha versucht erst noch, die Schwangerschaft zu verbergen, und arbeitet weiter, bis sie am 1. August das Kind bekommt und es in der Waschküche der Gaststätte umbringt. Sie flieht vor ihrer argwöhnischen Chefin, es wird Anzeige erstattet und ihr Vetter, ein Sergeant, findet ein »todes neugebohrenes Knäblein«. Sie wird steckbrieflich gesucht und verhaftet. Erst versucht sie noch, den Mord zu leugnen, doch beim Anblick der Kinderleiche bricht ihr Widerstand zusammen und sie gesteht die Tat mit den Worten, »der Teufel« habe sie »verblendet«, ihr Kind zu erstechen. Die Bitte der Verurteilten, »Gnade vor sie zu haben«, in »Rücksicht der jungen Jahre« wird abgelehnt, sie wird öffentlich hingerichtet (Perels 1988, S. 146).

Goethe erwähnt den Fall Brandt nie, in seiner Autobiographie sucht man ihren Namen vergeblich. Er ist jedoch mit dem Gefühl der Schuld aus der Ferne in seine Vaterstadt zurückgekehrt. Wie der holländische Reisende hat er ein Mädchen sitzengelassen, nicht geschwängert, aber mit gebrochenem Herzen. Der Doktor muss sich mit einer »Margaretha« beschäftigen, die wie einst sein Gretchen im Gasthausmilieu tätig war und schuldig wurde. Doch war ihr Verbrechen, das ungewollte Kind umzubringen, »ein guter Wahn« oder die Verzweiflungstat einer geschundenen Kreatur? Die Magd Margaretha hat Goethe als Person sicherlich nicht interessiert, nur von ihrem Schicksal war er aufgewühlt: als Täter, der schuldig wurde und dafür bestraft werden muss, und als Opfer, das verlassen wurde und sich dafür fürchterlich rächt.

So mag Goethe sicherlich die Hinrichtungsszene innerlich vor Augen gehabt haben, dass er ihr persönlich beiwohnte, ist psychologisch jedoch höchst unwahrscheinlich. Die Phantasie voller Grauen und Entsetzen findet sich in den Worten wieder, mit denen Gretchen ihrem Faust im Kerker ihr Ende ausmalt:

> Tag! Es wird Tag! Der letzte Tag! Der Hochzeitstag! [...] Hörst du, die Bürger schlürpfen nur über die Gassen! Hörst du? Kein lautes Wort. Die Glocke ruft! – Krack, das Stäbchen bricht! – Es zuckt in jedem Nacken die Schärfe, die nach meinem zuckt! – Die Glocke! – Hör! (*Urfaust*, S. 420)

Statt der Vermählung findet die Vernichtung der Illusion statt.

Der *Urfaust* als Tagtraum – das Drama, ein Sublimationsversuch des Adoleszenzkonfliktes

Vor dem Hintergrund der biographischen und theoretischen Überlegungen kann der *Urfaust* als schöpferisches Ventil betrachtet werden, wie Goethe wohl bewusst war: »Um mir Luft zu verschaffen, entwarf ich mehrere Schauspiele« (*DuW*, S. 285). Und wie ein Tagtraum ist das Drama besonders geeignet, Wünsche zu erfüllen, Personen zu verdichten, Ereignisse zu verarbeiten. So sind im *Urfaust* die Konflikte der Kindheit sichtbar, reaktiviert und potenziert durch die Nöte der Adoleszenzzeit. Vater, Mutter, Bruder, Schwester, Freunde und Freundinnen – alle sind festgehalten im Sturm-und-Drang-Stück des Dichters, vertauscht, verwandelt oder in einer Person subsumiert. Zehn Jahre Adoleszenzzeit, von 14 bis 24, ziehen im Drama vorüber, inszeniert nach der Regie ihres Schöpfers.

So schlüpft der Dichter in die Rolle des Doktor Faust, dem Puppenspieler aus Kindertagen. Wie dieser ist er von seinen Erkenntnissen nicht erfüllt, sondern enttäuscht. Schon in Straßburg sei der Gedanke an Faust ein Trost in einsamen Stunden gewesen, habe dieser sich zu einer »poetischen Gestalt« in ihm fortgebildet: »Ich hatte es auch im Leben auf allerlei Weise versucht, und war immer unbefriedigter und gequälter zurückgekommen« (*DuW*, S. 414).

Damit haben der Dichter sowie seine poetische Gestalt, der Faust, die Voraussetzung für den Liebeswahn: Wenn die sinnstiftende Tätigkeit fehlt, ist dem Wahn der Boden geschaffen, denn der »Wahnsinn ist so wenig von der scheiternden Lebensarbeit, vom Wirken zu trennen, wie von der Liebe« (Matt 1989, S. 185ff.).

Doch ehe im Stück die *Gretchentragödie* beginnt, bahnt sich das *Gelehrtendrama* an. Faust trennt sich von seinem Famulus. Und fast möchte man vermuten, dass sich hinter Wagner der Vater verbirgt, der den Sohn in seinen Visionen stört, der nicht fühlen kann, was ihn umtreibt und plagt. Denn Faust geht es nicht um Vortrag und Nutzen (»Was Vortrag! Der ist gut im Puppenspiel«, *Urfaust*, S. 194). Deshalb löst er sich von der väterlichen Enge und verbündet sich mit dem Teufel. In Mephisto vereinigen sich alle Wegbegleiter, die Goethe nach dem Vater zu weiterer Entwicklung verhalfen (Behrisch, Herder, Merck). Welterfahren, gerissen, zynisch, aber auch neugierig und bewundernd begleiten sie den jungen Gelehrten zu neuen Erfahrungen. Sie repräsentieren jedoch auch seine andere Seite, die – vor Zerstörung nicht zurückschreckend – nach Erkenntnis sucht.

In der späteren Fassung des *Faust* ist von den »zwei Seelen« in der Brust die Rede. Die eine kann als der Erkenntnisdrang verstanden werden, als Drang nach oben, zu den »Ahnen«, den männlichen Idealen, die andere hält ihn »in derber Liebeslust« auf der Erde fest, d. h., sie repräsentiert seinen Bezug zu den Frauen, zur Mutter. Eine Erkenntnis, die der Jüngling so noch nicht hat. Er sucht in der Beziehung zu einem idealisierten Objekt nach Erlösung. Goethes zentrale Wunschphantasie besteht in der Sehnsucht nach einem weiblichen Wesen, einem schönen Mädchen, das er wie einen Selbstanteil vereinnahmen kann, das ihm engelsgleich ohne eigene Bedürfnisse gehört und ihn vor Verlust und Schmerz gefeit sein lässt. Die Traumatisierung durch Krankheit, Tod und Neugeburten weiterer Geschwister, die unterbrochene Präsenz der Mutter in den Jahren der Kindheit wird mit dieser Liebeswahnidee kompensiert. Da kein Mädchen, außer der Schwester, befähigt war, diesen Wahn einzulösen, ist jede Liebe zum Scheitern verurteilt. Er wird in den Adoleszenzjahren wie die Mutter alle zwei Jahre erneut im Liebeswahn schwanger, um dann nach kurzer Zeit der Hoffnung die Beziehung nicht mehr halten zu können.

Im Stück ist Gretchen das engelsgleiche Geschöpf der männlichen Sehnsüchte Fausts. Sie verkörpert alles, was Goethe benötigte und aufgeben musste: Mutter, Schwester und Freundin in einem. Gretchen hat eine Biographie, die sie für die willenlose Liebende prädestiniert: Sie wächst vaterlos auf, ganz dem Gehorsam gegenüber einer strengen Mutter unterworfen, und zieht mit dem Bruder eine kleine Schwester auf, bis diese stirbt. Sie ist neurotisch bereit, dem Mann zu verfallen, die frühe Reifung durch die Verantwortung mit dem Bruder, das Inzestkind des Vaters aufzuziehen. Hier verdichten sich Züge der Schwester Cornelia mit solchen von Lotte aus Wetzlar.

Die Rollen von Faust und Gretchen sind in der verschmelzenden Liebesbeziehung zueinander streckenweise so identisch komponiert, dass sie damit die oszillierende Identität des Adoleszenten zwischen männlich und weiblich widerspiegeln. Während Faust jedoch durch Mephisto daran gehindert wird, an seinem Liebeswahn zu scheitern, und wie Goethe in jeder Liebesbeziehung eine homoerotische Rückzugsmöglichkeit fand (nachdem er das erste Mal bei Gretchen so kläglich gescheitert war), so muss Gretchen im Stück ganz den abhängigen Part ohne sozialen Halt übernehmen. Wie Faust macht auch sie eine Entwicklung durch, befreit sich aus der Knechtschaft bei der Mutter mithilfe von Frau Marthe. Doch bewirkt dies keine Kenntniserweiterung, sondern lockert ihre Triebe, setzt die Verführung des Teufels fort. Gretchen liebt, was sie nicht hat: Faust, den unabhängigen, liebevollen, väterlichen Mann von hohem Stand, auch er soll sie erlösen.

In weiterer Charakterisierung wird Gretchen als »Kind, ein gar unschuldig Ding« und »ist über 14 Jahr doch alt« beschrieben, abermals sollte *sie* sein, was vielmehr *er* war: über 14 Jahre alt. Er hatte nach diesem Erlebnis seine »Unschuld« verloren und sie *ihn* als »Kind« zu den Akten gegeben. So wirkt ihre Verkindlichung wie Rache, und er kann ihr im Stück, fast ein Jahrzehnt später, gar nicht überheblich genug gegenübertreten. Aus dem schüchternen Jungen von einst ist ein Gelehrter geworden, der ihr forsch sein Geleit anbietet. Erst in Fausts Reflektionen zu dieser Begegnung wird der Urheber Goethe wieder sichtbar: »Die hat was in mir angezündt«, heißt es im *Urfaust*, das lässt an ein Primärerlebnis denken.

Jung-Goethe ist zum ersten Mal entbrannt, hat ein Mädchen entdeckt, das in der Charakterisierung seiner Mutter entspricht. So abwegig es auch klingen mag, Goethes Vorliebe für das einfache Mädchen aus dem Volk, für die

Gasthaus- oder Pfarrerstochter liegt in der Bewunderung, ja im Neid auf deren innere Stimmigkeit, die ihm, dem »Unmensch ohne Rast und Ruh'«, fehlt. Es sind Mütterchen, die ihn wie ein Kind mit Speis' und Trank versorgen und dabei das größte Glück empfinden sollen. Die Vereinigung mit einem solchen Mädchen ist die Wunscherfüllung im Schauspiel. Gretchen ist die Reaktivierung des verdrängten Bildes der Mutter, die in der gemeinsamen Phantasietätigkeit beim Geschichtenerzählen und -erfinden so verführerisch war. Gretchen war »der erste und bleibende Eindruck«, ihre Bedeutung schlägt sich in der Namensgebung nieder, nicht Käthchen, Käthchen oder Rikchen, sondern Gretchen heißt sie. (Die Verkleinerung der Freundinnen durch *-chen* beinhaltet auch eine Versachlichung. Das Mädchen ist noch keine Frau, die sexuelle Begegnung hat nicht real stattgefunden, nur in der Phantasie.)

Gretchen sagt im Drama:

> Du lieber Gott, was so ein Mann, / Nit alles, alles denken kann! / Beschämt nur steh ich vor ihm da / Und sag zu allen Sachen ja. / Bin doch ein arm unwissend Kind, / Begreif nicht, was er an mir findet. (*Urfaust*, S. 404)

In den Briefen der Frau Aja (Goethes Mutter) heißt es: »Ich befinde mich Gott sey Dank recht wohl – werde (ohne daß ich das begreifen kan wie es eigendtlich zugeht) von so vielen Menschen geliebt – geehrt – gesucht – das ich mir offte ein Rätzel bin und nicht weiß was die Leute an mir haben.« (Scheibenberger 1982, S. 33)

Im Schauspiel sucht der »Flüchtling« Behausung in Gretchens Kammer, er hofft, in ihrem »Kerker« selig zu werden, und stürzt sie damit ins Unglück. Rücksichtslos begehrt der liederliche Gelehrte die »Dirne« wie der holländische Kaufmannsdiener. Und er verführt wie dieser, jedoch mit Schmuck, nicht mit Alkohol. Die Verführung und den Kindesmord betrachtete die Magd Margaretha als »ein Werk des Teufels«. Im Stück wird hier an Gretchens Minderwertigkeit gerührt, durch den Schmuck soll sie sich standesgemäß wie ein »Fräulein« fühlen und dafür ihren Schoß öffnen, auch ein Werk des Teufels. »Ich wußte nicht, / was sich zu Eurem Vorteil hier zu regen gleich begonnte«, sagt Gretchen im *Urfaust* (S. 402). Doch Goethe empfand dies in Frankfurt mit seinem Gretchen, und nach ihrem Verlust wiederholte sich das gleiche »teuflisch Lügenspiel« in Leipzig mit Käthchen, er verlor wieder sein »feines Mägdelein«. Erst in Straßburg veränderten sich die Rollen, Goethe wird von Friederike geliebt und verlässt sie. Sie übernimmt seinen bisherigen Part. Im Stück werden Gretchen und Friederike eins, d. h., Gretchen bekommt die dicken blonden Zöpfe von Friederike, spielt ihre Rolle, trägt ihre »Perücke«, wie Mephisto die von Faust.

Die Sexualität wird im Stück zu einem Werk des Teufels, erst durch den Muttermord kann die Vereinigung stattfinden und bekommt dann den Charakter vom Ausmalen schlimmster Phantasien: Gretchen wird zur Magd, aus dem Kuss entsteht die Schwängerung.

Frau Marthe kuppelt, ähnlich wie Goethes Mutter die gemeinsame Nacht mit Gretchen in Frankfurt vertuschte. Dann nimmt das Unglück seinen Lauf. Die Abscheu vor der kindermordenden Frau ist auch Goethes Angst vor der Allmacht der Mutter, die gebar und verlor. Während Faust durch Mephistos Spott zur Raison gebracht wird: »Wo so ein Köpfchen keinen Ausgang sieht, / stellt es sich gleich das Ende vor« (*Urfaust*, S. 415), weiß Gretchen sich nicht mehr zu retten. Nachdem der »Böse Geist«, ihr Schuldgefühl und ihr Zustand sie in der Kirche in Ohnmacht fallen lassen, die Mater dolorosa stumm bleibt, gibt ihr der Bruder mit seiner eifersüchtigen Anklage den »letzten Herzensstoß«. Sie bringt ihr Kind um und muss dafür in den Kerker. Als Faust sie dort befreien will, beginnt sie zu trauern, sich zu lösen, erkennt ihre Verblendung und versteht, dass hier keine Hochzeit mehr stattfinden kann. Mit dem Kuss, der realen Berührung und der Wahrnehmung von Mephisto ist ihr Wahn zu Ende: »Mir graut's vor dir, Heinrich« heißt: Der böse Teufel und der gute Mann sind eins geworden, die spaltende Projektion ist aufgehoben.

Nach ihrer Distanzierung und Abgrenzung vom Freund wird jedoch die Rache vollzogen, eine Stimme von oben richtet sie und das Stück ist aus.

»… fühl ich mein Herz noch jenem Wahn geneigt?«

Vom Wahn spricht der junge Dichter noch nicht, dazu fehlte dem Stürmenden und Drängenden die Distanz. Vom Wahn ist erst im *Faust*-Fragment die Rede, das nach Italien entsteht. Der Schlüsselsatz – »und ihr Verbrechen war ein guter Wahn« – wird erst 20 Jahre später gedacht.

Im *Faust* des reifen Goethe gibt es nicht nur Erweiterungen der Gelehrtentragödie und sprachliche Veränderungen, sondern auch einen veränderten Ausgang, der Beachtung verdient: Gretchen wird nicht mehr gerichtet, sondern gerettet. Was ist zwischenzeitlich geschehen?

Nach seiner Leidenschaft für Charlotte Buff, der Verlobung mit Lili Schönemann, dem Tod von Schwester und Vater und den zehn Jahren mit Charlotte von Stein reist er 1786 nach Italien.

Ist es nun Ironie des Schicksals oder förderte es die Bereitschaft des 37-jährigen Goethe, sich in Rom, der Stadt all seiner Sehnsüchte, einer jungen Frau mit Namen Faustina zuzuwenden? Denn dieser Name ist kein Pseudonym für die 22 Jahre alte Witwe, sondern ein seltener Name bei armen Leuten, wie Eissler herausfand (1985, S. 1147). Faustina arbeitet als Kellnerin in der Osteria ihrer Eltern neben Goethes Herberge – also wieder ein Mütterchen aus dem Gastgewerbe – und hatte einen Sohn aus ihrer kurzen Ehe. Goethe verliebt sich in sie und erlebt mit ihr zum ersten Mal die genitale Vereinigung, so Eissler (1985, S. 1149f.).

Diese Hypothese ist sehr überzeugend. Im Alter des Vaters, als dieser die Mutter freite, in Rom, der Stadt einer anderen Kultur und einer anderen Sprache, sozusagen in der Rolle des anderen Mannes (verstorbener Gatte, Vater), kann er die junge Mutter in actu lieben, die sexuelle Vereinigung ist nicht länger Phantasie, nicht länger ein Wahn. Seine Kastrationsängste, die mächtige Gestalt des Vaters sind besiegt, der Ödipuskomplex hat eine späte Bewältigung erfahren. Er ist sexuell kein Kind mehr, sondern ein Mann geworden. Er hat die Mutter, Gretchen als Faustina, gefreit. Faust und Faustina sind ein Paar geworden. Das italienische Gretchen wird wiederum zwei Jahre lang geliebt, bis Goethe nach Weimar zurückkehrt und dort Christiane Vulpius, das 23-jährige Blumenmädchen, kennenlernt. Er zögert nicht, sie unverzüglich zu seiner Gattin »ohne Zeremonie« zu nehmen, um sich damit wohl unbewusst wie der Vater einer Frau zuzuwenden, die seine Tochter sein könnte, also das Schicksal der Eltern wiederholend. Und ist er nun endgültig ausgesöhnt durch sein Gretchen aus Weimar? Ist die fürchterliche Kränkung gesühnt, als jugendlicher Liebhaber als Kind gegolten zu haben? Ist der Liebeswahn von einst geheilt?

Wie dem auch sei, bei der ersten *Faust*-Fassung 1790 wird Gretchen nicht mehr »gerichtet«, sondern sie wird »von oben [von ihrem Schöpfer Goethe] gerettet«.

Zeittafel

1748 20. August: Heirat der Eltern Johann Caspar Goethe, 38-jähriger Anwalt, und Catharina Elisabeth Textor, 17-jährige Tochter des Frankfurter Stadtschultheißen Johann Wolfgang Textor
1749 28. August: Geburt Johann Wolfgang
1750 7. Dezember: Geburt Cornelia Friedrica Christiane
1752 Besuch der Spielschule
1752 27. November: Taufe Hermann Jacob (6; 1)
1754 9. November: Taufe Catharina Elisabeth (1; 4)

1755 Tod der Großmutter Goethe, Umbau am Großen Hirschgraben; 1. November: Erdbeben zu Lissabon, religiöse Erschütterung; 22. Dezember: Beerdigung der Schwester Catharina Elisabeth
1756 1. April: ein Kind tot geboren
1757 29. März: Taufe der Schwester Johanna Maria (2; 4), von Johann Wolfgang gerühmtes sehr schönes und angenehmes Mädchen
1759 13. Januar: Beerdigung Hermann Jacob; 11. August: Beerdigung Johanna Maria; Besetzung Frankfurts durch die Franzosen, Einquartierung des Grafen Thoranc in Goethes Elternhaus
1760 15. Juni: Taufe Georg Adolf (0; 8)
1761 18. Februar: Georg Adolfs Beerdigung
1763 Gretchen kennengelernt
1764 3. April: Krönung Joseph II. zum römisch-deutschen Kaiser
1765 Studium in Leipzig, Bekanntschaft mit Käthchen Schönkopf / Graf Behrisch; *Das Buch Annette. Die Laune des Verliebten*
1768 schwere Erkrankung (Blutsturz) und Genesung in Frankfurt, Betreuung durch die Stiftsdame Susanna Katharina von Klettenberg; *Die Mitschuldigen*
1770 Studium in Straßburg, Erlebnis mit Friederike Brion
1771 *Gedichte für Friederike Brion*; 6. August: Promotion und Rückkehr nach Frankfurt; 28. August: Zulassung als Anwalt am Geburtstag
1772 *Zum Schäkespears Tag: Geschichte Gottfriedens von Berlichingen dramatisiert*; Anwalt im Schöffengericht; 14. Januar: die öffentliche Hinrichtung der Magd Susanna Margaretha Brandt, Konzeption des *Urfaust*, Mai bis September: Praktikant in Wetzlar, Bekanntschaft mit Charlotte Buff
1773 erste Niederschrift des *Urfaust*
1774 *Die Leiden des jungen Werther*
1775 April: Verlobung mit Lili Schönemann; November: Bekanntschaft mit Charlotte von Stein
1777 8. Juni: Tod der Schwester Cornelia (26; 8)
1782 Tod des Vaters
1786 Reise nach Italien
1788 zurück nach Weimar; September: Christiane Vulpius kennengelernt; *Römische Elegien*
1789 25. Dezember: Geburt des Sohnes August
1790 Druck von *Faust, ein Fragment*

3. Kapitel

Werther – eine psychoanalytische Fallstudie zur Übertragungsliebe

Einleitung

*Ich habe so viel, und die Empfindung an ihr verschlingt alles;
ich habe so viel, und ohne sie wird mir alles zu Nichts ...*

Goethe: Die Leiden des jungen Werther

Die Entdeckung der Übertragungsliebe vergleicht Freud in einem Brief an Stefan Zweig mit dem »Schlüssel […], der den Weg zu den Müttern geöffnet hätte« (an Stefan Zweig v. 2. Juni 1932; Freud 1960, S. 406). Aber Breuer ließ ihn fallen (bei Anna O.), obwohl es, wie er damals äußerte, »das Wichtigste [ist], was wir beide der Welt mitzuteilen haben werden« (Freud 1925g, S. 563). Diese Schlüsselfunktion der Übertragungsliebe ist nicht auf die Mütter beschränkt, sondern gilt gleichermaßen auch für die Väter, nur dass es hier nicht um Schwangerschaft, sondern um Zeugungskraft, um schöpferische Potenz im weitesten Sinne geht.

»Goethe« – so Eissler – »war ein Meister darin, sich von Unheil zu befreien. Einer Selbstmordkrise setzte er ein Ende, indem er den *Werther* schrieb.« (Eissler 1983, S. 70)

Goethe ließ Werther, sein literarisches Alter Ego – gleicher Geburtstag, gleiches Alter, gleicher Liebeskonflikt – an seinen Leiden, der »Krankheit zum Tode« (*W*, S. 48)[1], zugrunde gehen, während er, befreit und vom großen Er-

---

[1] Johann Wolfgang Goethe: *Die Leiden des jungen Werther*. Im Folgenden abgekürzt als »*W*«, gefolgt von der entsprechenden Seitenzahl. Goethes *Werther* wird zitiert nach der Hamburger Ausgabe in 14 Bänden. Bd. 6 Romane und Novellen I. Textkritisch durchgesehen von E. Trunz (Hrsg.). München: dtv, 1988.

folg seines Erstlingsromans gestärkt, sich seiner schöpferischen Kraft bestätigt wissen durfte. Daher konnte er getrost an Kestner schreiben: »Und erschießen mag ich mich vor der Hand noch nicht...« (an Kestner v. 28. November 1772; Trunz 1988a, S. 524) Er reiste weiter und verliebte sich aufs Neue.

Dieser Roman ist also eine Krankengeschichte von den »Leiden des jungen Werther«, und mit diesem liebeskranken jungen Mann, der Romanfigur, will ich einen Patienten vergleichen, der, obwohl doppelt so alt wie jener, in heftiger Übertragungsliebe zu seiner Analytikerin entbrannt war, sowie Werther sich unsterblich in seine Lotte verliebt hatte. Doch statt der erhofften Erlösung in der Liebe fand er den Glauben an seine eigene schöpferische Kraft wieder, nach langem dramatischem Ringen in einer vier Jahre währenden vierstündigen Analyse.

Die Übertragungsliebe war der Schlüssel zum Kernproblem des Patienten. In meinen Augen fühlte er sich so wertvoll, wie Werther sich in Lottes Augen »vergöttert« fühlte, und mit diesem idealen Selbstanteil kam er in Kontakt mit seinen eigenen Fähigkeiten, mit sich selbst. »Wenn wir uns selbst fehlen, fehlt uns doch alles.« (*W*, S. 53) Und so blieb ihm die Werther'sche Lösung, der Selbstmord, erspart.

Ich danke Herrn W., der mir half, das Geheimnis der Übertragungsliebe besser zu verstehen, und sich freundlicherweise bereit erklärte, das Material seiner Analyse zur Veröffentlichung freizugeben. In Anlehnung an Hermann Argelander habe auch ich mich »bemüht, seine Anonymität nicht durch die Veränderung von Daten, sondern durch das Weglassen verräterischer Zusammenhänge zu wahren, um der Darstellung nichts von ihrem nativen Wahrheitsgehalt zu nehmen« (Argelander 1980, S. 11).

Psychoanalyse und Dichtung

Über die unausweichliche Beziehung zwischen Dichtung und Psychoanalyse schreibt Freud 1906 in einer seiner ersten Arbeiten zu Psychoanalyse und Literatur »Der Wahn und die Träume in W. Jensens ›Gradiva‹«, der Dichter habe »eine völlig korrekte psychiatrische Studie geliefert, an welcher wir unser Verständnis des Seelenlebens messen dürfen, eine Kranken- und Heilungsgeschichte, wie zur Einschärfung gewisser fundamentaler Lehren der ärztlichen Seelenkunde bestimmt« (Freud 1907a, S. 69). Wie viel mehr gilt diese Aussage für *Die L e i d e n des jungen Werther* (meine Hervorhebung, KZM), von Goethe durch seine Wortwahl bereits als Krankengeschichte angekündigt.

Abb. 2: Goethe, 27 Jahre alt, Anna Amalia, Herzogin von Sachsen-Weimar, machte das Bild 1778 Goethes Mutter zum Geschenk.

Bei Eissler heißt es, das Schreiben dieses Romans hatte auch den »unmittelbaren Zweck einer Warnung und des Versuchs eine drohende Katastrophe abzuwenden [...] Das katastrophale Trauma jener Zeit war ohne jeden Zweifel die Verlobung seiner Schwester« (Eissler 1983, S. 135). Wenn man die Leiden beim Namen nennt, dann ist es diese wahnhafte Liebe, die Werther für Lotte empfindet.

»*Werther* wurde für eine abwesende und verlorene Schwester geschrieben« (ebd., S. 156). Sie heiratete zu dieser Zeit. »Der ganze Konflikt zwischen Werther und Lotte beruht darauf, daß Lotte ein Schwesterersatz ist.« (ebd., S. 144) Cornelia wurde der Ersatz für die Mutter, da die ursprüngliche Mutter sich als unzuverlässig erwies, weil sie ständig neue Kinder bekam. »Die Vielfalt der Aspekte, die in Goethes Liebe an eine Übertragungsbeziehung erinnern, ist beeindruckend.« (ebd., S. 232)

Und damit sind wir beim Anliegen dieser Arbeit angelangt, die illusionäre Liebe Werthers zu Lotte mit der Übertragungsliebe eines Patienten zu seiner Analytikerin zu vergleichen.

Goethe hat mit der Niederschrift seines *Werther* sein Gleichgewicht wiedergefunden oder, um es wiederum mit Eisslers Worten zu sagen, es war »sein Versuch, der Realität ins Auge zu schauen« (S. 52). Wie Werthers, alias Goethes, Selbstanalyse aussieht, ist faszinierend zu verfolgen. Man geht gerne in seine analytische Schule: »Wie ich über meinen Zustand immer so klar gesehen und doch gehandelt habe wie ein Kind.« (*W*, S. 44) Man ist beeindruckt von seinen Überlegungen »nur einen Augenblick [...] einen Tropfen der Seligkeit des Wesens zu fühlen, das alles in sich und durch sich hervorbringt« (*W*, S. 52).

In dieser Fallstudie interessiert der Vergleich der Übertragungsliebe des Patienten mit der Liebeskrankheit der Romanfigur. Werther, die Projektionsfigur Goethes, der lieber »tot als wahnsinnig« sein wollte, beinhaltete all die verbotenen Wünsche und Gefühle seines Schöpfers. Der reale biographische Bezug, der Inhalt von Eisslers Studie, ist hier Hintergrund, nicht der Gegenstand des Interesses und soll daher nur gelegentlich zitiert werden, ergänzt aus den Kommentierungen von Erich Trunz und durch eigene Überlegungen.

Übertragungsliebe und Liebeswahn

Freud gab der Übertragungsliebe einen besonderen Platz. Rückblickend schrieb er, Breuer habe versäumt, den »Zustand der ›Übertragungsliebe‹«, der sich bei der Patientin O. eingestellt habe, »mit ihrem Kranksein in Verbindung« zu bringen (Freud 1925d, S. 51). Ein »rein affektives Moment« hätte ihm »die weitere Arbeit an der Aufhellung der Neurose verleidet«, wenn er auch später gäußert hätte: »Ich glaube, das ist das Wichtigste, was wir beide der Welt mitzuteilen haben werden.« (Freud 1925g, S. 563). In seinen »Bemerkungen über die Übertragungsliebe« kommentiert Freud:

> Man hält die Liebesübertragung fest, behandelt sie aber als etwas Unreales, als eine Situation, die [...] auf ihre unbewußten Ursprünge zurückgeleitet werden soll und dazu verhelfen muß, das Verborgenste des Liebeslebens der Kranken dem Bewußtsein und damit der Beherrschung zuzuführen. [...] Als zweites Argument gegen die Echtheit dieser Liebe führt man die Behauptung ein, daß dieselbe nicht einen einzigen neuen, aus der gegenwärtigen Situation entspringenden Zug an sich trage, sondern sich durchwegs aus Wiederholungen und Abklatschen früherer, auch infantiler, Reaktionen zusammensetze.

Dies gälte es, durch die »detaillierte Analyse des Liebesverhaltens« des Patienten zu beweisen (Freud 1915a, S. 314f. u. 316).

Schon in der bereits zitierten »Gradiva« schreibt Freud vom »Vorbild einer Liebesheilung, das uns der Dichter gezeichnet« (Freud 1907a, S. 119) und von der therapeutischen Unentbehrlichkeit der Übertragungsliebe:

> In einem Liebesrezidiv vollzieht sich der Prozess der Genesung, wenn wir alle die mannigfaltigen Komponenten des Sexualtriebes als »Liebe« zusammenfassen, und dieses Rezidiv ist unerlässlich, denn die Symptome, wegen deren die Behandlung unternommen wurde, sind nichts anderes als die Niederschläge früherer Verdrängungs- oder Wiederkehrkämpfe und können nur von einer neuen Hochflut der nämlichen Leidenschaften gelöst und weggeschwemmt werden. (ebd., S. 118)

In den »Bruchstücken einer Hysterie-Analyse« wirft Freud sich vor, es sei ihm nicht gelungen, »der Übertragung rechtzeitig Herr zu werden« (1905e, S. 282). Dora agierte, statt zu reproduzieren. Er wurde von der Übertragung überrascht und habe zu spät erkannt, dass die Liebesregung für Frau K. die stärkste der unbewussten Strömungen ihres Seelenlebens war.

Sandler, Dare und Holder definieren Übertragung als »spezifische Illusion, die sich in bezug auf eine andere Person einstellt und die ohne Wissen des Subjekts in einigen ihrer Merkmale eine Wiederholung der Beziehung zu einer bedeutsamen Figur der eigenen Vergangenheit darstellt« (Sandler et al. 1973, S. 45).

Friedrich Wilhelm Eickhoff belegt in seiner Arbeit »›Sigmund Freuds Bemerkungen über die Übertragungsliebe‹ 80 Jahre danach«, dass die Übertragungsliebe auch heute noch ihren hervorragenden Platz in der Technikdebatte behaupte. Ich beziehe mich in meinen Zitaten überwiegend auf seine Forschungen (vgl. Eickhoff 1995).

Der *Liebeswahn* in Goethes Roman scheint mir mit folgendem Zitat aus seinem *Werther* am besten definiert zu sein:

Am 19. Oktober.
Ach diese Lücke! diese entsetzliche Lücke, die ich hier in meinem Busen fühle! – Ich denke oft, wenn du sie nur *einmal*, nur *einmal* an dieses Herz drücken könntest, diese ganze Lücke würde ausgefüllt sein. (*W*, S. 83)

Werthers Leiden sind mit diesen Worten aus seinem Tagebuch auf den Punkt gebracht. Seine Krankheit gipfelt in der Vorstellung, dass ihn eine einzige Umarmung erlösen könnte. Er fühlt sich so unvollständig, so leer, dass er der Illusion erliegt, diese Frau könnte ihn mit einer Berührung füllen. Er hat also eine wahnhafte Vorstellung von der Liebe und stattet das Objekt seiner Sehnsucht mit einer illusionären Allmacht aus. Diese unrealen Wünsche erinnern an die Übertragungsliebe in der analytischen Situation, die ein Patient zu seinem Analytiker entwickeln kann wie Herr W. zu mir.

Werthers Leiden

Es wird nun zunächst versucht, eine Anamnese Werthers zu erstellen. Man erfährt, dass er seinen Vater früh verloren hat. Der Brieffreund Wilhelm, dem er seine Leidensgeschichte erzählt, scheint ein imaginiertes, vernünftiges Alter Ego zu sein, das ihm so lange zur Verfügung steht, bis die Fähigkeit zum inneren Dialog erlischt.

Es ist vom Tod einer Freundin die Rede, ihrem »festen Sinn und ihre[r] göttliche[n] Duldung« (*W*, S. 12), die seiner traumhaften Existenz Halt gebend waren. Früh ist von seinem Hang zum Selbstmord die Rede, »das süße Gefühl der Freiheit, […] daß er diesen Kerker verlassen kann, wann er will« (*W*, S. 14). Seine Mutter hat hohe berufliche Pläne mit ihm, ist im Roman eher Hintergrundfigur. Da er jedoch immer nach einem Mütterchen Ausschau hält, unter dessen Kinderschar er sich mischen möchte, scheint er sich nur schwer von ihr getrennt zu haben.

Die Wahl seines Liebesobjekts ist komplementär zur eigenen Struktur, wie wir folgender Beschreibung entnehmen können:

wenn meine Sinne gar nicht mehr halten wollen, so lindert all den Tumult der Anblick eines […] Geschöpfs, das in glücklicher Gelassenheit den engen Kreis seines Daseins hingeht, von einem Tage zum andern sich durchhilft, die Blätter abfallen sieht und nichts dabei denkt, als daß der Winter kommt. (*W*, S. 17)

3. Kapitel

Das ist ein Charakteristikum aller weiblicher Wesen, die er als Freundinnen bezeichnet.

Als er nach Wahlheim kommt, ist er noch mit einer zerbrochenen Liebschaft beschäftigt. Seine Bereitschaft, sich neu zu verlieben, ist jedoch groß, wie sich bei seiner ersten Begegnung mit Lotte zeigt.

Sein »Engel« (Lotte) entspricht nämlich genau der verlorenen »Freundin meiner Jugend« (*W*, S. 12). »So viel Einfalt, bei so viel Verstand, so viel Güte, bei so viel Festigkeit, und die Ruhe der Seele bei dem wahren Leben und der Tätigkeit.« (*W*, S. 19) Dahinter steckt die Mutter bzw. ein mütterliches Objekt. Als er ihre »Vergötterung« zu fühlen glaubt, will er sein »armes schmachtendes Herz« von ihr pflegen lassen, eines ihrer Kinder sein, die ihrem Herzen am nächsten stehen.

Er ist also der kindliche, ödipale Liebhaber geblieben, der sich nie von der Mutter gelöst hat, dem kein schützender Vater zur Seite stand. Vielmehr fürchtet er ihn in Form von Lottes Mann, Albert. Wenn sie mit »Wärme und Liebe« von ihm spricht, dann fühlt er sich entmannt, seines »Degens« beraubt, dann wird der Liebeskranke wieder zum Kind (*W*, S. 38). Und deshalb kann er seine Wünsche weder in die Tat umsetzen, noch sich »ermannen« sie loszuwerden, was gleichbedeutend mit der Bewältigung seines Ödipuskonfliktes wäre. Seine »schleichende Krankheit« ist ihm bewusst, ohne dass er ihr Einhalt gebieten könnte: »Wie ich über meinen Zustand immer so klar gesehen und doch gehandelt habe wie ein Kind.« (*W*, S. 44)

Der Selbstmord wird erstmals am Beispiel eines jungen Mädchens durchgespielt. Albert verurteilt die Tat wie ein Vater, »weil ein Mensch, den seine Leidenschaften hinreißen, alle Besinnungskraft verliert und als ein Trunkener, als ein *Wahnsinniger* [meine Hervorhebung, KZM] angesehen wird«. Werther antwortet darauf: »meine Leidenschaften waren nie weit vom Wahnsinn« (*W*, S. 46f.) und formuliert selbst den Ausgang seiner Krankheit: »Der Mensch muss sterben! Ich sehe dieses Elends kein Ende als das Grab.« (*W*, S. 47)

Moses und M. Eglé Laufer betrachten den Selbstmordversuch in der Adoleszenz als eine Handlung, die ganz und gar unter dem Einfluss der Phantasie steht. Werthers Glückseligkeit wird ihm zur »Quelle seines Elendes«, er fühlt sich in seiner Tatkraft gelähmt und resümiert: »Wenn wir uns selbst fehlen, dann fehlt uns doch alles.« (*W*, S. 53) Er fühlt sich als Gefangener seiner »tobenden, endlosen Leidenschaft« und kann an nichts anderes mehr denken: »meiner Einbildungskraft erscheint keine andere Gestalt als die ihrige, und alles in der Welt um mich her sehe ich nur im Verhältnisse mit ihr« (*W*, S. 55).

Werthers Beziehung zu Lotte entspricht genau den von Freud formulierten Kriterien einer heftigen Übertragungsliebe:

1. seine intensive Bindung an sie,
2. die Überschätzung ihrer Eigenschaften,
3. das Aufgehen in ihren Interessen,
4. die Eifersucht gegen alle, die ihr nahe stehen.

Das erste Buch von *Die Leiden des jungen Werther* endet mit einer Selbstrettungsaktion Werthers. Er versucht, sich gemäß dem Rat seiner Mutter um seine Karriere zu kümmern, und geht weg.

Herrn W.s Krankengeschichte

Herr W. ist das vorletzte Kind in einer sechsköpfigen Geschwisterreihe. Die Mutter, eine stattliche Hausfrau, hatte über einen Zeitraum von zwölf Jahren fast alle zwei Jahre ein Kind bekommen. Der Vater stammte aus einer alten Akademikerfamilie auf dem Lande. Während des Krieges war die Familie aufs Land evakuiert worden, was er als »paradiesisch« in Erinnerung behielt. Herr W. war wegen einer angeborenen Anomalie, die erst spät als solche diagnostiziert wurde, ein kränkliches Kind und bedurfte deshalb des besonderen Schutzes seiner energischen Mutter. Über sie heißt es (vermutlich eine Deckerinnerung): Er sitzt mit ihr im Waschzuber als kleiner Bub und trampelt ihr mit seinen Füßchen auf ihrem Schamhaarpelz herum. Sie sei fürsorglich, aber auch mit durchdringendem Blick gewesen. (Eine Charakterisierung, die ich später auch bekommen sollte.) Er sei nicht nur mit Liebe, sondern auch mit Strenge erzogen und mit dem Rohrstock auf den nackten Po gezüchtigt worden. Die Mutter habe zwischen dem Vater und den Kindern zu vermitteln versucht, die Söhne seien von ihr den Töchtern gegenüber bevorzugt worden. Der Vater rivalisierte eher mit seinem Sohn um die Gunst und Aufmerksamkeit der Mutter, als dass er ihm ein starkes Vorbild gewesen wäre.

Seine 15 Monate jüngere Schwester vereinnahmte der Patient wie einen Zwilling. Sie sei auch sein erstes sexuelles Versuchs- und Liebesobjekt gewesen. Sie habe viel von dem kompensiert, was er vom Vater erleiden musste. Er sei früh sexualisiert gewesen, habe sich durch Reibetechniken mit den Oberschenkeln und intensives Onanieren Lust verschafft.

Als er sich zu Beginn der Pubertät einer lebensgefährlichen Operation unterziehen musste, sei die Familie seinetwegen in die Großstadt gezogen. Für ihn bedeutete dies eine erste Konfrontation mit dem Tode und das Ende des ländlichen Paradieses. Bedroht vom lebensgefährlichen Eingriff und von sterbenden Mitpatienten überlebte er traumatisiert.

Seine nachlassenden schulischen Leistungen wurden nicht als Folge dieser Eingriffe verstanden, vielmehr fühlte er sich vom Vater verachtet und im Stich gelassen. So versagte er schließlich, statt seiner Begabung gemäß gefördert zu werden. Als ihm die Schule zur Qual wurde, versuchte er auszubrechen und meldete sich zur See, um sein durch Literatur geschürtes Fernweh (Joseph Conrad ist sein Lieblingsautor) zu befriedigen. Dies sei von den Eltern jedoch vereitelt worden.

Nachdem ihm mit 15 Jahren dieser Traum versagt wurde, resignierte er. Er machte zwar eine Lehre, ließ sich von Frauen verführen, versackte jedoch im Alkohol. Schließlich lernte er seine Frau als nicht minder Notleidende kennen. Sie schlüpfte in die Rolle der jüngeren Schwester. Ihre Zurückhaltung nahm ihm die Angst, sie ordnete sich seinen sexuellen Wünschen unter wie einst sein inzestuöses erstes Liebesobjekt. Sie hätten täglich »Liebe gemacht«, bis sie auf Wunsch seiner Frau ein Kind bekamen.

Da sie ihrer guten Ausbildung wegen in gehobener Position arbeitete, verdiente sie den Unterhalt für die Familie, während er die Versorgung des Kindes und den häuslichen Part übernahm. Dies gab ihm den Spielraum, lesend, malend und musizierend als Autodidakt die versäumte Bildung nachzuholen.

Als sein Vater, sechs Jahre ehe er in Analyse kam, bettlägerig wurde, pflegte er ihn, bis er starb, und bewunderte noch beim alten todkranken Mann sein starkes Glied.

Später, als die Tochter längst aufs Gymnasium ging, fand er eine einfache Nischenstelle, eine Arbeit, bei der er präsent sein musste, aber seinen Gedanken nachhängen konnte. Diese Konstellation kam ins Wanken, als seine Frau eine Therapie begann und sich heftig in ihren Therapeuten verliebte. Er sah sich zum selben Schritt veranlasst, landete bei einem Mann, mit dem er jedoch nicht zurechtkam, weshalb er diese Behandlung nach zwei Jahren abbrach.

Erste Gespräche

Dieser Abbruch, den er wie die Zurückweisung eines Vaters wahrgenommen hatte, war der seelische Hintergrund, als er auf der Suche nach einem neuen Therapeuten meinen Namen auf dem Praxisschild entdeckte. Ich war vorübergehend in sein Viertel gezogen, als er zu meinem Vornamen »Konstanze« eine ahnungsvolle Beziehung herstellte, wie ich später erfahren sollte. Er rief mich an, ich konnte ihm jedoch erst drei Monate später einen Termin anbieten.

Zum Erstgespräch erschien dann ein sportlich schlanker Mann, lässig-gut gekleidet, ausländisch wirkend wie in einer französischen Zigarettenreklame, zeitlos, ein ewiger Student. Ich hatte Déjà-vu-Gefühle, glaubte, ihn schon einmal gesehen zu haben. Und so wie ich ihn genau in Augenschein nahm, fühlte ich mich von ihm nicht minder scharf gemustert. »Es war Liebe auf den ersten Blick«, sollte ich später erfahren. Er begann, sich mit seinem therapeutischen Misserfolg, der Therapie seiner Frau, seinem Alkoholproblem und dass er sich niedergeschlagen nach dem Sinn seines Lebens frage, vorzustellen.

Ich spürte die Verlorenheit des Mannes und sprach seine Verlustängste an, als er plötzlich in Tränen ausbrach und sie schamvoll wegwischend kommentierte, das sei ihm in zwei Jahren Therapie nicht passiert.

Im zweiten Gespräch setzte er die Erzählung seiner Biographie fort und endete mit der Bitte um Strukturierung: ob ich bereit sei, »Ordnung in sein Leben« zu bringen. Der kindliche Mann wünschte sich also unbewusst die ordnende Hand seiner Mutter und verliebte sich nach dem Muster seiner Kindheit. So konstellierte sich bereits in den ersten Begegnungen die Liebesübertragung.

Und wie Werther seine Lotte komplementär zur Linderung seines »Sinnentumultes« empfindet, ihre Festigkeit, Ruhe und Verständigkeit preist, so wünschte Herr W. mich als Struktur für sein inneres Chaos.

Ich war berührt von seiner Erscheinung und seiner Geschichte, bewegt von seinem kindlichen Anliegen, es mit Frauen besser zu können als mit Männern, und beeindruckt von seiner Motivation zur Veränderung. Aber ich war auch vor seinen großen Erwartungen und einer Fehlleistung gleich zu Beginn der Behandlung gewarnt. Denn nach diesem Termin ließ er seine Jacke hängen, ein Vergessen, das Ankunft und Heimkehr demonstrierte, aber auch sehr besitzergreifend wirkte. Ich war von ihm engagiert worden und auch wenn ich bereit war, mit ihm zu arbeiten, ich hätte auch keine andere Wahl mehr gehabt, und so kam es zum Behandlungsbündnis.

Der Behandlungsbeginn

Wenden wir Freuds »Bemerkungen zur Übertragungsliebe«, also die Wiederholung kindlicher Verhaltensmuster, auf Werther an, so ist klar ersichtlich, dass seine Liebe zu Lotte die Wiederholung seiner Beziehung zum mütterlichen Objekt ist: Sein »Herz ist wie ein Kind«, dem er »jeden Willen gestattet«. Er regrediert vollkommen, »die ganze Welt verliert sich um mich her«, und er findet sich im Auge der Mutter, seines Liebesobjektes, wieder: »wie ich mich selbst anbete, seitdem sie mich liebt!«. Dass sie zu Albert gehört, macht die beiden zum Elternpaar, und er fühlt sich ausgeschlossen, infantilisiert, ja kastriert, wie wir dem bereits erwähnten Zitat entnehmen können: »[...] wenn sie von ihrem Bräutigam spricht, [...] ist mir's wie einem, [...] dem der Degen genommen wird« (*W*, S. 38).

Dasselbe galt binnen kürzester Zeit für Herrn W.: Er entwickelte eine intensive Bindung zu mir, überschätzte meine Eigenschaften, ging in meinen Interessen auf und war eifersüchtig auf alle, die mir nahe standen. In der Übertragungsbeziehung war ich halb Mutter, halb Schwester.

So war der Behandlungsbeginn begleitet von Fehlleistungen, die sich vor allem auf Termine bezogen; meist kam er zu früh, eine Stunde oder einen Tag. Musste er einen Augenblick warten, fühlte er sich irritiert, »ich stehe nicht im Zentrum«. Die zunächst zweistündige Behandlung – er musste die Kosten wegen des Abbruchs selbst tragen – wurde auf seinen Wunsch hin bald in eine vierstündige Analyse umgewandelt. Er versuchte, ganz Besitz von mir zu ergreifen, verlangte höchste Aufmerksamkeit, am liebsten ständige Präsenz, und unterlief mir nur der kleinste Erinnerungsfehler, so tadelte er: »Sie müssen ganz zuverlässig sein!« Sah er mich in der Gemeinschaftspraxis mit einem Kollegen sprechen, so fühlte er sich sofort klein, unbedeutend, nicht konkurrenzfähig, kastriert – wie Werther. Ich erlebte ihn wie einen kindlichen Liebhaber, verletzlich, fordernd und mir doch ausgeliefert.

Er entfaltete zunächst die »paradiesische Zeit« seiner Kindheit auf dem Lande, die ihre Entsprechung im Neubeginn bei mir hatte. Wir beide im gleichen Vorstadtviertel! Die Ankündigung meines Praxisumzuges in die Stadt kam seinem Wechsel vom Lande in die Großstadt gleich. Während er mir vorher freimütig bekennen konnte: »Ich habe mich verliebt«, ließ er mich nun zornig wissen: »Ich weiß nicht, ob ich mitkomme!« Auch wenn ich wusste, dass ich bereits zu sehr ein Teil seiner selbst geworden war, als dass er die Wahl gehabt hätte zu gehen, so bereitete mir seine Not doch Schuldgefühle.

Den Initialtraum brachte er in die letzte Stunde vor der Sommerpause mit. Er leitete ihn mit der Bezahlung des Stundenhonorars ein und kommentierte, er habe sich Gedanken um das Vergessen gemacht, dann erzählte er den Traum:

> Es ging um zwei Äcker, die von mir bestellt werden sollten. Den einen düngte ich mit Tee, meine Sorte – Darjeeling –, was meine Frau zur Kritik veranlasste, er sei zu dünn. Sie verschwand mit der Tochter und einem neuen Mann. Ich trottete weiter und fand einen neuen Acker, dort fühlte ich mich wohl und heimelig, den wollte ich bestellen, der erinnerte mich an meine verlorene Kindheit. Das ist mein Acker!

Dass dies der neue Weg in seine Analyse war, schien ihm eine einleuchtende Deutung zu sein. Dass der andere Mann der Therapeut seiner Frau sei, war ihm nicht minder leicht einsichtig. Dass er von mir Besitz ergreifen wollte, ich seine Sorte, sein Darling (Darjeeling) sei, er mich bestellen, ja pflügen wollte wie einen Acker (Zinn-Acker), war ihm in dieser unverblümten, bildhaften Deutlichkeit wohl noch nicht klar, mir dafür umso mehr. Gleichzeitig war dieser Traum sein Abschiedsgeschenk für die erste Unterbrechung. Ich sollte ihn nicht vergessen, sonst sei ihm seine Mutter Erde entzogen.

Werthers Scheitern

Getrennt von Lotte in der Einsamkeit reflektiert Werther seine narzisstische Objektwahl, er hätte sie zu seinem idealen Selbst ausstaffiert, mit allem, was wir haben und wünschen. »Und so ist der Glückliche vollkommen fertig, das Geschöpf unserer selbst.« (*W*, S. 60) Gleichzeitig fühlt er sich aber auch »gespielt wie eine Marionette« (*W*, S. 65).

Das Weiterkommen im Beruf soll ihm die Distanz zur regressiven Liebesbeziehung ermöglichen, ihn an seine eigene schöpferische Potenz erinnern. Er klagt jedoch, dass er sich auf einen Posten treiben ließ, der den mütterlichen Ambitionen, aber nicht seinen eigenen Zielen entspräche. Hier wird der Tod des Vaters erwähnt, der strukturierende Dritte, der fehlt. Statt autonom zu werden, scheitert er an einer rigiden Vaterfigur und regrediert in die infantile Abhängigkeit. Er fühlt sich dem Konflikt nicht gewachsen, nicht mehr integriert, vielmehr bald »zerstört«.

Peter von Matt schreibt in *Liebe und Wahnsinn:*

> Beschädigte Liebe hängt immer mit beschädigter Arbeit, beschädigte Arbeit mit beschädigter Liebe zusammen. Werthers tödliches Explodieren in einer alles niederreißenden Liebe steht in direkter Korrelation zu seinem gewaltsamen Abgeschnürtwerden von der sinnstiftenden Arbeit zum Tätigkeitsverbot dort, wo er den ihm naturhaft zugewiesenen Ort der Lebenstätigkeit zu sehen glaubt. Dass die deutsche Literatur der klassisch-romantischen Epoche den Wahnsinn überwiegend in den Kontext verbotener, zerstörter oder verratener Liebe stellt, darf nicht übersehen lassen, dass dies nur eine Akzentsetzung ist […] der Wahnsinn ist so wenig von der scheiternden Lebensarbeit zu trennen wie von der Liebe. (Matt 1989, S. 187)

Freud definierte Arbeits- und Liebesfähigkeit als Ausdruck seelischer Gesundheit und damit als Analyseziel.

Für Werther wiederholt sich im Streit mit dem Gesandten sein eigentlicher Konflikt, die misslungene Auseinandersetzung mit dem Vater. Und als es seinetwegen zum Eklat kommt, will er sich die »ewige Freiheit verschaffen«, statt selbstbewusst um seinen Platz zu kämpfen. So kehrt er zurück zu den Stätten seiner Kindheit, will im Schmerz über die Enttäuschung, dass sein Ausflug in die »unbekannte Welt scheiterte«, zurück zur Mutter bzw. zu Lotte.

Bei der Rückkehr in die Stadt der Kindheit wird der verlorene Vater erwähnt. Dies steht symbolisch für das Fehlen des gleichgeschlechtlichen Elternteiles zur Stärkung der männlichen Individualität und zum Erlernen der Abgrenzungsfähigkeit vom mütterlichen Objekt, stattdessen ihre maßlose Idealisierung: »Ich – ihr Mann! […] mein ganzes Leben sollte ein anhaltendes Gebet sein.« (*W*, S. 75)

Er befindet sich immer mehr im Bereich seiner Phantasie. Seine Einbildungskraft spielt ihm Streiche, die Lotte ihm übel nimmt: Als er einen Zettel findet, den Lotte an Albert geschrieben hat, versteht er das Billett so, als sei er der Adressat: »›Was die Einbildungskraft für ein göttliches Geschenk ist‹, rief ich aus, ›ich konnte mir einen Augenblick vorspiegeln, als wäre es an mich geschrieben.‹« (*W*, S. 79)

Herrn W.s Verliebtheit und sein berufliches Scheitern

Wie im Initialtraum angekündigt, hatte Herr W. von mir Besitz ergriffen wie von einem Acker, seiner neuen Mutter Erde. Er fühlte sich gleichsam im Badezuber mit mir wie einst mit der Mutter und glaubte, über mich verfügen zu können wie einst über die Schwester. Er reagierte hochsensibel wie ein Kleinkind auf alle Veränderungen, die ich vornehmen musste. So bereitete ihm mein angekündigter Praxisumzug in die Stadt größte Schwierigkeiten. Seine Stimmung wurde immer düsterer, er hatte Todesphantasien, dachte an das Sterben seines Vaters, einen ertrunkenen Schulfreund und eine alte, verstorbene Frau im Krankenhaus.

Nachdem der Umzug dann doch überlebt und bewältigt schien, nahmen seine Vereinigungsphantasien wieder überhand, auch wenn ihm seine Verliebtheit peinlich war. Er berichtete von Selbstmordphantasien und einem wiederkehrenden Traum:

Er wird in Ketten abgeführt, weil er einen Toten im Garten verscharrt hat.

Seine Einfälle führten zu verbotenem Verkehr, letztlich dem Inzest. In der Übertragungsbeziehung fühlte er sich ganz alleine mit mir und träumte von Mozart. Als ich ihn jedoch an den Vornamen von Mozarts Frau erinnerte, *Konstanze*, tadelte er zwar deren lotterhaften Lebenswandel, die Parallele zu uns war ihm jedoch peinlich, den Gedanken hätte er sofort weggeschoben.

Seine Einbildungskraft spielte ihm Streiche, die mit Werthers erwähnten Phantasiegebilden vergleichbar waren. Er hatte herausgefunden, wo ich wohnte, und eine alte Alarmanlage missbilligt. Diese war mir, vom Vorgänger installiert, auch längst ein Dorn im Auge, und ich ließ sie entfernen. Als er dann *zufällig* vorbeiradelte und den Unterschied sofort bemerkte, kam er in die nächste Stunde und meinte: »Einen Augenblick lang dachte ich, Sie hätten mir ein Zeichen gesetzt!« Ihm gefiel dieses Spiel, auch wenn ihm die unbewusste Ebene noch nicht klar war, dass dies ja auch ein Ausdruck seines Bedürfnisses war, ungehindert bei mir eindringen zu wollen, ohne meinen Alarm bzw. den meines Mannes befürchten zu müssen. So brachte er mich mit seinen realitätsnahen Bedrängnissen immer wieder in Schwierigkeiten, ihm Grenzen setzen zu müssen.

Die Krise:
Auseinandersetzung mit dem Vater

Gleichzeitig bahnte sich mit seinem Verharren in der kindlichen Liebesbeziehung die eigentliche Auseinandersetzung mit seiner verhinderten männlichen und beruflichen Entwicklung, vor allem mit seinem Vater, an.

So begann ein schmerzliches Erinnern und Durcharbeiten seiner Adoleszentenvergangenheit. Er war zwar ein Liebling der Frauen, den Männern wich er jedoch aus, weil er sich nicht konkurrenzfähig fühlte. Insbesondere die Verachtung seines Vaters ließ seinen Hass, ja seine Todesphantasien, sowohl am Rivalen als auch am Selbst zentrales Thema werden. Allmählich kam der Vater von seinem kalten und unmenschlichen Podest herunter und wurde selbst zu einem armen, neurotischen Mann, der mit seinen Söhnen um die Mutter rivalisierte, nachts im Schlaf schrie (vermutlich Kriegserfahrungen) und weit entfernt davon war, die Nöte seines Sohnes erkennen zu können.

Herr W. hatte durch seine körperlichen Behinderungen eine retardierte Entwicklung. Sein Versagen in der Schule war eine Folge seiner körperlichen Störung, und damit schwand sein Selbstvertrauen. Der Vater war selbst zu schwach, um rettend eingreifen zu können, vielmehr nahm er ihm mit seiner Verachtung noch die letzten Reste von Selbstbewusstsein. Der Fluchtweg zur See war ihm versperrt, bis er durch seine Frau den rettenden Anker fand.

Seine Ehe war im Grunde jedoch ein Inzest. Seine Frau hatte ihm das Kind abverlangt, ohne dass er den Wunsch oder gar das Gefühl gehabt hätte, ein Kind zeugen zu wollen. Schließlich ließ er sich sterilisieren, um folgenlos mit ihr »Liebe machen zu können«. So stellte es sich zunächst seinem Bewusstsein dar. Seine Frau verübelte ihm diesen Schritt, der sie letztendlich zur Therapie veranlasst hatte. Er betrachtete den Eingriff als »Lappalie«, bis in der Analyse die Auseinandersetzung mit diesem Thema herangereift war. Nachdem er auf einer tieferen Ebene verstanden hatte, was geschehen war, konstatierte er bloß: »Der X, ein Kumpel, dem ich es beiläufig erzählte, hatte recht, ich habe mich zu einem kastrierten Kater gemacht.«

Die Trauer um seine verlorene Zeugungsfähigkeit wurde durch eine Kastanie, die er mir mitbrachte, ausgelöst. Das symbolische Geschenk löste eine sehr fruchtbare Auseinandersetzung mit der Verletzung aus, die er unbedacht an sich hatte vornehmen lassen, stellvertretend für den Verlust, den er in seinem bisherigen Leben unwiederbringlich akzeptieren musste.

»Ich könnte, selbst wenn ich wollte, mit Ihnen noch nicht einmal ein Kind zeugen!«, rief er voller Scham und Schmerz aus, als wir an diesem Punkt angelangt waren. Während ich mir in seiner Verliebtheit früher oft fremd, eben als sein Selbstanteil vorgekommen war, so beeindruckten mich in dieser Phase der Analyse seine Kraft und sein Mut, sich mit der Wahrheit auseinanderzusetzen. Er war gereift und damit über Werther hinausgewachsen.

Werthers Ende

... die Kraft, mit der ich Welten um mich schuf; sie ist dahin

Während Werther klagt, dass seine »Quelle aller Seligkeiten« versiegt sei, formuliert er gleichzeitig den wahren Grund seines Zustandes: »Ich leide viel, denn ich habe verloren, was meines Lebens einzige Wonne war, die heilige belebende Kraft, mit der ich Welten um mich schuf; sie ist dahin!« (*W*, S. 85)

Damit bringt er klar zum Ausdruck, dass der eigentliche Grund für seine Selbstaufgabe der Verlust seines schöpferischen Potentials ist. Selbst seine Einbildungskraft hat ihn verlassen, deshalb fühlt er sich Lotte gegenüber willenlos, »sie kann mit mir machen, was sie will« (*W*, S. 85).

Das Schicksal des aus verhinderter Liebe psychotisch gewordenen Mannes ist gleichsam die Alternative zum Selbstmord und treibt ihn in rettungslose Verzweiflung: »Mit mir ist's aus, ich trag es nicht länger!« (*W*, S. 104) Seine Todessehnsucht wechselt mit wilden Vereinigungsphantasien, beiden gemeinsam ist die Auflösung des Selbst. Ihm fehlt der väterliche Schutz, paradoxerweise sucht er bei der mütterlichen Frau genau diese Struktur. Denn er möchte sich in ihre »Gestalt« ergießen, um so Halt zu gewinnen. Da dies nicht geht, sehnt er sich danach, sich »in der Fülle des Unendlichen« verlieren zu können.

Dann misslingt noch ein letzter Selbstrettungsversuch. Er kann den liebestollen Knecht, der seinen Nebenbuhler erschlug, mit dem er so identifiziert ist, nicht retten. Dass ihm dies misslingt, ist gleichsam sein eigenes Todesurteil.

Lotte gibt ihm auf ihre Weise den letzten Herzensstoß, indem sie ihn zum Kind macht: »Seien Sie ein Mann! Wenden Sie diese traurige Anhänglichkeit von einem Geschöpf, das nichts tun kann, als Sie bedauern.«

Mir scheint diese Stelle besonders interessant zu sein, da es hier eine Übereinstimmung mit der Gretchenepisode aus *Dichtung und Wahrheit* gibt, die ich in meiner Gretchenstudie (siehe S. 30) versucht habe, herauszuarbeiten. Für den jungen Goethe war es eine schreckliche Kränkung, aber auch ein heilsamer Schock, von der Freundin Gretchen als »Kind« bezeichnet worden zu sein, während er sich doch als ein großartiger Liebhaber gefühlt hatte. So lässt er auch seinen Werther bitterböse werden, als die geliebte Frau ihm sagt, er verhalte sich wie ein Kind. Er beschließt zu sterben: »eins von uns dreien muß weg und das will ich sein!« (*W*, S. 104) Die Infantilisierung durch das hochidealisierte Liebesobjekt steht also für das Schwinden jeglicher Hoffnung, reif, unabhängig, d. h. erwachsen zu werden.

Werther hat nicht mehr die Kraft, die innere Lücke selbst zu schließen. Im Gegensatz zu seinem Schöpfer Goethe, der seinen malignen Anteil in seinen literarischen Doppelgänger Werther projizierte, alle Varianten von Mord, Selbstmord bis Psychose durchspielte, sich befreite und seine Liebeslücke, die durch den Verlust seiner Schwester Cornelia und dann als Wiederholungstrauma von Lotte in Wetzlar entstanden war, mit einem grandiosen Kunstwerk schloss.

Den Kontakt mit seinem Werther hat Goethe ein Leben lang vermieden. Erst im hohen Alter musste er für eine Gesamtausgabe den Text in die Hand nehmen und gestand Eckermann, dass es sich hier um »Dynamitbomben« handelte. Nie gab er hieraus eine Lesung.

Mir scheint, dass er aus diesem Grund auch den Kontakt mit vergleichbar verletzten jungen Schriftstellern wie Kleist, Heine oder Hölderlin vermied, ja, sie sogar schroff abwies, als fürchte er von dieser Krankheit seiner Jugend neu angesteckt zu werden.

Goethe lässt seinen Werther sterben, wie er sein Gretchen richtete, gleichsam als Strafe für die verbotene inzestuöse Liebesbeziehung zur Mutter bzw. zur Schwester. Er lebt sich in einer dramatischen Inszenierung aus: Das Paar verschmilzt emotional zu den Gesängen des Ossian, mit der Botschaft, dass der Sohn sterben müsse, seinen Gesang jedoch hinterlasse. Die Liebe des Dichters darf nicht sein, aber seine Dichtung, die stellvertretend für die verbotene Liebe entsteht, ist eine großartige Sublimation für den Triebverzicht. Die Vereinigung findet verschoben im Kopf statt. »Sie fühlten […] es zusammen, und ihre Tränen vereinigten sich«). Als Werther jedoch wagt, Lotte zu küssen, gewinnt sie durch die verbotene Berührung die Kontrolle wieder und kann sich mit den Worten: »Das ist das letzte Mal!« von ihm trennen (*W*, S. 115).

3. Kapitel

In Werthers Abschiedsbrief wird Goethes Traumatisierung durch den Tod deutlich, seien es die vielen kleinen gestorbenen Geschwister (siehe Freud 1917b) oder Katharina von Klettenberg. Ich denke, dass mit ihr die »Freundin meiner Jugend« gemeint ist, denn sie starb 1774, als er seinen *Werther* schrieb.

> Ich hatte eine Freundin, die mein alles war meiner hülflosen Jugend; sie starb, und ich folgte ihrer Leiche und stand an dem Grabe, wie sie den Sarg hinunterließen [...] Ich stürzte neben das Grab hin – ergriffen, erschüttert, geängstet, zerrissen mein Innerstes, aber ich wusste nicht wie mir geschah – wie mir geschehen wird – Sterben! Grab! ich verstehe die Worte nicht! (*W*, S. 116)

Werther stirbt durch die Pistole, die vorher durch Lottes Hand ging. Wenn schon nicht die Hand zum Leben, dann doch zum Tode reichen! Die Pistole, die statt der sexuellen Vereinigung die tödliche Explosion auslösen wird – dramatischer kann man eine verbotene Liebesbeziehung nicht darstellen. Werthers Ende gleicht der Rachephantasie fast jedes unglücklich Liebenden: Die geliebten Personen brechen über dem Leichnam zusammen, im Tod erfährt er die wahre Wertschätzung, d. h. auch die Vereinigung im Tode: »Man fürchtete für Lottes Leben« (*W*, S. 124).

Herr W.s Abschlussphase

Nach der Trauer um den Vater und die eigenen unwiederbringlichen Verletzungen der Vergangenheit stand die letzte und schwierigste Phase an: die Besinnung auf sein eigenes Potential und die Loslösung von mir, dem idealisierten Objekt. Dies war zwar intellektuell einsichtig, emotional jedoch war die Akzeptanz in weiter Ferne. So wollte er sich in grandioser Weise von mir trennen. Die Analyse, die er als so wichtig und heilsam für sich wahrgenommen hatte, wollte er auf eine Liebesbeziehung reduzieren, von der er sich eben lösen müsste. Schluss und Ende, er würde schon darüber hinwegkommen!

Er träumte uns vor der Ferienunterbrechung als trauerndes Paar:

> Sie umarmten mich und ich legte den Kopf in ihren Schoß.

Am liebsten hätte er diesen Traum unangetastet gelassen. Seine Interpretation: »Ich muss akzeptieren, dass wir kein Paar werden können«, setzte ich in Bezug zu seinem Traum, der in mir Assoziationen an Friedhofsfiguren, eine Pietaähnliche Gruppe, auslöste. Für mich glichen wir also eher einer Mutter-und-Sohn-Darstellung als einem gleichwertigen Liebespaar. Da er zeitgleich über starke Herzbeschwerden klagte, war ich alarmiert, denn sein Internist konnte keinen organischen Befund feststellen. Ich sagte ihm daher, dass seine Symptomatik ein Hinweis auf seine Gefährdung sei.

Die Liebe zu Literatur, Kunst und Musik hatte von Anfang an für uns so etwas wie ein gemeinsames drittes Element gebildet, d. h., die ganze Analyse wurde dadurch bereichert, denn er las nicht nur, sondern malte und musizierte auch. Seine literarische Bildung korrespondierte also mit meinem Interesse vor allem am liebeskranken jungen Goethe. (Meine Gretchenstudien waren seiner Analyse ja vorausgegangen.)

So weihte ich ihn in meinen Vergleich mit Werther ein, der mir früh in den Sinn gekommen war; außerdem war ihm der *Werther* auf meinem Schreibtisch nicht entgangen. Ich setzte daher seine psychosomatische Suizidalität in Bezug zu Werthers Selbstmordabsichten. Ich könne ihn nicht beruhigt ziehen lassen, solange sein Herz eine andere Sprache spräche. Zwar wehrte er zunächst ab, er wolle sich nicht umbringen, doch berichtete er gleichzeitig von halsbrecherischen Fahrradaktionen, und seine Träume bekamen selbstzerstörerischen Charakter. In diesem Zusammenhang tauchten plötzlich Vokabeln wie »eliminieren« auf, und hellhörig, wie auch er inzwischen für die Zeichen des Unbewussten geworden war, stellte er sich der Auseinandersetzung mit der Trennung, der Aggression und dem Tod statt der Liebe.

Die Auseinandersetzung mit dem Tod

Als in Antwort auf die Frage, was die Trennung so schwierig machte, die Illusion von uns als Paar den stärksten Widerstand bildete, fragte ich in Anlehnung an Werther, ob ich seine innere Lücke schließen sollte. »Solange Sie an der Vorstellung festhalten, nur mit mir als Paar vollkommen zu sein, stelle ich Ihren idealen Anteil dar, und Sie können sich nicht auf Ihre eigenen Kräfte besinnen.« So begann eine konstruktive Auseinandersetzung mit seinem schöpferischen Potential. Er begann, erste Gedichte zu schreiben, sublimierte also seine Trauer in Worte und trug sie mir in den Stunden vor:

und du
du gingst
zurück
in den kirchberg[2]
dort wo die tage wie nächte sind

---

[2] Am Kirchberg, mein damaliger Straßenname.

3. Kapitel

saßest du und dein haar wuchs
durch den marmor

und
über dir
mit schwarzem flügelschlag
und hartem schrei
die raben

und ich
ich stand
tief
tief im brunnen
und weinte
weinte

und das wasser
stieg
stieg
und verschloß
meinen mund
und wusch
meine augen
und wiegte sanft mein haar

Da bekam durch den jähen Tod meiner Mutter die Auseinandersetzung mit dem Ende der Analyse eine reale Seite. Ich hatte mit dem Hinweis auf einen plötzlichen Trauerfall persönlich abgesagt und mir zehn Tage Urlaub genommen.

In der ersten Stunde danach war er sehr mit mir und meiner Trauer identifiziert. Er hatte Angst gehabt, nie mehr kommen zu können, wohl aus Schuldgefühl, weil er gehofft hatte, wie er mir schließlich gestand, mein Mann sei gestorben und er könne an seine Stelle treten. Gleichzeitig befürchtete er, bestraft zu werden wie Don Giovanni, der von der toten Hand des steinernen Gastes (des Vaters) ins Grab gezogen wird.

Todesphantasien wechselten in rascher Folge mit manischen Liebesvorstellungen. Während er gerade noch über die Standardgefühle der analytischen Beziehung verbittert war, fuhr er gleich darauf berauscht in Urlaub in der Vorstellung, ich liebte ihn.

Wieder zurückgekommen deutete ich seine Angst, sich nur in meinen Augen wertvoll fühlen zu können, so, als wäre ihm ohne mich alle Lebendigkeit entrissen.

Als er durch seine Frau reale Informationen über meinen Mann bekam, fiel ich vom Podest der Heiligen in die Rolle der Hure, wie bei einem Kind, das zum ersten Mal entdeckt, dass die Eltern sexuell miteinander verkehren. Wie Werther fühlte er sich entmannt, im Zusammenhang mit dem anderen Mann kastriert: »wenn sie von Albert spricht, ist mir's, als würde mir ein Arm abgenommen« (*W*, S. 38). Sein Schmerz veranlasste ihn, mir ein selbstverfasstes Gedicht vorzutragen, das ich jedoch nicht haben sollte, weil es sonst »zu den Akten käme«.

Der Konfrontation mit der Realität wollte er zornig ins Auge sehen, versuchte, in endlosen Spaziergängen zu regenerieren, wollte sich zwar nicht erschießen, fiel in Tagträumen jedoch von der Königsteiner Burg, stürzte real die Kellertreppe hinab und legte sich danach ächzend auf die Couch.

Aussöhnung
oder unendliche Geschichte

Dennoch fassten wir für den Mai des kommenden Jahres die Beendigung der Analyse ins Auge. Er wollte es wissen, erleben, fühlen, auch gingen die Kassenleistungen, die nach zwei Jahren neu bewilligt worden waren, ihrem Ende entgegen.

Seine Träume spiegelten seine Ängste wieder, es alleine nicht zu schaffen. Er wollte abspülen und fand kein Gefäß. Oder ein Wunschtraum: Eine Frau schaffte Ordnung, die Analyse begann wieder von vorne.

Das Ausmaß seines Leidens machte sichtbar, dass die Trennung einer Kastration, einer Vernichtung gleichkam: Er träumte von gebrochenen Beinen. Ich musste ihm erklären, dass er mit seinen Phantasien von einer mich verschlingenden Sexualität die Trennung aufheben wollte.

Schließlich ging es immer mehr um seine Standortbestimmung, wer er sei, was er könne. Erstmals träumte er von seinen Eltern, mit denen er im gleichen Boot saß, der Vater konnte nicht lenken, er musste das Steuer, sein Schicksal selbst in die Hand nehmen. Er begann, sich auf seinen eigenen Besitz zu besinnen, dass er vieles, was er bei mir bewunderte, selbst habe, ohne es bewusst wahrzunehmen. So kamen ihm auch konstruktive Überlegungen: Er kaufte sich eine neue Flöte, um sich damit schon auf die Zeit *danach* einstellen zu können.

Dennoch hielt seine Schwermut an. Die Illusion vom Paar war nicht mehr aufrechtzuerhalten, auch wenn er sich um Varianten bemühte, wie beispiels-

3. Kapitel

weise der Versuch, mich zum Kauf seines Utopia-Fahrrades zu verführen. Ich deutete ihm, dass er mich zur hartherzigen Analytikerin machte, während es für ihn sein »letztes trojanisches Pferd« war. Er träumte, dass seine Mutter »jung und dampfend« ein rotes Utopia-Fahrrad bestellt hatte, stattdessen kam ein schwarzes, der Auflösung nahes Rad an. Wir verstanden diesen kaum entstellten Traum als Ausdruck seines Selbstbildes. Er hatte sich als »Schrotthaufen« geträumt, der von der »Utopia« übriggeblieben war. Dies brachte sein fragiles Selbstwertgefühl zum Ausdruck, was in der Tat das Hauptproblem war und blieb. In Anbetracht des bevorstehenden Analyseendes war sein Verhalten auch durch diese starke negative therapeutische Reaktion bestimmt.

Das Jahr hatte gewechselt und ich fragte mich, auch in Rücksprache mit Kollegen, ob die Trennung keine Überforderung sei. Ich bot ihm daher als Übergang an, dass wir zwar den Mai als Analyseende festhielten, jedoch weitere Treffen im Sommer danach, monatlich oder in welchem Rhythmus auch immer, beibehalten könnten.

Seine Reaktion kam der Aufhebung eines Todesurteils gleich. Er brach in Tränen aus und willigte sofort ein. Er selbst empfand, dass seine Wunden zu tief, nicht vollständig heilbar seien. Auch in Anbetracht seines Alters könnte es nur um eine Aussöhnung mit seinem Schicksal gehen, anstatt dass ein Neubeginn, wie für einen jungen Werther, möglich gewesen wäre. So war es möglich, die Dramatik des Analyseendes aus dem tödlichen Unwiderruflichen in eine allmähliche Loslösung umzuwandeln.

Nachdem diese Zeit der einzelnen Nachgespräche im Sitzen auch vorüber war, brach die letzte Stunde an, die er fast ganz in schwarz gekleidet, aber mit rotem T-Shirt und seiner Gedichtesammlung antrat. Die Gedichte lagen, von der Tochter getippt, lose, undatiert in einer schwarzen Mappe. Diese bekam ich denn auch am Ende der Stunde nicht etwa überreicht, sondern er ließ sie einfach liegen.

Es war eine Abschiedsstunde voller Abwehr. Ich hatte das Gefühl, mit der Illusion vom Paar einen letzten Widerstand erreicht zu haben, der nicht weiter aufzulösen war. So konnte ich ihm meine abschließenden, deutenden Gedanken erst schriftlich, der letzten Rechnung beiliegend, mitteilen:

> Auf dem Nachhauseweg nach dieser Abschiedsstunde musste ich an Ihre Darstellung denken, ganz in schwarz gekleidet, nur Ihr Hemd blitzte rot hervor. Dass die undatierten Verse die Lücke symbolisierten, hatten wir noch in der Stunde erarbeitet. Ich bekam Ihr »Herzstück« jedoch nicht überreicht, sondern durfte nach Ihrem Abgang die schwarze Mappe »auflesen«, in der doppelten Bedeutung des Wortes. Nicht ohne Groll dachte ich, nun ist es ihm doch gelungen, Dir den »Schwarzen Peter« zuzuschieben!

Werther – eine psychoanalytische Fallstudie zur Übertragungsliebe

Wenn Sie so viel Abstand gewonnen haben, dass wir gemeinsam darüber nachdenken können, dass Sie lieber Ihre Phantasien behalten, als die Realität anerkennen wollten, dann gibt es keine unendliche Geschichte, sondern ein gutes Ende und irgendwann können wir darüber lächeln.

Er dankte mir mit einem Gedicht, gerührt, dass ich in Worte gefasst hatte, was ihm in der Situation nicht mehr eingefallen war:

wirf
die kastanie
in eine wiese
übergib
die blätter
dem wind
und wisch
aus der zeit
mein gesicht

Er hatte meine Zeilen jedoch als eine Aufforderung zu einer realen Freundschaft missverstanden.

Das Erzählen eines Witzes wurde von Freud gerne benutzt, um besonders hartnäckige Widerstände zu deuten. Eissler hat diese Intervention zur Deutung von Übertragungswiderständen als »Pseudoparameter« bezeichnet (Eissler 1960, S. 614; siehe auch Eickhoff 1995, S. 57f.). Mit seiner Hilfe könne man Deutungen in den erkrankten Bezirk hineinschmuggeln und so zeitweilig den Widerstand umgehen. »Ein Patient, der einer Deutung, die eine rational begründete Aussage enthält, den hartnäckigsten Widerstand entgegensetzen mag, wird diese Aussage vielleicht in Form eines Witzes lachend akzeptieren.« (Eissler 1960, S. 614f.)

Diese Art humorvolle Distanz zur eigenen Tragik hatte mir vorgeschwebt, als ich Herrn W. meine Zeilen schrieb. Ganz erreicht haben wir diesen Zustand jedoch nie, er fand immer nur *passagère* statt. Vielleicht kann man es so formulieren: Wo ich ein gutes Ende anstrebte, gelang es ihm immer wieder, eine Fortsetzung zu kreieren, einen Grund zu finden, dass ich ihn »retten« musste.

So kam er nach einem Vierteljahr mit einem Bündel von Alpträumen, die ich ihm deuten musste. Oder zuletzt brachte er seine Gedichte neu geunden in Ringbuchform, schwarzer Hintergrund mit einem dicken, roten Punkt auf dem Umschlag. Da er gleichzeitig erklärte, er wolle aufhören zu dichten und sich wieder mehr aufs Zeichnen besinnen, fragte ich, ob der rote Punkt so gesehen symbolisch als ein Abschluss zu verstehen sei. Die Idee gefiel ihm, doch wir lachten beide, als sich herausstellte, dass er die Gedichte so gebündelt wie erfunden hatte, im freien Einfall. Und wenn sie überhaupt chronologisch geordnet werden sollten, wäre dies mein Job gewesen. »Dann kann ja alles wieder von vorne beginnen«, sagte ich, ihn daran erinnernd, dass die Analyse begonnen hatte mit seinem Wunsch, Ordnung in sein Leben zu bringen, also eine unendliche Geschichte.

Nachwort

Es war das Anliegen dieser Studie, die Bedeutung der Übertragungsliebe von Herrn W. im Vergleich mit Werthers Liebeswahn zu zeigen. Werther scheitert an der inzestuösen Liebesbeziehung zu Lotte, weil er keinen stärkenden Vater hatte und seine Separations- und Individuationsversuche in der »sinnstiftenden Tätigkeit« missglückten.

Dies war die Parallele zu Herrn W., der in der Übertragungsbeziehung zu seiner Analytikerin den Inzest mit der Mutter bzw. Schwester unbewusst fortgesetzt hatte. Da auch er keine Stärkung durch den Vater in einer gelungenen Triangulierung erfahren hatte, an einer angemessenen Berufsausbildung gescheitert war, hatte er gehofft, diese Lücken in der überwertigen Liebesbeziehung zu seiner Analytikerin schließen zu können. Dies zu erarbeiten und vor allem eine Aussöhnung mit seinem Vater und seinem beruflichen Scheitern zu erreichen, war der Hauptteil dieser Analyse.

Auch wenn Herrn W.s Leiden zum Teil unheilbar waren und ihm – aufgrund seines Alters – nicht mehr alle Türen offen standen, so kam er doch in Kontakt mit seinem schöpferischen Potential, sodass er sich künstlerisch ausdrücken konnte. Er wurde konflikt- und konkurrenzfähiger, seine Ehe kam wieder ins Lot. Er erreichte erneut eine Balance, gleichsam als Lebenskünstler, dem meine Bewunderung galt.

Am schwierigsten schien es für ihn, sich dieses Wertes bewusst zu bleiben – auch getrennt von mir. Deshalb gab es immer einen Grund, mich von Zeit zu Zeit aufzusuchen. So leuchtete mir die Stimmigkeit der Übertragungsliebe mehr ein als ihm. Er hielt stattdessen im Geheimen an der Illusion vom Paar fest.

Nachtrag

Kurz nach seinem 60. Geburtstag bat Herr W. mich um einen Termin, um mir zu berichten, dass zwei Wunschträume seines Lebens in Erfüllung gegangen waren: Zum einen hatte er seinen Kindertraum als 6-Jähriger, ein wegen der Armut der Familie nie erschwingliches Dreirad, sich als rotes Erwachsenendreirad zum Geburtstag geschenkt, das wollte er mir zeigen. Und zum anderen hatte er bei einem Lyrikwettbewerb, zu dem ihn seine Tochter angemeldet hatte, eine Auszeichnung bekommen. So konnte ich ihn nur beglückwünschen, dass doch noch eine späte, väterliche Wiedergutmachung stattgefunden hatte. »... und ohne Analyse wäre es nie dazu gekommen«, war seine Antwort.

4. Kapitel

»Vater, du hast mir so gefehlt!« Die Analytikerin als *mère paternelle* in einer psychoanalytischen Fokaltherapie[1]

Vorüberlegungen

In dieser Fokaltherapie wurde eindrucksvoll die Erfahrung gemacht, die elterlichen Funktionen des Analytikers, die nicht geschlechtsspezifisch sein müssen, in der Übertragung aufmerksam zu verfolgen. So wurde in der Analytikerin nicht zwangsläufig nur die Mutter, sondern von dem männlichen Patienten gerade der Vater gesucht. Dies ließ es als sinnvoll erscheinen, den Terminus *père maternelle*, den ich erstmals von Samir Stephanos auf einem Kolloquium hörte, um das weibliche Gegenstück, die *mère paternelle*, zu erweitern.[2]

Im Themenheft 84 (*AKJP*, 4/1994) im Beitrag »Der anwesende und der abwesende Vater« hebt Frank Dammasch die Bedeutung des Vaters für die psychische Entwicklung des Kindes hervor. Ein Zitat von Hans Loewald aus »Das Ich und die Realität« (1951) hat für diese Arbeit besondere Relevanz:

> Der Bedrohung durch den verschlingenden und bedrohenden Leib der Mutter steht das Veto des Vaters gegen die libidinöse Beziehung zur Mutter gegenüber. Angesichts der Bedrohung, von der Mutter verschlungen zu werden, stellt die väterliche Position keine neue Bedrohung oder Gefahr dar, sondern eine große Stütze. (Loewald, zitiert nach Dammasch 1994, S. 312)

Dies bewahrheitete sich in diesem Fall, wo die Suche des Patienten nach dem Vater im Zentrum stand.

---

[1] Mein Dank gilt Viveka Böök und der begleitenden Fokalkonferenz unter Leitung von Dr. Rolf Klüwer.

[2] Es ist mir nicht gelungen, den *père maternelle* in der Literatur zu finden. Samir Stephanos hatte mit dem Konzept der *pensée opératoire* der Pariser Schule in seinen psychosomatischen Forschungen gearbeitet und laut einer mündlichen Mitteilung von Falk Berger diesen Ausdruck häufig benutzt. Die *pensée opératoire* soll ein archaisches, primärprozesshaftes Denken im Patienten beschreiben, das stets dem Konkreten und Aktuellen verhaftet bleibt.

4. Kapitel

Behandlungsbericht

Herr A. wurde von einer Kollegin zu mir überwiesen, die er wegen unkontrollierbarer Wutausbrüche, starker Anpassungsschwierigkeiten und Rivalitätskonflikten konsultiert hatte. Ihr schien Herr A. noch nicht analysefähig zu sein, seine Problematik jedoch fokussierbar, und so schickte sie ihn zu mir, da sie selbst keine Fokaltherapie durchführen wollte.

Vorgespräche

Noch ehe ich Herrn A. kennenlernte, begann er, mich durch sein Agieren zu provozieren. Erst meldete er sich nicht, obwohl angekündigt, dann hielt er sich nicht an die vereinbarte Zeit. Er versäumte den Termin zum Erstinterview, weil er einkaufen müsste und »im Auto kein Telefon« zum Benachrichtigen habe. Ich fühlte mich demotiviert, überhaupt mit ihm zu arbeiten, als er unterwürfig förmlich um eine letzte Chance bat und mich, durch seine Kindlichkeit gerührt, bewegte, ihm diese zu gewähren.

Die große Woge

Zum Erstinterview erschien zu meiner Überraschung dann ein Hüne mit Vollbart, dessen körperliche Präsenz unterschwellig Angst in mir auslöste. Gleichzeitig vermittelte seine geballte Kraft etwas von einem Gefangenen, einem Galeerensklaven. Schließlich fiel mir für meinen Eindruck die Gestalt des Herkules ein und erleichtert, für das Riesenkind einen Namen gefunden zu haben, nahm ich ihm gegenüber Platz. Er begann, mit starkem Akzent und in unglaublichem Tempo zu sprechen, so, als könne er sein fehlerhaftes Deutsch mit Geschwindigkeit kompensieren. Ich konnte ihm nur mit größter Anstrengung folgen. Er versuchte – wie am Telefon angedeutet – darzustellen, dass er wegen seiner Aggressionsproblematik therapeutische Hilfe benötige.

Der weitere Stundenverlauf bekam dann *Ringkampfcharakter*. Herkules *schlug* mit Worten wild um sich. Ich *rang* um Distanz, konnte ihn jedoch mit keiner Deutung erreichen, ohne dass er sie nicht als Vorwurf verstanden hätte. So versuchte ich, biographische Informationen zu bekommen, und erfuhr von seiner Kindheit auf dem Lande mit Mutter und Geschwistern. Ob es auch einen Vater gegeben habe, mit diesen Worten stellte ich schließlich eine innerlich

»Vater, du hast mir so gefehlt!«

längst bestehende Frage. »Er fehlte mir physisch«, war seine Antwort. Dann erzählte er, dass der Vater bis zu seinem 17. Lebensjahr in Deutschland als Gastarbeiter gelebt habe, er ihn nur von den Ferien her kenne. Nach diesem Bekenntnis teilte mir Herr A. einen Orientierungspunkt in meiner Praxis mit, das Bild, dem er gegenüber saß, eine überdimensional große Darstellung von Hokusais Bild *Die große Woge* (Abb. 3, S. 83): »Es ist mir vertraut«, sagte er, »darin finde ich mich wieder.« Er fühle sich von seiner Umgebung, einem übermächtigen Bruder, der auch hier lebe, so erdrückt und bedroht wie die Bootsfahrer, die sich vor der Welle zusammenkauerten. Eingedenk meiner starken Gegenübertragung wegen seiner ängstigenden Präsenz stellte ich ihm die Frage, ob es auch sein könnte, dass er selbst als gefährliche Woge von seiner Umgebung gefürchtet würde. Er stimmte meiner Überlegung nachdenklich zu, es war der einzige Berührungspunkt in diesem ersten Gespräch.

Unser zweiter Termin verlief in ähnlicher Dynamik. Er gab sich *lieb*, betonte unterwürfig, alle Formalitäten brav erfüllt zu haben, und erwähnte seine Infarktängste. Gleichzeitig blieb die kontraphobische Abwehr vorrangig. Ich fühlte in meiner Gegenübertragung wohl seine Not, doch überwog erneut mein Unbehagen vor dem *Riesen*.

Erst im dritten Gespräch gelang ein Durchbruch seiner Abwehr. Die Rede kam auf seine strenge Mutter. In der Kirche bei anrührender Musik sei ihm neulich klar geworden, wie die fromme Mutter den fehlenden Vater mit Drohungen vom lieben Gott zu ersetzen versucht habe. Alles sei von ihm überwacht worden, selbst seine Onanie. Er erzählte weiter von seiner Frau aus der Heimat und einer Proforma-Ehe zur Aufenthalts- und Arbeitsgenehmigung in Deutschland.

Ich versuchte, seine Abhängigkeit von den Frauen, die Doppeldeutigkeit seiner Existenz – *Galeerensklave* und *Woge* zugleich zu sein – mithilfe meiner Gegenübertragung deutend zur Sprache zu bringen: »Sie sind wie ein Herkules und das Gespräch mit Ihnen ist wie ein Kampf!« Beeindruckt gestand er mir daraufhin seine Angst vor Unmännlichkeit, erst vor kurzem habe er seinem Vater gesagt, wie sehr er ihm gefehlt habe. Und als er mit einem tiefen Seufzer aufschluchzte: »Vater, du hast mir so gefehlt«, kommentierte er selbst, sich die Augen reibend, »und jetzt kommen mir auch die Tränen«. Nach dieser dichten Szene sah ich erstmals eine Perspektive, mit ihm analytisch arbeiten zu können. Mit der Symbolisierbarkeit seiner Angst hatte ich wieder Boden unter den Füßen gewonnen und Interesse an ihm und seiner Problematik gefunden.

Wir vereinbarten eine 20-stündige Fokaltherapie. Mein Arbeitsfokus lautete: »Ich muss wie ein Herkules kämpfen, um nicht weggeschwemmt zu werden, weil ich den Halt gebenden Vater nicht in mir habe.«

Erleichtert, nicht mehr weggeschickt zu werden, kommentierte er: »Geht dann alles weiter wie bisher?«

Biographie

Herr A. ist das jüngste und vierte Kind einer einfachen Landarbeiterfamilie im Ausland. Seine Schwestern sind neun und vier Jahre älter als er, der Bruder fünf. Vor seiner Zeugung hatte die Mutter eine Fehlgeburt oder einen Abort: »Das ist auf dem Lande nicht so genau auszumachen, bis der nächste Arzt aufgefunden ist.« Ob er erwünscht war, ist fraglich, denn die Eltern planten wegen der großen Armut im Dorf, dass der Vater nach Deutschland arbeiten gehen solle. Dies geschah, als er fünf Monate alt war. Schon seine Geburt sei ein außerordentliches Ereignis gewesen, jeder habe die Mutter um das Fünf-Kilo-Kind beneidet, prahlte er bei der Erzählung seiner Biographie. Der Vater ging und kehrte mit großen, teuren Geschenken ein-, zweimal im Jahr in die Heimat zurück. Eine dieser sauer verdienten Errungenschaften waren Spielzeugautos für den Bruder und ihn. Die Freude darüber sei so unbändig gewesen, dass sie mit der unmittelbaren Zerstörung der Autos geendet habe, zur großen Enttäuschung des Vaters, der das nicht verstehen konnte. Dasselbe geschah mit den heißbegehrten Jeanshosen, die nicht mehr ausgezogen und zum Bergrutschen benutzt wurden und so binnen kurzem zerschlissen und untragbar geworden waren.

Diese Geschichten symbolisierten die missverständliche Kommunikation zwischen Vater und Sohn: Die angestauten Erwartungen endeten bei den seltenen Begegnungen meist destruktiv.

Eine weitere Kindheitserinnerung kennzeichnet seine Beziehung zum Vater. Er habe aufgeregt über den seltenen Gast zappelnd am Mittagstisch neben ihm gesessen, und der Vater, dem er staturmäßig am meisten gliche, habe ihn mit einer Handbewegung vom Tisch gefegt, so dass er »meterweit geflogen« sei. Die Begegnungen waren und blieben für den Jungen unverhältnismäßig heftig: Ob er als Kind die Mutter fremdelnd fragte, was der unbekannte Mann bei ihr wollte, oder ob er als älterer Junge dem Vater in großer Entfernung nachlief und seine Gangart kopierte, um gleichsam in magischer Imitation sich den Vater einzuverleiben. Wenn dieser sich umdrehte und das Treiben des Sohnes sah, stellte er sein Tun unverzüglich ein.

Während der Bruder den Vater bis zur Schulzeit präsent hatte, musste Herr A. nach Ersatzvätern Ausschau halten. Er fand einen Apotheker, den er zärtlich seinen »Guru« nannte. Die Erinnerung an ihn trieb ihm Tränen in die

Augen. Dieser sei kriegsverletzt, aber welterfahren ins Dorf zurückgekehrt und habe ihn mit seinen Geschichten fasziniert. Sie hätten sich sehr geliebt. Die Kinder seien »wie die Kälber auf der Weide« aufgewachsen. Die Mütter mussten wieder aufs Feld, und irgendein älteres Mädchen habe die Kleinen beaufsichtigt. Die Mutter versuchte, mit Strauchpeitschen schlagend, die der Patient später eigens schneiden musste, den fehlenden Vater zu ersetzen. Jedoch seien ihre Strafen immer gerecht gewesen, im Gegensatz zu den unverständlichen Überraschungsschlägen des Vaters. (Hierbei wird die Verleugnung des realen Vaters deutlich, wenn von seiner Sehnsucht nach dem Vater die Rede ist.)

Das Leben der Familie erfuhr eine einschneidende Veränderung, als sie das Dorf verließen und in die nächste Großstadt zogen. Statt des freien Auslaufs habe es nun Zäune gegeben. Das Haus, das der Vater dort erworben hatte, wurde von einem Tbc-Kranken bewohnt, der den Jungen ansteckte. Für den ungefähr Siebenjährigen hatte das viele und lang andauernde Krankenhaus- und Sanatoriumsaufenthalte zur Folge, die sich über zwei Jahre erstreckten. Er erinnerte Szenen, wo er weinend am Fenster stand und den scheidenden Eltern nachschaute. Seiner kräftigen Statur wegen sei er immer überschätzt worden. Man habe ihm mehr zugetraut, als er zu verkraften in der Lage gewesen sei.

Er habe sich früh in die Welt der Literatur geflüchtet, um seine Einsamkeitsprobleme durch Lesen zu bewältigen. Als guter Schüler schlug er schließlich eine akademische Laufbahn ein.

Um in Deutschland Fuß fassen zu können, sei er eine Scheinehe eingegangen. Die wolle er jedoch wieder auflösen, sobald er sesshaft werden könne. Dann wolle er die Frau aus seiner Heimat, die hier studiert, heiraten. Der Gedanke an Kinder sei ihm jedoch unvorstellbar.

Therapiebeginn: Die Überschwemmung

Die Übertragung in der Therapie begann, sich sehr schnell und dicht zu entfalten. Der Umgang mit der Zeit sollte – wie in den Vorgesprächen bereits angekündigt – zentral werden. Die Kontrolle der Uhr symbolisierte in dieser Behandlung das väterliche Prinzip. Ich konnte die Zeit bestimmen, hatte also die Macht, und darum begann Herr A., mit mir zu kämpfen.

Sein anfängliches Zuspätkommen kommentierte er selbst und reaktivierte dann seine Erinnerungen an den Ersatzvater, den Apotheker aus dem Dorf. Den Tränen nahe erzählte er, dass dieser ein halbes Jahr nach ihrem letzten Wiedersehen gestorben sei. Er verknüpfte diese Nachricht mit seiner Neigung zu mir. Ich deutete seinen Versuch, dem Verlust des Objektes durch starke

Gefühlsbesetzung zuvorkommen zu wollen. Dies war jedoch noch nicht ansprechbar: Er wehrte sich wie ein Herkules, um nicht weggeschwemmt zu werden. Ich musste auch mir in Erinnerung rufen, dass er so schwer warten konnte, weil er so lange gewartet hatte, und ich zu ungeduldig gewesen war. Die rechte Dosierung verlangte besondere Berücksichtigung in der Deutungsarbeit. Die unbewusste Situation des Patienten wurde von Hokusais *Die große Woge* exakt wiedergegeben: Der Vater (der Fudschijama) ist nur in der Ferne haltgebend, die Berührung in der Nähe wird zu einer zerstörenden Welle. In der Übertragungsfigur wurde ich zum Vater, dem er sich unterwarf und den er zu imitieren suchte.

Im Sinne dieser Erkenntnis wurde sein agierendes Zuspätkommen und das Ablehnen der psychoanalytischen Interpretation verständlich. Er erinnerte sich jedoch eines weiteren Missverständnisses zwischen ihm und seinem Vater. Der Zehnjährige hatte die Nähe des Vaters gesucht, ihn gebeten, in seiner Gesellschaft bleiben zu dürfen, doch dieser verweigerte sie ihm. Der Junge versuchte, seine Enttäuschung durch »Tschüss, Alter«, eine übliche Redewendung im Jugendlichenjargon, abzuwehren. Der Vater verpasste ihm gekränkt eine Ohrfeige. Solche Erinnerungen rührten ihn fast zu Tränen. Die Mutter sei gerecht gewesen, der Vater nicht, er habe den Bruder bevorzugt. Der Vater hatte die Liebeserklärung seines jüngsten Sohnes nicht verstanden. Das Zurückdrängen seiner homoerotischen Gefühle hatte statt der Annäherung die Identifikation mit seiner Aggression bewirkt. Das Missverständnis hatte sich in der Therapie wiederholt. Seine Neigungsbekundung als versteckte Liebeserklärung, »ich bin wie du«, war mir entgangen.

Mit der Bestimmung der Zeit hatte er versucht, mich wie einst den Gang des Vaters zu imitieren. Meine analytische Interpretation seines Zuspätkommens hatte er wie die väterliche Festlegung erlebt, gegen die er sich wehren musste, um nicht weggeschwemmt zu werden.

In der nächsten Stunde stand sein pünktliches Erscheinen im Zentrum unserer Arbeit. In unausgesprochenem Einverständnis verbalisierte ich seine Gedanken (»geschafft«), als er sich mit Blick zur Uhr setzte. Wir lachten, und er bestätigte erleichtert: »Ja, heute habe ich es geschafft, pünktlich zu sein.« Gleich fügte er noch eine weitere Dimension der Zeit durch ein Erlebnis hinzu, das er drei Tage nach seinem gewohnten Therapietermin (15 Uhr) hatte. Er war nachmittags eingeschlafen und voller Schrecken aufgewacht, weil ihm schien, er habe die Therapie verschlafen. Er habe eine ganze Weile gebraucht, bis ihm klar wurde, dass er die Tage miteinander verwechselt hatte.

In dieser Fehlleistung bestätigte sich die zentrale Bedeutung der Zeit und ihrer Kontrolle in der Übertragungsbeziehung. In der Deutungsarbeit wurde erneut die fehlende Sprache zwischen Vater und Sohn deutlich, seine Angst, ihn bzw. mich zu verpassen. Es hatte keine Worte für die Schwierigkeiten der Beziehung auf Distanz gegeben, um Sehnsucht, Idealisierung oder Hass verständlich zu machen.

Eine Woche später präsentierte er mir voller Stolz die Anerkennung seiner Ausbildung in Deutschland. Feierlich fuhr er fort, so, als müsse er sich auch bei mir beweisen, weitere Details seiner Kindheit zu erinnern. Er habe erst mit drei Jahren sprechen gelernt und sich später durch Lesen und literarische Vorbilder zu orientieren versucht. Die Stunde war wie ein Wellental, Ruhe zwischen den Stürmen.

Den Traum zur nächsten Sitzung führte er mit seiner Erklärung, »lieb sein« zu wollen, ein. Er verwickele mich deshalb am Ende der Stunde gerne in Gespräche. So interpretierte er sein Bedürfnis, den Abschied hinauszögern zu wollen, als »lieb«. Der Traum beinhaltete eine Szene der Stunde. Er neidete mir meinen Blick zur Uhr; ich hätte die Zeit im Blick, während er sich erst umdrehen müsste. Diese Drehung sei der Inhalt seines Traumes gewesen. Für ihn käme das Ende der Stunde immer überraschend und zu früh. Während er im Traum keine Angst verspürt habe, stellte sich diese beim Erwachen ein.

Der Traum erinnerte an die Gefühle des Nachmittagsschlafes, die Angst, die Stunde versäumt zu haben, und an die Geste des Vaters, seine Drehung, als er den ihn imitierenden Jungen entdeckte. Meiner Interpretation, er habe Angst, unsere Zeit reiche nicht (wie die Treffen mit dem Vater immer zu kurz waren), begegnete er mit barscher Abwehr, man könne damit auch »produktiv« umgehen. Dann erzählte er eine Geschichte von einer aggressiven Auseinandersetzung mit einer Frau, die sein Freund mit dem Kommentar beendete, manchmal müsse man einfach einen Schnitt machen, wie ein Chirurg. Ich erinnerte ihn an seinen Traum und fragte ihn, ob er Angst habe, die Position des überlegenen Dritten in der begrenzten Zeit der Fokaltherapie nicht zu erreichen (der Inhalt des Fokus, Halt im Vater gefunden zu haben). Ob hier nicht eine Parallele zu den begrenzten Aufenthalten des Vaters früher bestünde? Erneut versuchte er, mich abzuweisen: »Sie sind nicht mein Vater!« Gleichzeitig klagte er jedoch über dessen Unerreichbarkeit, die er erst jüngst wieder zu spüren bekommen hatte. Deshalb habe er ja nach Ersatzgurus Ausschau gehalten. Das ermöglichte mir, seinen Traum einbeziehend, eine abschließende Deutung: »Wir können hier – auch wenn ich real nicht Ihr Vater bin – trotzdem Ihre Ängste, Sehnsüchte und Enttäuschungen gemeinsam besprechen und die Missverständnisse klären.« »Ich verstehe«, sagte er gerührt und wischte sich verstohlen ein Auge.

Als Herrn A.s homoerotische Sehnsüchte sich zu entfalten begannen, bereiteten sie ihm Angst. Daher war es auch nicht verwunderlich, dass er sich in der darauf folgenden Stunde wieder wie ein Herkules zu wehren begann und meine Vaterinterpretationen als »mein Problem« abtun wollte. Ich fühlte mich von seinen Projektionen wie erschlagen. In meiner Gegenübertragung war er wie die Woge, die ich abwartend ertragen musste. Ich konnte mich nur noch ducken und Halt in der Theorie suchen. Projektionen können nach Morgenthaler auch ein »Geschenk« des Patienten und ein Beweis für die Wirksamkeit der Therapie sein. Herr A. hatte es mir »gegeben« – in der doppelten Bedeutung des Wortes.

Die Entdeckung des Berges

Auch die weiteren Stunden hatten einen wogenartigen Verlauf: Nach einem Tief konnte ich mit einem Hoch rechnen, und so kam Herr A. freundlich zum nächsten Termin. Er habe zwar nicht an die Therapie gedacht, meinte er einleitend, suchte jedoch nach Anhaltspunkten in meinem Couchbild, einer chinesischen Darstellung zweier blumenartiger Früchte, die in einem Kreis gehalten sind (Abb. 4, S. 93). Er charakterisierte es als »statisch«, einen erstrebenswerten Zustand, wenn er an seinen Vater und sich dächte. Vielleicht könnte dies doch auch ein Ausdruck seiner Entwicklung sein, dass er – weg von der Woge – Halt in der Ruhe dieses Bildes suchte. Ich war erstaunt über seine sensitiven Fähigkeiten, meine Bilder so ähnlich wie ich zu interpretieren, gleichsam als Kompensation zu seiner schwachen Symbolisierungsfähigkeit. Und ich sagte, dass dieser »Statik« die Erhabenheit des Berges im Hintergrund der »Woge« entspräche. Überrascht stellte er fest, dass er den Fudschijama auf diesem Bild noch nie als Berg wahrgenommen habe. Laut denkend fügte er hinzu, er stehe für den Halt und den Rahmen, die ihm fehlten. Damit hatte er genau den Fokus formuliert. Ich wiederholte die Botschaft seiner Worte, die fehlende Wahrnehmung stehe für den fehlenden Halt. Danach folgte eine fast andächtige Stille zwischen uns. Er meinte, dem sei nichts hinzuzufügen.

»Ich habe die Therapie in einem wahren Hochgefühl verlassen«, war seine Begrüßung in der Stunde darauf. Er gab sich in Ferienstimmung – obwohl mein Urlaub vor der Türe stand – und war entschlossen, sich sein Gefühl der Entspannung und Übereinstimmung mit mir nicht nehmen zu lassen. Dann wollte er noch die Stundenanzahl bis zur bevorstehenden ersten Ferienunterbrechung erfahren (2), um durch sein Wissen der Zeit seinen Ängsten, klein und abhängig zu sein, vorzubeugen.

Zur nächsten Sitzung kam er wieder strahlend, die Woche sei wie im Flug vergangen. Daraufhin berichtete er wie im Schwall über Aggressionen draußen, sodass ich vor lauter Geschwindigkeit und den vielen »und so weiter, und so weiter« kaum folgen konnte. Ich bat ihn, mich an seiner Geschichte teilhaben zu lassen, und erfuhr nun, dass es zu einer aggressiven Auseinandersetzung zwischen dem Bruder, dessen Frau und ihm gekommen war. Nach der Entladung sei er zu der eindrucksvollen Selbsterkenntnis gelangt: »Ich bin wie der schlagende Vater.« Mit einem Freund aus der Heimat und seiner Frau hätten sie sich über ihre Väter unterhalten. Er stellte fest, dass die der anderen auch keine Engel seien. Seine Frau sei mit Brennnesseln auf das nackte Gesäß geschlagen worden, der Freund mit dem Bügeleisenkabel. Aber keiner sei vier Meter weit geflogen wie er vom Schlag seines Vaters, endete er prahlend. Außerdem erzählte er von besagtem Freund, dass er diesen seiner starken Mutterbeziehung wegen aufgezogen habe. Sie koche so gut. »Ödipus« sei der Spitzname, den sie ihm gegeben hätten.

»... und Sie wollten kein Ödipus sein?«, fragte ich. »Nein«, antwortete er, ernst werdend, »die Rolle war schon von meinem Bruder besetzt.« Der Bruder sei auch viel krank, aber im Gegensatz zu ihm schwach gewesen. Die Mutter habe ihn von Arzt zu Arzt geschleppt, während er seiner Tbc wegen außer Haus leben musste. Häufig habe die Mutter ihn mit dem Namen des Bruders angesprochen, was ihn früher sehr gekränkt habe, aber heute ... Und plötzlich fiel ihm ein vor circa zehn Jahren geträumter Traum ein, der ihm jedoch sehr präsent geblieben sei. Es waren noch fünf Minuten bis zum Ende der Stunde, als er eine Szenerie wie in einem Film entwarf: »Es war ein flaches Land wie Sand oder Küste – kein Berg in Sicht!«, warf er lachend ein, »ich war da mit meinem Bruder und meiner Mutter. War es Morgengrauen oder Abendrot? Jedenfalls eine Übergangsstimmung, als plötzlich ein Auto kam, mit dem Bruder und Mutter wegfuhren. Ich blieb alleine zurück und schaute ihnen nach. Ich war auch erleichtert«, schloss er kühl seine Erzählung.

Ich musste an die Vielfalt seiner Verlassenheitserlebnisse denken und in Anbetracht der fortgeschrittenen Zeit sagte ich: »Dieser Traum fällt Ihnen jetzt ein, wo die Ferien vor der Türe stehen, wir unterbrechen müssen und ich wegfahre, für Sie nicht erreichbar bin. Und der Traum erinnert an die Krankenhausszene, von der Sie berichteten, als Sie den wegfahrenden Eltern nachsahen.« Da wir die Zeit schon überschritten hatten, verschob ich die weitere Interpretation auf die nächste Stunde. Wir standen auf, er sah mir in die Augen und statt irgendeines Kommentars drehte er sich so um, dass ich seinen Rücken vor mir hatte, und ging zu meinem Schreibtisch. Ich folgte ihm, ihn nun von hinten sehend, und hörte ihn sagen, das Thema wie die Körperseite wechselnd: »Wenn Sie aus den Ferien zurück sind, habe ich die Kasse gewechselt, die Private zahlt jede Summe«, und er fing an, den Betrag hoch-

4. Kapitel

zusteigern wie ein Gewichte stemmender Herkules. Ich war so überrascht über seinen prahlerischen Rückzug, dass ich meinen festen Preis nannte und hinzufügte, mehr nähme ich nicht und begleitete ihn zur Tür. Er ging hinaus, und ich stellte fest, dass er die Klinke beim Schließen fest in der Hand hatte, so, als wolle er mich einsperren.

Der Traum und seine herkulische Aufschneiderei ließen mich mit Fragen zurück. Warum gab er vor, sich »mutterseelenallein« erleichtert zu fühlen? Er musste seine Abhängigkeit verleugnen, weil er sich so klein fühlte, und projizierte seine Gefühle auf mich. Ich sollte ihm nachschauen wie er einst dem scheidenden Vater. Er musste vorgeben, froh zu sein, wenn ich endlich führe, und hielt doch die Türklinke fest in der Hand, um mein Kommen und Gehen bestimmen zu können! Er bekämpfte die depressive Position durch aufschneiderische Omnipotenz, in der Hoffnung, mich abhängig machen zu können. Ich änderte meinen Arbeitsfokus dahingehend, dass er sich wie ein Herkules gegen seine Traurigkeit wehren müsse, da er den haltgebenden Vater nicht sicher in sich habe.

Zur letzten Stunde vor der dreiwöchigen Ferienunterbrechung kam er fünf Minuten zu spät, ohne Begründung erwähnte er dies bei der Begrüßung so nebenher. Ich verstand sein Agieren als einen Versuch, durch eigenmächtiges Festsetzen des Stundenbeginnes gegen seine Abhängigkeit und sein Gefühl von Kleinheit ankämpfen zu wollen. Er begann, von der Mutter und der Bindung an sie zu sprechen. Das Thema sei bei ihnen eher verpönt gewesen. Er habe gar keine Chance gehabt, so zu werden wie der Freund, der so vom guten Essen seiner Mutter schwärmte. Und obwohl er mit seinen fünf Kilo doch so ein Prachtkerl gewesen sei, habe die Mutter für Liebe keine Zeit gehabt, da sie zu viel habe arbeiten müssen. Die Kinder seien von älteren Mädchen beaufsichtigt worden. Wenn er von den Anderen mit einem Hammer geschlagen worden sei, habe sich kein Erwachsener schützend vor ihn gestellt. Weiter berichtete er von lebensgefährlichen Streichen, die sie auf der Autobahn spielten. Sie liefen etwa in Horden kurz vor den Autos über die Straße, ohne dass die Eltern davon wussten. Die Kinder von heute wüchsen viel behüteter auf, und voller Neid und Spott machte er sich über die Kinder seines Bruders lustig. Dann kehrte er wieder zu seiner Mutter zurück, die so wenig Zeit für sie gehabt hätte, lieber aufs Feld gegangen als bei den Kindern geblieben sei. Und nachdem die Söhne das Haus verlassen hatten, habe sie einen richtigen Marienkult entwickelt. Ich sagte: »Dann haben Sie beim Abschiednehmen der Mutter das Trauern überlassen? Wie ist es denn hier?« Darüber mache er sich keine Gedanken, meinte er abwehrend, er baue sich jetzt schon »Berge« auf. Nur eifersüchtig sei er, dass ich in Urlaub fahre, während er zu Hause bleiben

Abb. 3: Hokusai: Die große Woge

müsse. Jedenfalls merke er, wenn er drohe, aggressiv zu werden, und dass er das empfinden könne, sei doch wichtig. Mit den Worten: »machen Sie einen schönen Urlaub und erholen Sie sich von uns allen«, verabschiedete er sich.

So teilte er mir unbewusst voller Neid mit, dass er mich wie seinen Vater erlebte, der kommen und gehen konnte, wann er wollte.

Er hingegen versuchte mit Großartigkeit, die Gefühle von Abhängigkeit und Verlust zu kontrollieren. Er hatte sich die Überschätzung seiner Person von Anfang an (Fünf-Kilo-Mythos) zu eigen gemacht, mit der narzisstischen Gratifikation, einen Kerl wie ihn haue nichts um. In der heldenhaften Mystifizierung von Allein- und Verlassensein versuchte er außerdem, identifikatorisch mit dem Vater vereint zu bleiben, die Trennung ungeschehen zu machen.

Die Durcharbeitungsphase

Zur ersten Stunde nach der Ferienunterbrechung (11. Stunde) kam er mit zerzaustem Bart und voller Abwehr jeglicher Verlassenheitsgefühle. Zur Begrüßung schmetterte er mir stolz entgegen, dass er unseren Termin nicht vergessen habe. Dann erzählte er mir von seinem Besuch zu Hause und – die Enttäuschungen abschwächend – dass er besser nicht gefahren wäre. Deutend versuchte ich, seine Gefühle aufzugreifen, dass der Prophet im eigenen Lande nichts gälte.

Da erzählte er von einem Freund, der – wie er – »viele Türen vor seinem Herzen« habe. Dieser habe ihn um finanzielle Unterstützung gebeten, die er ihm momentan jedoch habe versagen müssen. In einem Jahr könne er ihm »jeden Betrag« liefern, habe er ihn vertröstet. So schloss er prahlend seinen Bericht. Ich fühlte eine starke Gegenübertragungsreaktion, bleierne Müdigkeit überfiel mich, die ich als Ausdruck seiner abgewehrten Aggression verstand, die jedoch nicht ansprechbar war. Ich wurde wieder hellwach, als ich ihn plötzlich von seiner Angst reden hörte, eine Angst, die ihn überfalle, wenn er alleine sei. Doch diese Tür seines Herzens öffnete er nur für einen Augenblick und verschloss sie mit vielen Rationalisierungen sogleich wieder. Erst bei der Verabschiedung sagte er mir an der Tür, den Zeitpunkt der Trennung hinauszögernd, er verhalte sich »immer so«, wenn ich in Urlaub fahre, d. h. abwesend sei. Hier wurde wieder die Vaterübertragung deutlich, die er mir gleichsam in realer Verwechslung, »ich verhalte mich immer so«, mitteilte. Zur Interpretation dieser Stunde muss ich hinzufügen, dass ich in Sorge wegen beruflich bedingter, räumlicher Veränderungen war. Von daher war ich für Herrn A. wie die von Existenzängsten geplagte Mutter. Mit unserem Wiedersehen hatte eine Reinszenierung seiner primären Beziehung zur Mutter stattgefunden. Das Riesenkind war mir, wie ihr damals, eine Last, und der Patient wiederholte eine frühe Erfahrung mit der Mutter: Statt Freude löste er Erschöpfung aus. So hatte er sich herkulisch geben müssen, um nicht weggeschwemmt zu werden, lediglich sein Haupthaar sowie der zerzauste Kinnbart hatten etwas von seiner Einsamkeit und Verwahrlosung signalisiert. Nach dieser Sitzung war mir der Arbeitsfokus, er muss sich wie ein Herkules gegen seine Traurigkeit wehren, selbst Trost und Halt.

Manchmal braucht der Patient nach Winnicott auch Verwöhnung, wenn es ein Mangel der Kindheit erfordert und empathisches Verstehen wichtiger als striktes Einhalten der Regeln ist. So begegnete ich Herrn A. bewusst mitagierend, als er mir kurz vor der nächsten Stunde absagte mit der Begründung, ein Einstellungsgespräch mit einer Frau führen zu müssen: »Sie kommt sonst nie wieder!« Ich bot ihm für den nächsten Morgen einen Ersatztermin an, den er dankend annahm. Und so, als habe er diese Zusicherung, dieses Extra durch seine Analytikerin gebraucht, war die Stunde sehr erträglich. Er knüpfte sofort beim letzten Mal an und erzählte nun eine Version von dem Freund mit den Schlössern vor dem Herzen, die mich überzeugte. Dieser habe ihn sehr gekränkt, weil er versäumt hatte, ihn zu einer Bootsfahrt einzuladen. Dies geschah just am Tag unseres gewohnten, vereinbarten Treffens, wo er sich von mir der Ferien wegen verlassen gefühlt habe. Die Wiederholung durch den Freund – »ich fahre ohne dich weg« – hatte ihn deshalb besonders getroffen. Dies konnte er nun, sich zu seiner Eifersucht und Verlassenheit bekennend, zulassen. Er habe sich gewundert, dass ihm die Therapie so fern gewesen sei. Ich konnte ihm deuten, dass er auch mit dem unantastbaren Herkules identifiziert sei, dem nichts Probleme bereiten dürfe: die Rolle, die ihm von Kindesbeinen an seines stattlichen Aussehens wegen zugemutet worden sei. Erklärend fügte er hinzu, dass dieses Auftrumpfen auch zur Überlebenstechnik in seiner Heimat gehörte. Die Kinder seien auf sich alleine gestellt gewesen. Hier war ich für ihn gleichermaßen wie Vater und Mutter abgewandt bzw. nicht verfügbar. Er habe früh begonnen, sich durch Lesen eine Phantasiewelt aufzubauen. So habe er zum Beispiel alle Bücher von Karl May verschlungen. Ich sagte, dass es dabei ja auch um Männerfreundschaft ginge, aber mir entging sein Übertragungsangebot; ich schickte ihn zu den Männern weg, wie die Kinder auf die Weide getrieben worden waren. Berührt fuhr er fort, dass er im Grunde gar keinen richtigen Freund habe, höchstens einen Jungen, der praktisch als Waise aufgewachsen sei. Vater und Mutter hatten diesen verlassen, um in Deutschland zu arbeiten. So wuchs er als Heimkind auf. Sie gingen zusammen in die Schule. Dieser habe ihn an Körperkraft und -größe noch übertroffen. Als dieser nach Deutschland trampen wollte, um Mutter und Schwester zu besuchen, habe er von ihm seine Winterjacke leihen wollen. Er verweigerte sie ihm jedoch, weil der Freund ihn auch verlassen wollte – wie der Vater? –, was ihm noch heute Schuldgefühle bereite. Jedenfalls sei dieser Freund trotz der schlechten Startbedingungen nicht untergegangen, sondern habe sich im Süden mit einer zwanzig Jahre älteren Frau eine neue Existenz aufgebaut. »Eine Frau, die seine Mutter sein könnte?«, fragte ich deutend. Statt einer Antwort drehte er mir am Ende der Stunde wieder seinen Rücken zu und nahm erst beim Hinausgehen meine ausgestreckte Hand wahr. Er musste mir die kalte Schulter zeigen, um nicht von seinen Gefühlen überwältigt zu werden.

Seine Reaktion ließ mich nicht zum ersten Mal fühlen, in welchem Wechselbad von Nähe und Ferne er aufgewachsen war und welche Abwehrmechanismen er hatte entwickeln müssen, um zu überleben.

Ich überprüfte meinen Fokus im Hinblick auf seine Gefühle, seine »Traurigkeit«. Hatte er diese Verarbeitungsebene überhaupt schon erreicht? Oder kämen Formulierungen wie Einsamkeit, Verzweiflung und Angst vor Ablehnung seiner inneren Situation näher?

Im weiteren Verlauf stand seine »Neigung« zu mir wieder im Zentrum. Es sei ihm klar geworden, wie sehr er seine Gefühle für mich verdrängt habe. Er habe nicht wahrhaben wollen, dass er die Gespräche mit mir vermissen würde. Seine Affektintensität löste in mir ähnlich überwältigende Gegenübertragungsgefühle aus wie anfangs seine aggressive Abwehrbereitschaft. Jetzt war ich der Bootsfahrer, der von seiner Gefühlswoge überschwemmt zu werden drohte. Er gestand mir, wie gerne er die Stunde am Ende verlängern würde, indem er mich noch in Gespräche verwickelte. Er signalisierte mir damit erneut seine Vaterübertragung. Er sprach wiederholt von seinem Besuch zu Hause, seiner Enttäuschung und von den Freunden. Erst als ich ihn auf die Bedeutung der mütterlichen Frau ansprach, wurde er hellhörig und fragte mich wieder voller Abwehr, was ich damit sagen wolle. Er erzählte von einem Spielzeugauto, welches er auf dem Flohmarkt entdeckt habe, das ihn an das vom Vater damals Geschenkte erinnerte. Ich fragte ihn, ob er es erworben hätte. Er habe Nützlicheres zu kaufen, wehrte er schroff jegliche Berührtheit als Sentimentalität ab.

Spottend erzählte er noch von der Mutter, die beim Wechsel vom Dorf in die Großstadt große Anpassungsschwierigkeiten gehabt habe. Wie sie sich in der Straße der neuen Stadt, wo jeder jeden kannte, jeder wusste, wer gestohlen, wer gehurt hatte, »durch die Hölle den Weg zur Kirche« bahnen musste. So höhnte er, nichts ahnend, dass er durch die Entwertung der Mutter seine Nähe zu mir abwehren musste. Er verabschiedete sich mit »Tschüss«, so, als könne er im Jugendlichenjargon mit mir die gleiche Ebene herstellen, die er einst zum Vater gesucht hatte (»Tschüss, Alter!«). Am Ende der Stunde musste ich ihm einen neuen Termin morgens, statt wie bisher nachmittags, anbieten.

4. Kapitel

Die Wende

Zum ersten Morgentermin (14. Stunde) erschien er mit zehn Minuten Verspätung. Er stürzte atemlos in meine Praxis. Unvorhergesehenes habe ihn aufgehalten, und endlich erlöst vom inneren Stau begann er sogleich, seine Schleusen zu öffnen, und erzählte vom Besuch der Eltern. Wie gewohnt war das Wiedersehen nicht harmonisch gewesen. Sein Vater tadelte die Kindererziehung seines Bruders, und Herr A. machte ihm innerlich Vorwürfe, dass er keine Berechtigung zu diesem Hochmut habe. Dann gab es an seiner Arbeitsstelle Ärger, und schließlich zog er sich abends zurück, hörte Musik und musste lange weinen.

Als er bei dieser Stelle in seinem Bericht angekommen war, griff er nach einem Taschentuch und wischte sich die aufsteigenden Tränen ab. Ich war von seinen Worten angerührt, änderte meine Sitzhaltung und stellte fest, dass er synchron mit mir dieselbe Bewegung machte.

Ich war selbst noch von einem Konzert bewegt, dass ich am Abend zuvor besucht hatte, wo ein Riesenkerl wie er so kraftvoll und doch empfindsam Klavier gespielt hatte. Ich bat ihn, einen Augenblick bei seinen Gefühlen zu verweilen, da sie auch uns beträfen, denn schon wollte er sich in rasender Geschwindigkeit wieder entfernen, mit Spott die Rührung wegwischen. Seine Frau habe ihn so vorgefunden und gleich mitgeweint, die sei »so rührselig wie Woody Allen«.

Auf meine Intervention, was seine Traurigkeit mit uns zu tun haben könnte, hielt er erschrocken inne und wollte mir meine Frage zurückgeben. Ich versuchte, deutend eine Brücke zu schlagen, dass der Sinn unserer therapeutischen Zusammenkünfte sei, dass wir über ihn und seine Gefühle vor dem Hintergrund unserer Beziehung nachdächten. »Oder«, schloss ich meine Klarstellung nicht ohne Provokation, »haben Sie Angst, dass ich mitweine wie Ihre Frau?« Dabei schaute ich ihn ruhig und freundlich an. Er erwiderte meinen Blick und antwortete: »Da wird mir ganz leer im Kopf.« – »So gefährlich ist es, wenn Sie sich öffnen?«, fragte ich.

Statt einer Antwort erzählte er mir von einem Vorfall, mit dem sich dann gut arbeiten ließ. Er hatte seiner Schwägerin ein berufliches Entree vermittelt und stolz auf seine Leistung prahlte er vor seiner Frau: »Das habt ihr nur mir zu verdanken!« Statt der erhofften Dankbarkeit gab es jedoch nur schwer zu schlichtenden Streit.

Ich nutzte den »rettenden« Gedanken, um ihm seine unbewusste Identifikation mit dem Vater und seine Prahlerei zeigen zu können:

Waren Sie nicht wie der Vater, der seinen Buben mit Geschenken eine Freude bereiten wollte und statt Dankbarkeit nur Zerstörung und Hohn erntete, weil er damit seine lange Abwesenheit nicht ersetzen konnte?! Und nehmen Sie mit Ihrer Haltung »ich bin der Größte« nicht eine Position der Unerreichbarkeit ein, die Gefühle von Nähe und Dankbarkeit verhindert, obwohl Sie doch wirklich Gutes gestiftet haben?

Ergriffen stimmte er mir zu, so habe er es seiner Frau auch erklären wollen, nur hätten ihm dafür die richtigen Worte gefehlt. Die Stunde war zu Ende, ich gab ihm die Rechnung und wies ihn auf die verbliebene Stundenzahl (6) hin. Er war schon an der Türe, als ihm seine liegengebliebene Jacke auffiel, und seine Fehlleistung selbst kommentierend holte er sie mit den Worten: »Ich habe etwas von mir dagelassen.« Wir mussten beide lachen und verabschiedeten uns.

In dieser Stunde war in dichter Szene eine Wende eingetreten, die es jedoch erst noch zu stabilisieren galt. Er hatte mich szenisch imitiert – wie damals den Vater – in der Spiegelung meiner Sitzhaltung. Ich hatte die Bedeutung der fehlenden Eltern unausgesprochen für ihn wahrgenommen, auch wenn diese Szene noch nicht in Worte zu fassen war, sondern sozusagen im Wissen um die zarten Gefühle – das jeweilige Musikempfinden – stattgefunden hatte. Zwischenzeitlich war ihm meine Bedeutung für ihn klar geworden. In der Fehlleistung wollte er mir seine Jacke dalassen, die er einst dem Freund verweigert hatte. Es war ein Geschenk, ein Liebesbeweis, den er agierend, nicht in Worten darbot. Ich dachte auch an die fortgeschrittene Stundenzahl (14).

Die folgende Sitzung eröffnete er mit einem Rivalitätskonflikt. Agierend hatte er mit dem Bruder einen Streit entfacht und erstattete so aufgeregt Bericht davon, dass ich ihm kaum folgen konnte. Ich fragte ihn, sein Verhalten deutend, ob seine Angst, die Kontrolle zu verlieren, mit unserer näher kommenden Trennung in Zusammenhang stünde. »Das könnte sein«, kommentierte er nachdenklich meine Worte, »eine Tür ist aufgegangen.« Ihm sei meine Bedeutung für ihn selbst bewusst geworden. Er habe immer versucht, meine Rolle herunterzuspielen, aber nun sei ihm klar geworden, dass ich für ihn ein Stück weit der fehlende Vater (*mère paternelle*) wäre. Und er nahm Bezug auf seine Fehlleistung der liegengebliebenen Jacke. Meine Interpretation, ob dies auch bedeuten könnte, dass er bleiben wolle, wies er jedoch erschrocken zurück (17. Stunde).

4. Kapitel

Die Trennung

Nach dieser Wende stand nun die bevorstehende Trennung im Zentrum der Therapie. Es bestand die Gefahr, dass er den Gewinn unserer Arbeit wie einst die Geschenke des Vaters zerstören könnte.

Herr A. kam wieder wie ein Herkules zur nächsten Sitzung, wild entschlossen, die letzte Aufgabe aufrecht, »nicht auf allen vieren«, zu bewältigen. Er legte mir sein Konzept vor, wie der Abschied nach seinem Wunsch verlaufen sollte. Er hoffte, ihn bei der Mutter eingeübt zu haben, die vor 14 Tagen abgereist war.

Er wollte mir Blumen zum Abschied mitbringen, sein Leben gehe auch ohne mich weiter. Ich fragte ihn, ob er Angst habe, die Wogen könnten zu hoch gehen ... »und ich könnte den Berg nicht mehr sehen?« Er stieg sofort in mein Bild ein, um dann voller Abwehr hinzuzufügen: »Ich habe den Berg in mir!« Trennung sei immer schwer, ob jetzt oder in fünf Jahren: »Wenn ich es jetzt nicht kann, dann kann ich es nie mehr!« Er »ruderte«, um nicht unterzugehen, und war für Interventionen nicht mehr erreichbar.

Am Ende der Stunde musste ich noch die Kassenregelung mit ihm besprechen. Durch seine zwei Wohnsitze hatte sich bei der Kasse eine Konfusion über die Zahlungspflicht ergeben, was zur Folge hatte, dass ich noch keine Stunde hatte abrechnen können. Hierbei spiegelte sich seine Lebensstrategie wieder: zwei Länder, zwei Frauen, zwei Kassen und zwei Analytikerinnen (diejenige, die ihn geschickt hatte, und ich). Das Benutzen des Objektes war seine Ausdrucksform von Aggression und Entwertung angesichts der antizipierten Trennung. Dies ermöglichte ihm, an seiner illusionären Größenphantasie (dem Fünf-Kilo-Mythos) festzuhalten. Er hatte Angst, dass ihn seine Abhängigkeit für immer binden könnte. Wenn er seiner Sehnsucht nach der Liebe eines zuverlässigen Objektes in sich nachgäbe, dann käme er nicht mehr von mir los. Er musste unbewusst so hart handeln. Nichts sollte ihn mehr so tief berühren, dass er wieder in diesen schrecklichen Gefühlskeller fallen müsste. Er schien an der Illusion festzuhalten, dass »der Berg« schon in ihm sei, es gehe nur noch darum, ihm »den Berg« zu bescheinigen.

So könne er sich in seinem Erleben trennen, womit er die Fokaltherapie zerstören und seine Analytikerin entwertet zurücklassen würde. Zugleich war seine narzisstische Abwehr, den Herkules zu spielen, eine Anpassung an die Realitäten. Ein gefühlvoller Abschied hieße für ihn, »auf allen vieren« herauszukommen. Er war also unbewusst gezwungen, wichtige Ereignisse unbedeutend und konfus zu machen, weil er sonst in Gefahr war, von Gefühlen wie Traurigkeit, Wut oder Enttäuschung überschwemmt zu werden

(Fokus). Er floh in die Großartigkeit, um die Angst, klein zu bleiben, abzuwehren; in seiner Projektion sollte ich die Rolle der Zurückgebliebenen übernehmen.

Die nächste Stunde blieb weiterhin von dieser Abwehr bestimmt. Er kam auch äußerlich in glatter, schicker Verpackung, sodass nichts an das verlassene Kind von einst erinnerte. In der Erzählung einer Szene mit dem Vater demonstrierte er mir, wie er sich den Abschied wünschte. Er hatte den noch in Deutschland weilenden Vater vor kurzem auf der Straße getroffen, sich einen Moment mit ihm »über Belangloses« unterhalten, dann sich mit »Tschüss« umgedreht und den Vater stehengelassen. Meine Deutung, dass er sich diese »Tschüss-Lösung« auch für uns vorstelle und er die Trauer an mich delegieren wolle, konterte er keck, damit würde ich schon fertig werden.

Nach dieser Stunde beschäftigten mich vor allem meine starken, ärgerlichen Gegenübertragungsgefühle, die es mir schier unmöglich machten, wohlwollende Neutralität zu bewahren. Dafür gab es in der darauf folgenden Stunde eine wichtige Erklärung.

Herr A. kam zur drittletzten Sitzung und wollte zunächst seine Schuld begleichen. Er drückte mir sozusagen zur Begrüßung einen Packen Geldscheine für die noch unbezahlten Stunden in die Hand. Dann thematisierte er die bevorstehende Trennung. Alles würde problemlos ohne Verdrängung vonstattengehen. Ich nahm wieder Ärger wahr, den er offensichtlich an mich delegieren wollte. Ich nutzte meine Gegenübertragung, deutete sie ihm – »wollen Sie mich provozieren?« – und brachte ihn damit endlich zum Arbeiten. Er begann zu erzählen, dass ihm sein starkes Bedürfnis, zu essen und zu rauchen, aufgefallen sei. Wenn er aus der Stunde käme, müsse er sich erst einmal eine Zigarette anzünden. Ich sagte: »Rauchen und Essen können ja auch ein Trost sein, über den Sie selbständig, ohne mich verfügen können.« Ernst fuhr er fort: »Ich war der Mutter drei Jahre an der Brust!« Das hätte seine Frau erst vor kurzem herausbekommen. Da er wieder erwähnte, dass der Vater fünf Monate nach seiner Geburt aus dem Hause gegangen sei, wurde an dieser langen Stillzeit der dicht verschlungene Umgang zwischen Mutter und Sohn transparenter. »Wenn der schon Dreijährige noch an der Brust der Mutter lag, dann hatte auch die einsame Frau Trost beim männlichen Kind gesucht«, erklärte ich, »und es war kein Vater da, der das Kind vom Körper der Mutter löste!«

Durch diese späte Information wurden mir nun auch meine starken Gegenübertragungsgefühle klarer: seine drängenden Delegationsbedürfnisse und gleichzeitig seine Angst, nicht von der Mutterbrust loszukommen. Ich sagte ihm, dass vor dem Hintergrund dieser Mutter-Kind-Beziehung auch seine Aggression hier verständlicher würde. »Ja«, räumte er ein, »ich glaube auch, dass die Mutter mich gebraucht hat, selbst wenn es praktisch gewesen ist, beim Hunger schnell die Brust zu reichen.«

Umso schwieriger sei es dann später gewesen, als sie in die Großstadt zogen, er krank wurde, außer Haus musste und nicht wie der Bruder bei der Mutter bleiben durfte. Und weiter erzählte er von den vielen Auseinandersetzungen mit Gleichaltrigen, von denen er oft blutüberströmt nach Hause gekommen sei. »Da gab es statt Liebe die Peitsche von der Mutter! Aber es war auch gut so, sonst wäre ich vielleicht noch ins Gefängnis gekommen!« Er wolle die Mutter nicht anklagen, sie habe es auch schwer gehabt alleine mit vier Kindern ohne den Vater und habe doch immer versucht, gerecht zu sein. Ich sagte, dass seine aggressive Umgangsform auch eine Möglichkeit gewesen sei, die Aufmerksamkeit der Mutter zu erhalten. Dies habe sich in unserer Beziehung widergespiegelt, und jetzt sei auch klar, weshalb er sich mit der »Tschüss-Lösung« von mir habe verabschieden wollen. »Und es ist gut so, dass dies alles noch zur Sprache gekommen ist«, schloss ich meine Ausführungen. »Ja«, meinte er nachdenklich, »ich habe auch gespürt, dass mir etwas fehlte.« So beendeten wir diese Stunde.

Diese Informationen über Stillen und Abstillen des Patienten hatte das Verständnis doch wesentlich geändert. Herkules, der Riesensäugling, hatte »alles« geschafft außer der Abgewöhnung. Dazu passte sein unmäßiges Essen und Rauchen. Er hatte zu viel Mutter und zu wenig Vater erfahren, der für die Trennung von der Mutter nötig gewesen wäre. Der Vater war zwar durch die Peitsche (und den Ärger seiner Analytikerin) repräsentiert, für die er dankbar war, die ihm jedoch nur begrenzt ermöglichte, das väterliche Prinzip in sich aufzunehmen. Diese Situation, dass eine bestimmte Entwicklung zu einer bestimmten Zeit nicht stattfinden konnte, bedingte seine mangelhafte Symbolisierungsfähigkeit. Auch schien dies die Ursache dafür zu sein, dass es für Herrn A. nicht vorstellbar war, Vater zu werden und Kinder zu haben. Der Arbeitsfokus bekam eine erweiterte und tiefere Dimension.

Ich erwartete Herrn A. zur nächsten, der vorletzten Fokaltherapiestunde mit dem guten Gefühl der Gewissheit, dass der Gewinn der letzten Stunde nicht mehr verloren gehen müsste. Er war dunkel gekleidet und hatte wie erwartet nachgedacht. Er konnte sich öffnen und wollte wissen, weshalb ich glaube, dass er seine »Schlechtigkeit«, von der ich so oft gesprochen habe, bei mir lassen wolle, das ginge doch gar nicht. Ich merkte, dass er Trauer mit Schlechtigkeit verwechselt hatte, und bemühte mich, Orientierungshilfe zu leisten: »Die gute Brust, die der Säugling braucht, kann für den Dreijährigen sexuelle Stimulierung und Abhängigkeit bedeuten und damit zur schlechten Brust werden.« Ich unterstrich die Bedeutung, die wir durch diese Information für seine

Abb. 4: Chinesische Darstellung, Privatbesitz

Beziehung zur Mutter und den fehlenden Vater erhalten hätten. Er antwortete, wahrscheinlich habe er dies ja alles verdrängt, »irgendwie« gewusst haben müsse er es ja schon. Und voller Scham fügte er hinzu, wie »pervers« er das finde, so ein großes Kind an der Mutterbrust. Ich sagte, dass die Angst vor dem Missbrauch ihm die Fokaltherapie habe annehmbar erscheinen lassen, da hier eine klare Begrenzung vorgegeben gewesen sei.

Er sprach weiter von Beispielen des Abschiednehmens, wo ihm seine »Kribbeligkeit« bewusst geworden sei. Dabei begann er, sehr hektisch zu sprechen, und benutzte plötzlich in jedem Satz ein »irgendwie«. Ich spürte seine Qual, ohne dass ich eine Möglichkeit gesehen hätte, unmittelbar deutend zu intervenieren. Er schien sich wie ein Ertrinkender zu fühlen, und deshalb griff ich schließlich das Bild von der Woge auf und sagte: »Die große Welle hat ja auch etwas von einer Riesenbrust, die gleichzeitig bedroht und hebt.« Er verstand sofort den Bezug im übertragenen Sinne und meinte, meine Bedeutung bzw. mein Stellenwert für ihn seien ihm erst zum Ende der »Analyse« – sagte er sich versprechend und dann gleich korrigierend –, »Therapie« klar geworden. Diese Fehlleistung widerfuhr ihm gleich zweimal in dieser Stunde. Ich fragte: »Obwohl Sie so oft von Ihrer Neigung zu mir sprachen?« Er antwortete, dass die »Woge« das erste Vertraute für ihn hier gewesen sei. Da wurde mir deutlich, dass er im Grunde gleich *zu* nah bei mir gewesen war. Er hatte sozusagen sofort auf meinem Schoß gesessen, wir hatten gemeinsam das Bild betrachtet und so projektiv seine innere Situation gesehen. Ich teilte ihm meine Überlegungen mit, dass die zu schnelle Dichte vor dem Hintergrund seiner Mutter-Kind-Beziehung verständlicher geworden sei, auch sein Agieren mit den Frauen (Ehefrauen, Analytikerinnen etc.). Er stimmte mir sanft lächelnd zu, sein Blick glitt von der *Woge* zum Bild über meiner Couch, das er im Verlauf der Therapie als »statisch« erwähnt hatte. Ich folgte seinem Blick und dachte, dass man die beiden Früchte auch als ein Brustpaar sehen könnte, und fragte ihn, an was er dabei denke. Ausweichend meinte er, dies sei schwer zu sagen. Wir mussten beide lächeln, verabschiedeten uns. Er ging wieder etwas vor mir weg zur Tür, drehte sich dort um und wiederholte meinen Gruß: »Auf Wiederschaun bis zur letzten Stunde nächste Woche!« Es bedurfte also keiner »Tschüss-Lösung« mehr.

Diese Stunde warf verschiedene Fragen auf. Seine doppelte Fehlleistung, »Analyse« statt »Therapie« zu sagen, sprach einmal dafür, welche Kraft ihn die Sitzungen gekostet hatten. Er könnte die 20 Stunden wie fünf Jahre erlebt haben. Zum anderen hatte er den Riesen an der Mutterbrust als »pervers« bezeichnet und damit auch seine Charakterisierung der analytischen Situation mitgeteilt. In dieser Abwertung lag gleichzeitig seine ungeheure Angst, jemals wieder so abhängig zu werden wie als Dreijähriger sowie auch vor einer Analyse. Dies machte im Nachhinein sein heftiges Agieren vor Beginn der Behandlung verständlicher. In dem quälenden »Irgendwie« kam die Frage zum Ausdruck: Ist die »Milch« gut oder ist das Abstillen besser? In dem Sinne wäre die Fokaltherapie eine Stillzeit für Herrn A. gewesen, die er gerade verkraften konnte.

Ich hoffte, für die letzte Stunde (20) noch ein Stück Aufklärung für das »Irgendwie« leisten zu können.

Der Abschied

Zur Abschlusssitzung kam er eine Minute zu spät, zu meiner Erleichterung *ohne* den angekündigten Blumenstrauß. Dann verwickelte er mich, mir einen frankierten Kassenumschlag in die Hand drückend, zuerst in eine Kassenfrage. Wer der Schweigepflicht entbunden werden sollte, der delegierende Arzt oder ich, also Vater oder Mutter? Dann überließ er mir die Entscheidung – »machen Sie das für mich?« – und begann, sich setzend, sofort den fehlenden Strauß zu thematisieren: »Ich hatte mir Blumen als nette Geste zum Abschied gedacht, und nun ärgere ich mich, dass der Laden erst zu Beginn unserer Stunde öffnet.« Ich fragte ihn, ob wir nicht erarbeiten könnten, was der Blumenstrauß so konkret symbolisieren sollte. »Ich wollte meine Dankbarkeit über den guten Verlauf der Therapie zum Ausdruck bringen«, war seine Antwort. Er habe gestern seine Traurigkeit empfunden, fuhr er fort, sich an seinen Bauch fassend. Er vermisse seine Frau – sie studierte in einer anderen Stadt –, aber dieser Zustand sei bald beendet. »Ich habe jetzt auch eine Wohnung, und das ist ebenso eine gute Auswirkung der Therapie.« Er sprach schnell, staccatohaft, und plötzlich war seine Rede wieder von dem quälenden »Irgendwie« durchsetzt. Ich sprach seine Orientierungssuche an, ob er seinem Gefühl – »die Therapie war gut« – vertrauen dürfe oder nicht. »Ja«, gab er zu, »ich habe mich schon gefragt, sitzen wir hier heute bei Kaffee und Kuchen oder sagen Sie auch etwas!« Etwas überrascht von seiner Forderung, bat ich mir erst einmal Bedenkzeit aus und kam dann zu dem Schluss, dass er die Orientierungsfrage – Mutter und Kind betreffend – von mir beantwortet haben wollte.

Ich wiederholte daher: »Die für den Säugling gute Brust bedeutete für den Dreijährigen sexuelle Erregung, und durch diese Information bekam Ihre Suche nach dem haltgebenden Vater noch eine weitere Dimension, auch wenn dies sehr quälend für Sie war.« – »Ja«, räumte er ein, »die Mutter war immer da, der Vater zu wenig. Ich weiß, dass Sie keinen neuen Menschen aus mir machen können, das wird immer so sein wie mein Körper. Aber ich kenne jetzt meine Aggressionen besser, weiß, wann sie kommen und dass sie wieder gehen.« Wieder schlich sich in seine Rede ein »Irgendwie« ein, das er sich sofort verbot. Ich erinnerte daran, dass er sich zuerst über die Woge orientiert und darin wiedergefunden habe.

»… und Sie haben den Berg entdeckt!« Während er bisher meinen Worten bestätigend gefolgt war, schien der letzte Satz genau seinen Erwartungen entsprochen zu haben, denn er antwortete ergriffen: »Nun haben Sie mir doch etwas gegeben, danke.« Offensichtlich schien er nur auf eine Bestätigung seines Erfolges gewartet zu haben. Ich wiederholte daher im Sinne seiner Orientierungssuche: »Sie haben den fehlenden Halt entdeckt.« Das habe er gerade auch sagen wollen, meinte er, und brachte Ausführungen dazu, wie man Berg und Woge auch getrennt voneinander sehen könnte. Dann glitt sein Blick wieder zu dem anderen Bild über meiner Couch, und er meinte, er habe sich zu dieser Darstellung geflüchtet, weg von der Woge. Während er sprach, wechselte er seine Sitzhaltung und saß nun genau so da wie ich, die Beine so übereinander geschlagen, dass ein Knöchel auf dem Knie zu liegen kam: eine bequeme ausgewogene Sitzhaltung, wie ich finde, die allerdings nur in Hosen möglich ist. In diesem Augenblick schaute er mich an, und als ob er meine Gedanken erraten hätte, entdeckte er, dass er mich imitiert hatte. »Jetzt sitze ich genau so da wie Sie«, und wir mussten beide lachen. Ich antwortete: »Das ist zutreffend, aber Sie haben es gemerkt. Die Imitation ist auch eine Art, mit Verlust fertig zu werden. So haben Sie es als Junge heimlich mit dem Vater gemacht, um ihn in sich zu haben.« Nachdenklich meinte er, es sei nicht nur von Nachteil gewesen, dass der Vater weg war, so habe er auch eine Möglichkeit gehabt, die Dinge komisch zu sehen und Andere zum Lachen zu bringen. Dann war er wieder bei meinem Couchbild, und als er versuchte, es zu beschreiben, fiel mir die offene Frage am Ende der letzten Stunde wieder ein. Er hob das Beruhigende und Harmonische des großen Kreises hervor, der Farben und der Früchte, oder man könnte auch sagen, es seien Brüste, »die Brüste meiner Mutter«. Wir lächelten uns an, und da die Zeit abgelaufen war, sagte ich: »Sie haben das Schlusswort gesagt.« Wir standen auf, ich reichte ihm die Rechnung und meine neue Adresse (da ich kurz vor meinem Praxisumzug stand). Zu meiner Überraschung sagte er: »War das ein schöner Blumenstrauß?« Etwas irritiert sagte ich: »Ja, ja, das war es.« Und als er meinen Gruß – »auf Wiederschaun« – imitierend den Raum verließ, fragte ich mich nach der Bedeutung dieses Abgangs. Was wollte er noch haben? War es zum Abschied ein flinker Verführungsversuch, wollte der Dreijährige nochmals an die Brust der Mutter oder musste er sich erneut versichern, dass er gut sei, gehen und sich trennen könne? Jedenfalls, wenn ich sein Vorgehen an der Tür gedeutet hätte, wäre die Stunde weitergegangen, hätten wir endlos fortfahren können.

4. Kapitel

Schlussüberlegungen

Es war ein Abschied ohne Trauer. Man könnte sagen, Herkules hatte mit Riesenkräften seine Aufgabe in der Therapie bewältigt. Er war sich der Bedeutung seines Vaters bewusst geworden, hatte mithilfe des Containments und der Präsenz seiner Analytikerin, der für ihn väterlichen Übertragungsfigur, »den Berg« entdeckt. Er war mit seiner Erregung aggressiver und libidinöser Natur nicht mehr allein gewesen. Dies hatte es ihm ermöglicht, seine Aggressionen in der äußeren Realität besser zu verstehen, Impulskontrollen aufzubauen und einen eigenen äußeren Raum (Wohnung) mit Hinweis auf innere Räume zu schaffen.

Meine Bestätigung, dass er erfolgreich war, schien für ihn gleichbedeutend mit seinem unbewussten Wunsch nach dem Glanz in den Augen des Vaters, der Hauptperson dieser Behandlung. Er konnte sich trennen, weil er darüber hinaus wahrgenommen hatte, dass er mich szenisch imitierend – gleiche Sitzhaltung – in sich hatte.

Das drei Jahre lang erfolgte Stillen hatte es Herrn A. nicht ausreichend ermöglicht, die Brust zu sublimieren, sondern sie war die konkrete Brust geblieben. So musste er sich immer wieder an »Brüsten festsaugen« bzw. sich »rausbeißen«, was sein manipulativer Umgang mit weiblichen Objekten zeigte. Dies hatte die Möglichkeit zur inneren psychischen Arbeit beeinträchtigt; er musste mit den Objekten äußerlich konkret abhandeln, wozu ihm die innere Symbolisierungsfähigkeit fehlte. Für die Übertragungsbeziehung hatte dies gelegentlich dazu geführt, mit ihm auf der äußeren, körperlichen oder projektiven Wahrnehmungsebene kommunizieren zu müssen. Meine bildliche Sprache in der Deutungsarbeit war hierzu die Entsprechung.

Das lange Stillen hatte als prolongierte orale Triebbefriedigung ihm auf der Objektbeziehungsebene die Separation von der Mutter erschwert und dabei die Entwicklung eines inneren Zwischenraumes, der reife Identifizierung ermöglicht, verhindert.

Dennoch hatten Herrn A.s gute Ich-Fähigkeiten es ihm ohne vertiefte Objektbeziehung ermöglicht, eine bessere Integrierung von aggressiven Triebimpulsen in dieser Fokaltherapie entwickeln zu können: vor dem biographischen Hintergrund – zu viel Brust, zu wenig Vater – in Richtung Orientierung gegen das Chaos.

Ich denke, es besteht keine Frage, dass erst in einer Analyse eine zufriedenstellende Auseinandersetzung mit seiner Problematik hätte stattfinden können. So konnten z. B. seine Sexualität oder seine psychotischen Anteile lediglich gestreift werden, aber keine vertiefende Behandlung erfahren. Dem entgegen stand seine Angst vor erneuter Abhängigkeit, die auch vor dem Hintergrund seiner Herkunft gesehen werden muss. Sein letzter Blick ins Couchzimmer galt den »Brüsten« seiner »Mutter«, dorthin wollte er nicht zurück. Dies hatte vielleicht zu der Irritation geführt, die er bei mir in dieser Abschiedsstunde mit seiner schon im Gehen begriffen gestellten Frage, »war das ein schöner Blumenstrauß?«, zurückgelassen hatte. Wie in seinem Traum war er erleichtert, unbeschadet, aufrechten Ganges davongekommen zu sein, Trauer und Zweifel bei der Mutter zurücklassend.

Es war der Abschied des Adoleszenten, der den fehlenden Vater in der Übertragung bei seiner weiblichen Analytikerin, der *mère paternelle*, gefunden hatte. Das väterliche Prinzip, das in dieser Behandlung besonders durch den Umgang mit der Zeit symbolisiert war, die Fähigkeit, die inneren und äußeren Vorgänge unter Kontrolle zu behalten, hatte er in der konzentrierten fokalen Behandlung gesucht. Er hatte es als Mangel, als fehlenden Halt erkannt und durch schnelle Imitation, aber auch Internalisierung zu erlernen versucht. Die wogende Auseinandersetzung mit ihm war eine Reinszenierung des Kommens und Gehens seines Vaters. Und wie auf einer Wippe ging es um oben oder unten, groß oder klein, abhängig oder unabhängig. Seine Abschlussfrage – »war das ein schöner Blumenstrauß?« – könnte auch als Frage verstanden werden: Bin ich ein attraktiver Mann wie der Vater geworden, der kommen und gehen kann, wann er will, und der von den Frauen für seine Geschenke bewundert wird?

5. Kapitel

Der doppelte Erich – das Doppelgängermotiv bei Erich Kästner[1]

Vorwort

Wer hat, ob als Kind oder Erwachsener, nicht die Bekanntschaft mit Erich Kästner gemacht? Sei es im Buch, Film oder mit einem seiner Gedichte! Man lacht über seine Werke oder kann im nächsten Moment zu Tränen gerührt sein, man amüsiert oder ärgert sich: Er fordert auf diese Weise zur Anteilnahme heraus, gleichgültig lässt er niemanden. Diesem Phänomen war ich auf der Spur, nachdem ich jüngst bei der Lektüre des *Fabian* gleichermaßen berührt war, wie einst als Kind beim *Doppelten Lottchen*, und schließlich in der *ZEIT* bei »Tratschke fragt« darauf stieß, welche traumatischen Erfahrungen dem weltberühmten Kinderbuchautor Kästner in seiner Kindheit widerfahren waren! Als dann noch 1999, pünktlich zu seinem hundertsten Geburtstag, Fakten aus den Zeitungen bekannt wurden, zum »lebenslang gehüteten Geheimnis der Mutter«, was die dubiose Vaterschaft anginge, da wurde ich vom Eifer seiner Kinderhelden angesteckt und fühlte mich selbst wie einer seiner Detektive, die dem Täter auf der Spur sind. Wie Alfred Lorenzer es beschrieben hat: »Der Analytiker als Detektiv und der Detektiv als Analytiker« (Lorenzer 1985). Bewegt folgte ich dem Autor in seiner Autobiographie *Als ich ein kleiner Junge war*. Eine Autobiographie, die sich absichtlich auch an die Kinder wendet. Er schreibt:

> […] ich will (Kindern) einiges aus meiner Kindheit erzählen. Nur einiges, nicht alles. Sonst würde es eines der dicken Bücher, die ich nicht mag, schwer wie ein Ziegelstein […] und überdies, nicht alles, was Kinder erleben, eignet sich dafür, dass Kinder es lesen! (Kästner 1985 [1957], S. 9)

Also verbot er sich, offen über das Schwerste zu sprechen. Getarnt blitzt sein Kindheitstrauma jedoch aus jedem Buch hervor: seien es seine satirischen Verse oder in dem regelmäßig danach folgenden Kinderbuch. Letzteres gleichsam

---

[1] Zur Erinnerung an Johann Gottfried Appy.

eine Wiedergutmachung für die Schärfe seiner Anklagen. Dieses und mehr erfährt der überraschte Leser. Und dem Analytiker entgeht nicht die Qual des Kindes, sich mit Spaltung, Idealisierung, Vernichtung und Verdoppelung seinen Weg zu erkämpfen und schließlich, als »doppelter Autor«, für Kinder und Erwachsene, schreibend zu überleben, mehr noch, berühmt zu werden.

Erich als Detektiv der Familienlegende – die Väter

Das Doppelgängermotiv wurde Erich Kästner sozusagen in die Wiege gelegt. Acht Jahre nach seinem Tod, 1982, lüftete sein Sohn Thomas das Familiengeheimnis. Er berichtete in einem Interview dem Kabarettisten Werner Schneyder – so Franz Josef Görtz in der *FAZ* (Görtz 1998) –, nicht der Sattler Emil Kästner, sondern der Hausarzt, Dr. Zimmermann, sei der Vater seines Vaters gewesen:

> Es gibt so etwas wie ein Dreizehntes Zimmer im Kästner-Komplex, das ist die Herkunft meines Vaters.

Den Recherchen der *FAZ* verdanken wir die Information, dass auch Sanitätsrat Zimmermann »Emil« (!) mit Vornamen hieß. So lautet die Legende, der Beginn von Erich Kästners Familiendrama: zwei »Väter«, die beide mit Vornamen Emil hießen, und ein kleiner Junge, der am 24. Februar 1899, in Dresden geboren, auf den Namen Emil Erich Kästner getauft wurde. Dies beurkundete der eine Emil, der deutsche Sattler Kästner, mit seiner Frau Ida Amalia, geborene Augustin, während der andere Emil, der jüdische Sanitätsrat Zimmermann, Arzt und Geburtshelfer, in der Königsbrücker Straße 66 die Hausgeburt dieses Kindes, wahrscheinlich seines leiblichen Sohnes, demnach auch selbst begleitet haben muss. Die Entdeckung der Existenz zweier so grundverschiedener »Väter« und die Geheimhaltung dieses Tatbestandes seitens einer Mutter, deren einziger und ausschließlicher Lebensinhalt dieser Sohn wurde, sollten der Kern von Erich Kästners identitätsverwirrendem Kindheitstrauma, *ein* Ursprung seiner Doppelgängerexistenz werden. Wie der Junge Emil Erich den Eltern auf die Spur kam, davon berichtet er uns in *Emil und die Detektive*, dem literarischen Niederschlag.

Alfred Lorenzer zitiert in der schon erwähnten Arbeit Marie Bonaparte zur Faszination von Kriminalromanen:

Der doppelte Erich – das Doppelgängermotiv bei Erich Kästner

> Die unbewusste Wurzel an all diesen Geschichten besteht [...] – wie Freud mir gesagt hat – darin, daß die Forschungsarbeit des Detektivs die infantile Sexualforschung reproduziert, die auf andere Gegenstände oder Themen verschoben wird. (Bonaparte in: Lorenzer 1985, S. 2)

Lorenzer selbst fährt fort:

> Allerdings, das Szenarium ist beim Freudschen Vergleich ganz »persönlichkeitsinnerlich«: Das neugierige Ich will dem Geheimnis der Sexualität, und das heißt den eigenen Phantasien auf die Spur kommen. (Lorenzer 1985, S. 2)

Wenn wir unter diesem Aspekt – »den eigenen Phantasien auf die Spur« kommend – Kästners Kinderbücher betrachten, so sind seine Kinder immer kleine Detektive, die entweder einem Dieb auf der Spur sind oder, wie im *Doppelten Lottchen*, dem »Vergehen« der Eltern, sich getrennt zu haben, nachgehen. Im übertragenen Sinne: die Erforschung der Familienlegende bzw. die Suche nach dem Vater. Und es geht immer um ganz konkrete Beweise, mit denen die »Täter« überführt werden: ob es die Nadelstiche in den Geldscheinen sind, mit denen Emil den Schatz seiner Mutter in seiner Jackentasche festgesteckt hat, oder Photos, wie im *Doppelten Lottchen*, die die Wahrheit an den Tag bringen. In seiner Autobiographie schreibt Erich Kästner: »Photos lügen nicht.« Betrachtet man Mutter Kästner und ihren Sohn in geschneiderter Wandertracht und legt die einzige Photographie des Sanitätsrats hinzu (*FAZ*, siehe oben), so scheint es um die Darstellung konkreter Ähnlichkeiten zu gehen. Die Mutter wirkt äußerlich mit Schlips, Kragen und Hut gleichsam wie das weibliche Pendant des Sanitätsrats.

Vater Kästner hingegen – und er hätte demnach unwissend mit großer Inbrunst ein »gezimmertes« Kuckucksei aufgezogen – bekommt mit dem *Wiegenlied. Ein Vater singt* stellvertretend für alle Ersatzväter ein Denkmal gesetzt:

> Schlaf ein mein Kind, schlaf ein mein Kind!
> Man hält uns für Verwandte.
> Doch ob wir es auch wirklich sind?
> Ich weiß es nicht, schlaf ein mein Kind!
> Mama ist bei der Tante ...
>
> Schlaf ein, mein Kind! Sei still! Schlaf ein
> Man kann nichts Klügres machen.
> Ich bin so groß. Du bist so klein.
> Wer schlafen kann, darf glücklich sein.
> Wer schlafen darf, kann lachen.

5. Kapitel

Nachts liegt man neben einer Frau,
die sagt: Laß mich in Ruhe.
Sie liebt mich nicht. Sie ist so schlau.
Sie hext mir meine Haare grau.
Wer weiß, was ich noch tue.

Schlaf ein, mein Kind! Mein Kindchen, schlaf!
Du hast nichts zu versäumen.
Man träumt vielleicht, man war ein Graf.
Man träumt vielleicht, die Frau war brav.
Es ist so schön, zu träumen ...

Man schuftet, liebt und lebt und frißt
und kann sich nicht erklären,
wozu das alles nötig ist!
Sie sagt, daß du mir ähnlich bist.
Mag sich zum Teufel scheren!

Der hat es gut, den man nicht weckt.
Wer tot ist, schläft am längsten.
Wer weiß, wo deine Mutter steckt!
Sei ruhig. Hab ich dich erschreckt?
Ich wollte dich nicht ängsten.

Vergiß den Mond! Schlaf ein, mein Kind!
Und laß die Sterne scheinen.
Vergiß auch mich! Vergiß den Wind!
Nun gute Nacht! Schlaf ein, mein Kind!
Und, bitte, laß das Weinen ...

Anmerkung: Noch nie hat die Frau so wenig
und der Mann so viel Kindersinn gehabt wie heute.

Um ein Kind, das im Schlaf beraubt wird, geht es auch in *Emil und die Detektive*. Dies war Erich Kästners erstes Kinderbuch. Doch kurz ein Blick auf die äußeren Daten: Die Publikation erfolgte 1928, Kästner ist also 29 Jahre alt und hat seine erste Reise (ohne die Mutter!) mit Erich Ohser nach Paris angetreten. Er veröffentlicht seinen ersten Lyrikband *Herz auf Taille*, lernt Walter Trier kennen und gewinnt ihn als Illustrator für diesen Roman für Kinder. Es ist faszinierend, seiner Entstehungsgeschichte zu folgen. Die beschreibt Kästner in seinem Vorwort genau: Er sei beauftragt gewesen, ein Kinderbuch zu schreiben, und habe sich mit verrückten Konstruktionen eines Südseeromans gequält. Da hätte der Kellner seines Stammcafés ihn gerettet mit der Empfeh-

Der doppelte Erich – das Doppelgängermotiv bei Erich Kästner

lung, nur wahre Begebenheiten zu erzählen. »Das beste wird sein, Sie schreiben über Sachen, die Sie kennen …!« Kästner ging also nach Hause, legte sich auf den Boden, betrachtete sein Zimmer von unten, fand Abhandengekommenes wie z. B. einen vermissten Handschuh wieder, stellte fest, dass Tischbeine aus dieser Perspektive betrachtet Waden haben, und so sei ihm – gleichsam auf der eigenen Couch liegend – »die Sache mit Emil« eingefallen. Der übrigens mit Nachnamen »Tischbein« heißen sollte.

> Denn mit den Gedanken und mit den Erinnerungen, die sich uns nähern, ist es wie mit verprügelten Hunden. Wenn man sich zu hastig bewegt, oder etwas zu ihnen sagt, […] sind sie weg! […] Ich lag also ohne mich zu rühren, und lächelte meinem Einfall freundlich entgegen. Ich wollte ihm Mut machen. Er beruhigte sich denn auch, wurde beinahe zutraulich, kam noch einen und noch einen Schritt näher. Da packte ich ihn am Genick. Und hatte es. Das Genick nämlich. Und das war vorläufig alles. Denn es ist ein großer Unterschied, ob man einen Hund am Fell erwischt und festhält oder nur eine Geschichte, an die man sich erinnert. Hat man den Hund am Genick, so hat man wohl oder übel den ganzen Kerl; die Pfoten, die Schnauze, das Schwänzchen und alles Übrige, was so zum Lebendgewicht gehört. Erinnerungen fängt man anders. Erinnerungen fängt man ratenweise […] Und endlich weiß man, wenn man Glück hat, das Ganze. […] Ich lag da und fing die Erinnerungen auf, die mir von allen Seiten in den Kopf fielen, wie sich das für Einfälle gehört. Schließlich hatte ich alles hübsch beisammen, und die Geschichte war fertig! (Kästner 1929, S. 13ff., Vorwort zu *Emil und die Detektive*)

»Emil« sollte sein Held heißen, wie er mit seinem ersten Vornamen, »Tischbein« mit Nachnamen, analog den Entdeckungen, die er in der Horizontalen gemacht hatte. Zu den braunen Tischwaden assoziiert er Schulkinderbeine, und wie Emil heißt seine Mutter »Tischbein« mit Nachnamen. So gesehen betrachtet er auch die Frauen aus dieser Perspektive, und die sehen da ganz anders aus. Kästner beschreibt also, wie die Welt für ihn als Kind »ein anderes Gesicht bekam«. Diese Wahrnehmung ist von der Entwicklung Heranwachsender gesehen identisch mit infantiler Sexualforschung. Er erzählt also den Kindern, wie er der Mutter unter den Rock guckte und allmählich seinen unschuldigen Glauben verlor.

Zunächst werden alle Akteure vorgestellt – von Walter Trier, dem Illustrator der Kinderbücher, so treffend ins Bild gesetzt –, jeder mit »Steckbrief«: *Emil*, der Realschüler und Musterknabe, also mindestens zehn Jahre alt, ein Junge an der Schwelle zur Pubertät; die wichtigen Gleichaltrigen wie Freund *Gustav* und *Pony Hütchen*, die Cousine; die gute, nimmer ruhende *Mutter*, die wie seine eigene Friseuse ist und sich für den Sohn aufopfert, weil der Vater starb, als Emil fünf Jahre alt war; zum Schluss Emils wichtigster Gegenspieler *Der*

105

5. Kapitel

Herr im steifen Hut. Erst im Buch erfahren wir, dass er »Grundeis« heißt. Sein »Steckbrief« soll genau betrachtet werden:

> Niemand kennt ihn. Nun heißt es zwar, man solle von jedem Menschen, ehe er das Gegenteil bewiesen hat, das Beste annehmen. Aber ich möchte euch doch recht herzlich bitten, in dieser Beziehung etwas vorsichtig zu sein. Denn Vorsicht ist, wie es so schön heißt, die Mutter der Porzellankiste. Der Mensch ist gut, hat man gesagt. Nun, vielleicht ist das richtig. Doch man darf es ihm nicht zu leicht machen, dem guten Menschen. Sonst kann es plötzlich passieren, dass er schlecht wird. (Kästner 1929, S. 22)

Die Geschichte selbst ist mit ein paar Sätzen erzählt. Emil fährt weg von der Mutter zu Großmutter und Cousine. Die Mutter gibt ihm all das Geld mit, das sie sich hart erarbeitet hat. Er befestigt es mit einer Nadel in seinem Jackett. Dann lässt er sich von besagtem »Herrn im steifen Hut« durch Schokolade und mit Geschichten über »das Gehirn« in Schlaf versetzen: »Es sind jetzt kolossal moderne medizinische Apparate erfunden worden«. Und als er wieder aufwacht, ist er seines ganzen Schatzes beraubt. Mit Freunden und Cousine, und auch dank seiner wachen Vorsorge, die Geldscheine festgesteckt und damit markiert zu haben, bekommt Emil seinen Schatz wieder und wird ein Held.

Wenn man den Steckbrief von Herrn Grundeis genauer betrachtet, dann fällt die Enttäuschung auf, die ein guter Mensch bereitet, wenn er »die Porzellankiste«, d. h. das kindlich-illusionäre Weltbild, zerbricht; wenn er nicht nur ein freundliches Äußeres, sondern auch ein befremdliches Inneres hat. Der »gute Mensch«, ist ein Dieb geworden, der Emil des Schatzes seiner Mutter beraubt hat. Emil ist auf »Grundeis« gestoßen, im wahren Sinn des Wortes! Diebe, die sich holen, was ihnen nicht gehört, sind auch Männer, die unerlaubten Geschlechtsverkehr ausüben. So beschimpft Frau Marthe in Goethes *Faust* ihren Mann, als sie von seiner Untreue und seinem liederlichen Lebenswandel erfährt:

> Der Schelm! der D i e b an seinen Kindern!
> Auch alles Elend, alle Not
> Könnt' nicht sein schändlich Leben hindern! (*Faust*, S. 95)[2]

Oder Mephisto singt vor Gretchens Tür ein »moralisch Lied«, »um sie gewisser zu betören«:

---

[2] Goethes Werke werden zitiert nach der Hamburger Ausgabe in 14 Bänden. E. Trunz (Hrsg.). München: dtv, 1988.

Der doppelte Erich – das Doppelgängermotiv bei Erich Kästner

Nehmt euch in acht!
Ist es vollbracht,
Dann gute Nacht,
Ihr armen, armen Dinger!
Habt ihr euch lieb,
Tut keinem D i e b
Nur nichts zu Lieb',
Als mit dem Ring am Finger!

(ebd., S. 117; meine Hervorhebung, KZM)

Von daher könnte diese Reise weg von der Mutter die schmerzliche und traumatische Entdeckung beinhalten, dass sie Sexualverkehr mit dem scheinbar so netten Arzt hatte. Während der Sanitätsrat, auch ein »Herr im steifen Hut«, ihn mit »Schokolade« und »Geschichten über das Gehirn« einschläferte. Mutters Unversehrtheit hat einen Makel bekommen, wie die Geldscheine durch die Stiche. Während Emil beraubt wird, versinkt er in einem Alptraum. Der beginnt mit einer sich im Kreise drehenden Kindereisenbahn, die immer größer wird. Schließlich entsteht eine Verfolgungsjagd durch einen von neun Pferden gezogenen Zug. Dieser wird von einem Wachtmeister geleitet, den Emil wegen einer Denkmalsschändung fürchtet. Er hatte nämlich der Statue des Großherzogs Karl eine rote Nase und einen Schnurrbart ins Gesicht gemalt und hat Angst, dafür bestraft zu werden. Die Jagd geht durch Wiesen, Bäche und Bäume durch ein dunkles Tor einen Wolkenkratzer hinauf. Nach der orgiastischen Höhenfahrt findet Emil zurück auf dem Boden die Mutter in einer gläsernen Windmühle. Erlöst nimmt er Platz auf einem gläsernen Stuhl. Doch die Frage der Mutter nach dem Geld lässt ihn von seinem Stuhl stürzen und aufwachen.

Der Sturz vom gläsernen Thron symbolisiert die narzisstische Kränkung, nicht Mutters einzige Liebe gewesen zu sein. Die »Porzellankiste Mutter« ist zerbrochen. Das durchgängige Thema Dieb legt nahe, dass der Autor ein Stück seiner eigenen Geschichte schreibt. Der so bezeichnete Dieb war demnach auch bei seiner Mutter. Heimlich, ohne sich je zu seiner Schuld zu bekennen. Ob es *wirklich* so war oder alles nur eine Familienlegende ist, bleibt ein Geheimnis. Wir können uns nur auf den Niederschlag in seiner Literatur beziehen. Im *Emil*, seinem ersten Kinderbuch, ginge es in diesem Sinne um die Entdeckung seines Erzeugers, die detektivische Überführung des Täters als narzisstischer Triumph.

Der Vater des Jungen im Roman ist gestorben, als er fünf Jahre alt war, ein wiederkehrendes Charakteristikum fast aller Kästner'scher Kinderbücher. Oder, um es mit Hermann Belands Worten zu sagen, der Vater »des Kindes ist

5. Kapitel

psychologisch beseitigt« (Beland 1996, S. 24). Emil Kästner war von sechs bis zwanzig Uhr abwesend in der Fabrik, wurde von seiner Frau und später auch vom Kind entwertet und mundtot gemacht.[3] Dies berichten Erich Kästner, seine Biographen und es ist auch den *Muttchenbriefen* zu entnehmen. Hier wird er nur noch als »E.« bezeichnet, was für die damalige Zeit für einen »Vater« unüblich war.

Kästner hat hierauf seine eigene Antwort gegeben in einer motivgeschichtlichen Untersuchung, zeitgleich mit dem *Emil* geschrieben, wie sein anderer Biograph, Sven Hanuschek, in sorgfältiger Recherche entdeckt hat:

> In *Mutter und Kind im Kunstwerk* (1928) fragt sich Erich Kästner, warum das Christentum keinen Wurzelraum für das Faktum Vater habe. Christus war nun einmal das Kind eines »unsichtbaren Vaters«! »Grundsätzlich als Motiv büßte die Familie ihren Vater ein«. Alle Versuche, die Familie zu dritt darzustellen, seien in einer »komischen Disharmonie« geendet. »Doch wer hätte nicht empfunden, dass der weißbärtige *Zimmermann* [meine Hervorhebung, KZM], hinter der jungfräulichen Mutter und dem Jesuskind lehnend, gar nicht an diesen Platz gehörte! Wer hätte nicht sogar mit dem alten Mann ein bisschen Mitleid gehabt, den die kirchliche Tradition als Ersatzvater einführte, um die Idee der Familie nicht zu gefährden?« (Hanuschek 1999, S. 38)

Damit hat Kästner seine gespaltene Beziehung zu seinen »Vätern« charakterisiert. Der eine Emil hätte ihn demnach Gottvater gleich geschaffen, dem verdankte er seine Existenz. Er blieb immer ein bisschen unnahbar, der Halbgott in Weiß, der sich, wie ja schon gesagt, offiziell nie zu seiner Vaterschaft bekannt hatte. So portraitiert Kästner ihn auch in seinen Memoiren: »Sanitätsrat Zimmermann, der freundliche Hausarzt mit dem Knebelbart« (Kästner 1985 [1957], S. 147). Den *Emil* schickte er ihm Weihnachten 1929, wie den *Muttchenbriefen* zu entnehmen ist. Der Sanitätsrat habe ihm zunächst nicht geantwortet, so dass er Muttchen im Januar 1930 verärgert schrieb: »Die nächsten Bücher kriegt er aber nicht. Hat sicher kein Interesse, ist aber auch nicht nötig« (Görtz/Sarkowicz 1998, S. 161f.). Nach einem kurzen Antwortschreiben soll er jedoch noch einen längeren Brief von ihm erhalten haben. Dies spricht dafür, dass Erich Kästner auch die Anerkennung des Sanitätsrats

---

[3] Sven Hanuschek zitiert aus der Komödie *Das goldene Dach* (Kästner 1939) von Fritz, der weiß, dass sein biologischer Vater ein Apotheker ist: »Das haben mir die Jungs in der Volksschule schon vor 10 Jahren erzählt« (Hanuschek 1999, S. 37). Hier sei schon auf *Dr. Erich Kästners Lyrische Hausapotheke* hingewiesen, 1936 in Zürich veröffentlicht, die die Identifikation mit dem Arzt-/Apotheker-Vater deutlich macht.

bzw. des »Vaters« haben wollte dafür, durch die gelungene Sublimation *Emil* mit einem Streich weltberühmt geworden zu sein. Der andere Emil gibt eine bemitleidenswerte Figur als »Ersatzvater« ab, der ihm seinen Namen gibt, der Mutter und ihm die Rucksäcke für deren gemeinsame Reisen näht, die ohne ihn stattfinden. Doch bezeichnet Kästner ihn in dieser Charakterisierung als Josef, als »weißbärtigen Zimmermann«, ein Wortspiel, das für die Doppelsicht seines Vaterbildes sprechen könnte.

Der Rollentausch sollte ein häufiges literarisches Thema bei Kästner werden: ob in *Drei Männer im Schnee* der reiche Direktor sich als armer Angestellter verkleidet oder ob Erich Kästner als Mädchen angezogen den Lehrern als Cousine einen Streich spielte; die Verwechslung der Zwillinge im *Doppelten Lottchen* wird noch behandelt.

Es mutet geradezu kindlich an, wie Kästner später in die Hülle des Sanitätsrats schlüpfte. Wenn man die Photographien von Dr. Zimmermann und Dr. Kästner zusammenlegt, den »Herren im steifen Hut«, beide mit Schlips und Hut, so scheint es hier um mehr als nur eine Mode zu gehen, nämlich eine heimliche Suche nach Symmetrie. Denn wie im Märchen kann die Kopfbekleidung auch eine Tarnkappe sein, was für die Heimlichkeit, die Tabuisierung steht. Die Synagoge darf nur mit Hut betreten werden, und Dichterkollege Hermann Kesten charakterisiert den Freund Kästner: »Bei strahlendem Wetter trägt er einen *grauen* Hut [...]« (Kesten 1968, S. 39).

Die Heilige mit dem Jesuskind ist jedoch Mutter Maria. Welchen Beitrag die »Scheinheiligkeit« der Mutter Kästner zur Doppelgängerschaft ihres Sohnes geleistet hat, davon handelt das nächste Kapitel.

Emil, Erich, der Doppelgänger – die Mutter

Luiselotte Enderle, Lebensgefährtin und erste Biographin Kästners, schreibt, dass seine Geburt *die* Sinngebung des Lebens seiner Mutter gewesen sei. Eigentlich hätte die Geburtsanzeige lauten müssen: »Am 23. Februar 1899 wurden Ida Amalia und Emil Erich Kästner geboren« (Enderle 1987, S. 13). Es war der Beginn einer Existenz von Licht und Schatten. Mit der Geburt des Sohnes ist Licht in das Schattendasein dieser Mutter gekommen. Sie ruhte und rastete nicht, ihn als bessere Hälfte ihres Selbst heranzuziehen, zu ihrem Ideal zu gestalten. Nach W. R. Bion ist Folgendes der Ursprung der Zwillingsphantasie:

5. Kapitel

> The answer I suggest is that the imaginary twin goes back to his very earliest relationship and is an expression of his inability to tolerate an object that was not entirely under his control. (Bion 1967, S. 19)[4]

Erich Kästner hat seine Autobiographie *Als ich ein kleiner Junge war* (Kästner 1985 [1957]) als Mittfünfziger geschrieben, kurz nach dem Tode seiner Mutter, also gleichsam auch als Requiem für sie. Und seine Geschichte beginnt nicht mit dem Paukenschlag seiner Geburt wie bei Goethe, sondern er beschreibt erst die Zeit, als seine Mutter ein kleines Mädchen war. Er erzählt, wie sie von den Brüdern wegen ihrer Größenphantasien als »Frau Gräfin« verhöhnt und schließlich von den älteren Schwestern mit dem Sattler Emil Kästner verheiratet wurde, obwohl sie aufbegehrt habe, sie liebe ihn doch gar nicht. Die Liebe würde sich schon noch einstellen, wurde ihr entgegnet. Von ihrer Seite sollte sie jedoch nie eintreten. Diese lieblos geschlossene Ehe blieb kinderlos. 1895 zog man, einer erhofften Gehaltsverbesserung wegen, nach Dresden.

Ob Ida Kästner dort in ihrem Hausarzt, dem Dr. Emil Zimmermann, der großen Liebe ihres Lebens begegnet ist, bleibt ihr Geheimnis. Wir wissen nur, dass sie im Juni 1898 schwanger wurde und im Februar 1899, nach sieben Ehejahren, einen Sohn zur Welt brachte. Ihre Beziehung zu Dr. Zimmermann war offiziell auf das Arzt-Patient-Verhältnis beschränkt: Der Sanitätsrat war verheiratet, jüdischen Glaubens, hatte eine Tochter und ließ sich weder scheiden noch bekannte er sich öffentlich zu dem 1899 geborenen Kind. Vielmehr schwängerte er seine angetraute Frau nach Erichs Geburt erneut und bekam 1900 noch einen ehelichen Sohn. (Es ist denkbar, dass er, wie C. G. Jung nach seiner Affäre mit Sabina Spielrein, seinem »narrow escape«, schuldbewusst der Ehefrau ein Kind zeugte.) Er habe die arme Kästner-Familie, die ihm sehr nahe gestanden hätte, finanziell unterstützt. (Man weiß nicht, ob dies Alimenten entsprechen sollte.)

Ob es die zukunftslose Liebesbeziehung zum Sanitätsrat war, die unglückliche Ehe und Wurzeln aus der Kindheit, jedenfalls hatte Ida Amalia Kästner zwei Seiten: Sie war nicht nur die fanatisch liebende Mutter, sondern auch eine depressive, suizidgefährdete Frau, wie wir aus Erich Kästners Memoiren erfahren:

---

[4] »Die Antwort ist, so vermute ich, daß der imaginierte Zwilling zurückgeht auf seine allerste Beziehung und Ausdruck seiner Unfähigkeit ist, ein Objekt zu tolerieren, das nicht völlig unter seiner Kontrolle ist.« (Übersetzung KZM)

> Meine Mutter [...] blickte weder nach links noch nach rechts. Sie liebte mich und niemanden sonst. Sie war gut, und darin erschöpfte sich ihre Güte. Sie schenkte mir ihren Frohsinn, und für andere blieb nichts übrig. Sie dachte nur an mich, weitere Gedanken hatte sie keine. Ihr Leben galt mit jedem Atemzug mir, nur mir. Darum erschien sie allen andern kalt, streng, hochmütig, selbstherrlich, unduldsam und egoistisch. Sie gab mir alles, was sie war und was sie hatte, und stand vor allen anderen mit leeren Händen da, stolz und aufrecht und doch eine arme Seele. Das erfüllte sie mit Trauer. Das machte sie unglücklich. Das trieb sie manchmal zur Verzweiflung. Ich sage das nicht obenhin und nicht als Redensart. Ich weiß, was ich sage. Ich war ja dabei, wenn sich ihre Augen verdunkelten. (Kästner 1985 [1957], S. 125)
>
> Meine Mutter war kein Engel und wollte auch keiner werden [...] Ida Kästner wollte die vollkommene Mutter ihres Jungen werden [...] ihre gesamte Existenz setzte sie, fanatisch wie ein besessener Spieler, auf eine einzige Karte, auf mich [...] Ihr Einsatz hieß: ihr Leben mit Haut und Haar! [...] Die *Spielkarte* [meine Hervorhebung, KZM] war ich [...] Deshalb musste ich gewinnen [...] Da sie die vollkommene Mutter sein wollte und war, gab es für mich, die Spielkarte, keinen Zweifel: Ich musste der vollkommene Sohn werden. (Kästner 1985 [1957], S. 143)

Liest man diese Zeilen aus Kästners Autobiographie, dann wird deutlich, in was für einem Hexenpakt der Sohn sich gefangen fühlte. Auf Gedeih und Verderb an die Vollkommenheitsvorstellungen seiner Mutter geschmiedet und als »Spielkarte« depersonalisiert. Er blieb ihr Geschöpf, in ihm und durch ihn sollten sich all ihre Wünsche erfüllen, er wurde ihr Doppelgänger. So behielt sie ihn nicht nur unter Kontrolle, sondern konnte auch die Realität seines Andersseins verleugnen. »The function of the imaginary twin was thus to deny a reality different from himself« (Bion 1967, S. 19).[5] Wenn man sich aber als »Kapital und Spieleinsatz« seiner Mutter fühlt, der »nur und immer wieder zu gewinnen hatte«, dann muss man beschwörend auf die Liebe zurückgreifen. Sonst wird der Hass zu groß und die Mutter muss idealisierend als die nur ihn Liebende dargestellt werden. Doch wie verarbeitet ein Kind diese Ambivalenz, ja Doppelgesichtigkeit seiner Mutter, die stets vorgab, ihn über alles zu lieben, und dann aber ihre immer wiederkehrenden, schriftlich angekündigten Selbstmorddrohungen, Zettel in der Küche, die er fand, wenn er aus der Schule kam:

> Ich kann nicht mehr! [...] Sucht mich nicht! [...] Leb wohl mein lieber Junge! (Kästner 1985 [1957], S. 144)

---

[5] »Die Funktion des imaginierten Zwillings war, dadurch eine andere Realität als die eigene zu verleugnen.« (Übersetzung KZM)

5. Kapitel

Wo das zu Tode geängstigte Kind durchs nächtliche Dresden raste, auf allen Brücken nach ihr schaute, er sie rief, um ihr Leben rannte: »Mutti, Mutti, Mutti! Es war bei diesem Wettlauf mit dem Tod mein einziges endloses Gebet«[6], bis er sie endlich fand, sie schüttelte, als sei sie eine große, bleiche Puppe, bis sie erwachte und erschrak, ihn weinend bat: »Komm mein Junge, bring mich nach Hause!« oder er erschöpft auf ihrem Bett einschlief, bis sie ihn von selbst heimgekehrt erlöste, selbst nicht mehr wissend, wo sie gewesen war.

Eines Nachmittags sucht der Junge, statt zu spielen, heimlich den Sanitätsrat auf und fragt ihn schutzsuchend um Rat. Dargestellt in Kästners Autobiographie lesen wir nicht nur das Portrait der Person Dr. Zimmermanns (»der Knebelbart und die nikotinbraunen Finger«), sondern auch, wie er zu seinem Stellvertreter graduiert wurde und in diesem Sinne zu seinem Doppelgänger. »Er fuhr mir übers Haar« und sagte lächelnd: »Auch wenn sie alles um sich her vergisst, wird ihr Herz an dich denken [...] Du bist ihr *Schutzengel!*«[7] Diese Szene bringt zum Ausdruck: Anstelle der haltgebenden Entlastung für das überforderte Kind findet eine narzisstische Überhöhung statt. Kästner kommentiert diesen Vorgang als Mittfünfziger selbst: An Dr. Zimmermanns Sätze habe er oft in seinem Leben gedacht. Sie hätten ihn zugleich »getröstet und bedrückt«. So auch im Sanatorium beim letzten Besuch der fast achtzigjährigen Mutter, als sie ihn verwirrt anblickte und fragte: »Wo ist denn der Erich?« Da fühlte er sich an ihre Geistesabwesenheit damals erinnert, als er sie auf einer der Brücken fand.

Aus dem »Schutzengel« von einst wurde dann später der Dr. Erich Kästner, der Seelenarzt, »der Therapeut des Privatlebens«. In seiner *Lyrischen Hausapotheke*, einer 1936 veröffentlichten Sammlung teils bekannter, teils neuer Gedichte, ordnete er seine Verse gemäß einer Gebrauchsanweisung: »Man lese, wenn man traurig, einsam oder des Lebens überdrüssig ist ...« Er empfahl also »seelisch verwendbare Verse«, so, wie der Arzt seine Medizin verschreibt. Und er bekam selbst nikotinbraune Finger vom vielen Rauchen, wie Dr. Zimmermann!

Doch bis der »Schutzengel« so weit war, musste er erst Abstand zur Mutter gewinnen. Eindrucksvoll ist die Beschreibung seiner Lesegewohnheiten, wie

---

[6] Ebd. Siehe auch Goethe: *Werther* (Hamburger Ausgabe 1987, S. 75; 2. Buch, am 29. Junius): »Ich – ihr Mann! [...] mein ganzes Leben sollte ein anhaltendes Gebet sein«. Dazu auch Zinnecker-Mallmann 2002, S. 217: »statt dem Erlernen der Abgrenzungsfähigkeit vom mütterlichen Objekt [...] ihre maßlose Idealisierung«.

[7] Kästner 1985 [1957], S. 147. Hier sei an die gegenteilige Beschreibung des Sohnes erinnert: »Meine Mutter war kein Engel.«

verzweifelt der Junge versucht, Abstand zur erdrückenden Nähe der Mutter zu erlangen:

> Ich las, als wäre es Atemholen. Als wäre ich sonst erstickt. Es war eine fast gefährliche Leidenschaft. Ich las, was ich verstand und was ich nicht verstand. »Das ist nichts für dich«, sagte meine Mutter, »das verstehst du nicht!« Ich las es trotzdem. (Kästner 1985 [1957], S. 97)

Diese Zeilen scheinen mir den ersten Ausbruchsversuch aus der zunächst weiblichen, weil mütterlichen oder geschwisterlichen Zwillingsphantasie zu dokumentieren. In seinem Mai-Gedicht heißt es: »Melancholie und Freude sind wohl Schwestern«. Die Bücher stehen stellvertretend für die Gedanken des Dritten. So gesehen wäre sein suchthaftes Lesen eine überlebensnotwendige und damit gesunde Abwehr, der stärkste Widerstand gegenüber der von der Mutter aufoktroyierten Doppelgängerschaft. Indem er sich über das mütterliche Verbot zu lesen hinwegsetzte, begann er, seine eigene Gedankenwelt zu errichten und sich vor ihren destruktiv-psychotischen Episoden zu schützen.

Michel de M'Uzan beginnt seine Doppelgängerstudie mit einer sehr anschaulichen Kindheitserinnerung seiner Patientin, die ich übertragbar finde: Diese entdeckte als circa dreijähriges Mädchen in dem Augenblick, als sie sich *neben* der Mutter gleichzeitig im Spiegel sah, den Beginn ihrer eigenen Vorstellungen: »zum ersten Mal begriff [sie], dass ihre Gedanken ihr selbst gehörten« (De M'Uzan 2003, S. 87).

Das Jahr 1914, den Ausbruch des Krieges, bezeichnet Kästner als das Ende seiner Kindheit und beschließt damit seine Memoiren. Zwangsläufig kam dann die Trennung von zu Hause 1917, als er zum Militärdienst eingezogen wurde. Aber der hohe Einsatz der Mutter sollte sich auch lohnen. Die *Spielkarte* gewann 1919 das goldene Stipendium der Stadt Dresden, und der Sohn ging zum Studium nach Leipzig; er beggan, die Wünsche seiner Mutter, seine introjizierten eigenen, zu realisieren. In seiner inneren Entwicklung wurde er jedoch geradezu mephistophelisch. Er musste wie Mephisto im *Faust* »recht den Teufel spielen«, nachdem er sich 15 Jahre lang in der Umklammerung seiner Mutter befunden hatte. Dies bezeugen seine ersten Gedichte, *Herz auf Taille*, die an sadistischer Schärfe kaum zu überbieten sind. Sein Frauenbild war gespalten in Mütter und Huren, und er selbst begann, sich in seine Doppelrolle als Muttersöhnchen und »Frauendieb«, als Moralist und »Herr im steifen Hut«, als Satiriker und Kinderbuchautor einzuspielen

5. Kapitel

Jahrgang 1899[8]

Wir haben die Frauen zu Bett gebracht,
als die Männer in Frankreich standen.
Wir hatten uns das viel schöner gedacht.
Wir waren nur Konfirmanden.

Dann holte man uns zum Militär,
bloß so als Kanonenfutter.
In der Schule wurden die Bänke leer,
zu Hause weinte die Mutter.
Dann gab es ein bißchen Revolution
und schneite Kartoffelflocken;
Dann kamen die Frauen, wie früher schon,
und dann kamen die Gonokokken.
Inzwischen verlor der Alte sein Geld,
da wurden wir Nachtstudenten.
Bei Tag waren wir bureau-angestellt
und rechneten mit Prozenten.

Dann hätte sie fast ein Kind gehabt,
ob von dir, ob von mir – was weiß ich!
Das hat ihr ein Freund von uns ausgeschabt.
Und nächstens werden wir Dreißig.

Wir haben sogar ein Examen gemacht
und das meiste schon wieder vergessen.
Jetzt sind wir allein bei Tag und bei Nacht
und haben nichts Rechtes zu fressen!

Wir haben der Welt in die Schnauze geguckt,
anstatt mit Puppen zu spielen.
Wir haben der Welt auf die Weste gespuckt,
soweit wir vor Ypern nicht fielen.

Man hat unsern Körper und hat unsern Geist
ein wenig zu wenig gekräftigt.
Man hat uns zu lange, zu früh und zumeist
in der Weltgeschichte beschäftigt!

Die Alten behaupten, es würde nun Zeit
für uns zum Säen und Ernten.
Noch einen Moment. Bald sind wir bereit.
Noch einen Moment. Bald ist es so weit!
Dann zeigen wir euch, was wir lernten!

---

[8] In: Kästner 1988.

Abb. 5: Das Zwillingskarussell: Dr. Kästner, Dr. Zimmermann, Erich Kästners gezeichneter Doppelgänger (links oben im Uhrzeigersinn); Mutter und Sohn im Wanderkostüm (rechts oben); Mutter und Sohn vor Studienbeginn (links unten); Das Doppelte Lottchen, Titelblatt von Walter Trier.

Seine Mutter wurde indes nicht müde, sich mit dem heranwachsenden Sohn wie ein Zwillingspaar gleich zu kleiden oder vor Studienbeginn ehepaarmäßig photographieren zu lassen (siehe Abb. 5, S. 115).

Exkurs zum Doppelgänger

Die Definition des »Doppelgängertums« entwickelt Freud aus dem »Unheimlichen« und orientiert sich an den Dichtern. Schellings Überlegungen sagen ihm am meisten zu, so dass er ihm folgend formuliert: »heimlich ist ein Wort, das seine Bedeutung nach einer Ambivalenz hin entwickelt, bis es endlich mit seinem Gegensatz unheimlich zusammenfällt« (Freud 1919h, S. 237). »Die Quelle des unheimlichen Gefühls wäre also hier [...] ein Kinderwunsch oder auch nur ein Kinderglaube« (ebd., S. 246).

Im *Sandmann* habe E. T. A. Hoffmann – »der unerreichte Meister des Unheimlichen in der Dichtung« (ebd.) – dies gezeigt. Bei der Suche nach Ableitungen aus infantilen Quellen versteht er das »Doppelgängertum« als das

> Auftreten von Personen, die wegen ihrer gleichen Erscheinung für identisch gehalten werden müssen, die Steigerung dieses Verhältnisses durch Überspringen seelischer Vorgänge von einer dieser Personen auf die andere, [...] so daß der eine das Wissen, Fühlen und Erleben des anderen mitbesitzt, die Identifizierung mit einer anderen Person, so daß man an seinem Ich irre wird oder das fremde Ich an die Stelle des eigenen versetzt, also Ich-Verdopplung, Ich-Teilung, Ich-Vertauschung – und endlich die beständige Wiederkehr des Gleichen, die Wiederholung der nämlichen Gesichtszüge, Charaktere, Schicksale, verbrecherischen Taten, ja der Namen durch mehrere aufeinander folgende Generationen. (ebd.)

Es gibt so etwas wie eine »äußere« Doppelgängerschaft, die sich auf die Gleichheit mit anderen oder das »Spiegelbild« der eigenen Existenz bezieht. So schreibt Freud in *Das Unheimliche* (1919h) vom Entsetzen über die plötzliche Konfrontation mit seinem Spiegelbild:

> Da auch das Unheimliche des Doppelgängers von dieser [der Allmacht der Gedanken, KZM] Gattung ist, wird es interessant die Wirkung zu erfahren, wenn uns einmal das Bild der eigenen Persönlichkeit ungerufen und unvermutet entgegentritt. (ebd., S. 262)

Diese Erfahrung kann bestätigen, wer nach dem Tode eines Elternteiles dessen Antlitz im eigenen Spiegelbild wiederfindet und entdeckt: »Du siehst aus wie deine Mutter bzw. dein Vater!« So gesehen kann Verdoppelung auch mit Trauerarbeit zu tun haben und ist zudem ein Symptom des Verlustes. Weiter vorne beschreibt Freud die Genese der »inneren« Doppelgängerschaft und bezieht sich hierbei auf Ranks Mythenforschung:

> wahrscheinlich war die »unsterbliche« Seele der erste Doppelgänger des Leibes. Die Schöpfung einer solchen Verdopplung zur Abwehr gegen die Vernichtung hat ihr Gegenstück in einer Darstellung der Traumsprache, welche die Kastration durch Verdopplung oder Vervielfältigung des Genitalsymbols auszudrücken liebt. (ebd., S. 247)

Eberhard Haas schreibt in *Freuds Weg in die Verbannung*: »Verdoppelung ist (auch) das Wesen des traumatischen Verlustes« (Haas 1998, S. 6). Freud selbst formuliert in einem Brief an Arthur Schnitzler am 14. Mai 1922:

> Ich meine, ich habe Sie gemieden, aus einer Art von *Doppelgängerscheu* [meine Hervorhebung, KZM]. Nicht etwa, daß ich sonst so leicht geneigt wäre, mich mit einem anderen zu identifizieren, oder daß ich mich über die Differenz der Begabung hinwegsetzen wollte, die mich von Ihnen trennt, sondern ich habe immer wieder, wenn ich mich in Ihre schönen Schöpfungen vertiefe, hinter deren poetischem Schein die nämlichen Voraussetzungen, Interessen und Ergebnisse zu finden geglaubt, die mir als die eigenen bekannt waren […] So habe ich den Eindruck gewonnen, dass Sie durch Intuition – eigentlich aber infolge feiner Selbstwahrnehmung – alles das wissen, was ich in mühseliger Arbeit an anderen Menschen aufgedeckt habe. Ja, ich glaube, im Grunde Ihres Wesens sind Sie ein psychologischer Tiefenforscher, so ehrlich unparteiisch und unerschrocken wie nur je einer war […]. (Freud/Freud/Grubrich-Simitis 1985, S. 215)

Es ist nicht zu übersehen, um welch tief empfundene innere Doppelgängerschaft es hier geht: der psychologisch-intuitive Dichter und der Krankengeschichten als *Novellen* schreibende Psychoanalytiker. Dabei charakterisiert Freud den Schriftsteller, als spräche er von sich selbst. Otto Rank, Philosoph und Psychoanalytiker, hat dem Doppelgänger (1925) eine ganze Studie gewidmet und nähert sich dem Thema über Literatur und Mythologie an. Ranks mythologische Forschungen, verbunden mit Freud'scher Erkenntnis, beleuchten genau den Kästner'schen Zusammenhang, wenn wir an den Arzt denken, der den Jungen zum Schutzengel seiner Mutter und damit zu seinem Stellvertreter erhebt:

> Nach Freud zeigen alle tabuierten Dinge den Charakter der Ambivalenz und auch beim Schatten und dem sich daran knüpfenden Glauben fehlen solche Andeutungen nicht. Die eben besprochenen Widergeburtsideen des väterlichen Schattens im Kind führen zu den bereits erwähnten Vorstellungen vom Schatten als Schutzgeist, der mit dem Kind zugleich geboren wird. (Rank 1993 [1925], S. 74)

Mladen Dolar fügt in seinem Nachwort *Otto Rank und der Doppelgänger* noch hinzu:

5. Kapitel

> Die eigentliche Funktion des Doppelgängers (wie der Schatten oder das Spiegelbild) war [...] die Versicherung gegen die Destruktion des Ich, die [...] Absage an die Kraft des Todes [...] als Schutz des Narzissmus. (Dolar 1993, S. 127)

Peter Dettmering beschäftigt sich in seiner Studie zum Doppelgängermotiv mit der Beziehung zum Entfremdungserleben.[9]

> Es liegt in der Natur der Doppelgängerphantasie, daß ihr ein bifokales oder bipolares Ich- oder Selbstbewusstsein zugeordnet ist, [...] dessen Funktion es offenbar ist, eine frühe (und früh verloren gegangene) Einheit von Selbst und Objektwelt wiederherzustellen. (Dettmering 1986, S. 45)

Auf Erich Kästner angewandt heißt dies, dass der Ursprung seiner Doppelgängerphantasie mütterlicherseits in dieser nie aufgegebenen Einheit begründet liegt. Hinzu kam, dass er den tabuisierten Mann bei der Mutter repräsentieren musste und sie ihn aus dieser Doppelgängerschaft bis zu ihrem Tode nicht entließ. Er war und blieb ihr Lebensinhalt. Aber auch seine Existenz blieb immer an die ihre bzw. an die ihrer Nachfolgerinnen gekoppelt. Erschwerend kam die suizidale Labilität der Mutter hinzu, die jede Abkoppelung seinerseits als existenzielle Bedrohung verstanden hätte; so blieb ihm, mithilfe der im letzten Kapitel dargestellten Zwillingsphantasie, einerseits die Wahrung mit der Gleichheit der Mutter und andererseits die Entfaltung einer eigenen gedanklichen Welt – damit holte er »Atem« und wurde so als Poet erfolgreich. Dadurch gelang ihm zumindest zeitweise eine »authentische Existenz« im Sinne »der Treue gegenüber dem Wesentlichsten von sich selbst« (de M'Uzan 2003, S. 88). So schrieb er im *Zauberlehrling* nicht ohne Stolz: »Ich wollte werden, was ich war.«

Doch zunächst wurde diese Mutter-Sohn-Verbindung nach seinem Auszug von zu Hause durch täglichen Briefverkehr aufrechterhalten, später durch mindestens eine Postkarte pro Woche. Auch behielt sie ihn durch das »Wäscheband« unter Kontrolle. Sie wusch zeitlebens seine Wäsche. Und so blieb er an ihrem Band hängen, im wahrsten Sinn des Wortes. Der bereits Dreißigjährige schreibt:

---

[9] Dettmering 1986, S. 45, Kapitel »Das Doppelgänger-Motiv in psychoanalytischer Sicht und seine Beziehung zum Entfremdungserleben«: »Er bezieht sich auf Otto Rank und Hanns Sachs, *Das Märchen von den zwei Brüdern* (1913/1972), die das Doppelgängermotiv als Variante des Ödipuskonfliktes sahen, die beiden Brüder standen in ihrer Deutung für Vater und Sohn, die miteinander um ein inzestuöses Objekt rivalisierten, was jedoch durch das Moment der Zwillingsbruderschaft und Spiegelgleichheit überlagert wurde [...] Die Verdoppelung des Protagonisten oder anders ausgedrückt, die Ausweitung seiner Selbstrepräsentanz auf den Gegenspieler bedeutet jedoch noch keine Bewältigung der zugrunde liegenden Ambivalenz.«

> Es ist so schön, dass wir beide einander lieber haben als alle Mütter und Söhne, die wir kennen, gelt? Es gibt dem Leben erst den tiefsten heimlichen Wert und das größte verborgene Gewicht. Auch wenn man vor Arbeit keine Zeit hat, an den anderen zu denken, im Unterbewusstsein herrscht immer diese unendliche Sicherheit, dass der andere da ist. Was sind denn andere Beziehungen dagegen? Freundschaftliche Liebe und solche Dinge sind daneben ganz unbedeutend. Wir beide sind uns das Wichtigste, und dann kommen alle andern noch lange nicht. (Kästner 1981, S. 70f., Brief v. 10. Januar 1929)

Diese Zeilen drücken eine »unheimliche« Allianz zwischen Mutter und Sohn aus. Es könnte aber auch heißen, dass Kästner diese Zeilen voller Schuldbewusstsein an seine Mutter geschrieben hat, da er dabei war, nach dem gleichen Muster mit einem Mann, Erich Ohser, eine Freundschafts- und Arbeitsbeziehung einzugehen (erste Reise mit ihm nach Paris ohne die Mutter!). Er wurde der Illustrator seiner satirischen Gedichte. Ihre »Paarbildung« wurde anschaulicherweise als »der große und der kleine Erich« bezeichnet.

Da der Sanitätsrat Zimmermann – wie gesagt – sich öffentlich nie zu ihm als Vater bekannte und der Kästner'sche Ziehvater durch die Verachtung der Mutter und bald auch des Kindes zu schwach war, gab es keine entlastende Triangulierung. So wurde Kästner einerseits von der Mutter narzisstisch überhöht, und andererseits blieb sein Selbstwertgefühl an ihre Präsenz, sein Licht an ihren Schatten gebunden. Dies spiegelt sich in allen seinen Arbeiten wie in seinem Leben wider. Es sind Sublimierungsversuche seiner Realität, die immer ein lachendes und ein weinendes Auge enthalten. Dies gilt beispielsweise für das »Wiegenlied für sich selber«, das er in Anlehnung an das Wiegenlied eines singenden Vaters dichtete.

Das Doppelgängermotiv im *Fabian*

Der *Fabian* ist ein Dokument seiner kreativsten Zeit und seines Wechsels zur männlichen Doppelgängerschaft. Ob es hierbei eine Rolle spielt, dass Kästners bevorzugte Freunde und Vorbilder überwiegend Juden waren, wie Dr. Zimmermann und dessen Sohn, der ein Jahr ältere »Halbbruder«, möglicherweise ein imaginierter Zwilling, kann nur vermutet werden. Dokumente über realen Kontakt zu diesem gibt es nicht. (Görtz und Sarkowicz berichten nur, dass dieser Sohn des Sanitätsrates 25-jährig gestorben sei, und von einem einmaligen Treffen nach dem Krieg mit der »reichen Halbschwester aus Brasilien«.) Kästner bekannte sich in seiner Lyrik offen zu Kurt Tucholsky. Seine beiden Hauptillustratoren, Erich Ohser und Walter Trier, waren Glaubensgenossen. Sie setz-

5. Kapitel

Abb. 6: Erich Kästner: Gedicht: Jahrgang 1899, mit der Zeichnung
von Erich Ohser dazu und dem Photo der beiden Freunde:
dem »großen« und dem »kleinen« Erich.

ten seine Bücher so kongenial ins Bild, als wären sie nicht nur seine Freunde, sondern seine malenden, komplementären Brüder (siehe Abb. 6, S. 120).
Das Vorwort zu Triers letztem Buch wurde zugleich ein Nachruf, da dieser zwischenzeitlich gestorben war. Kästner nannte ihn »unersetzlich«, den Mann mit dem »guten Blick«. Sie seien von der Verlegerin Edith Jacobson zum »Paar« gemacht worden, er sei »ideal für seine Kinderbücher« gewesen. Und in der Tat, sind Kästners Kinderbücher ohne Triers Illustrationen denkbar? So bildeten sie eine geniale, unzertrennliche künstlerische Einheit. Nie wäre er jedoch auf die Idee gekommen, Trier um die Illustration seiner satirischen Verse zu bitten, dafür war der »große Erich« (Ohser) geeignet. (Siehe Abb. 6, S. 120 »Jahrgang: 1899«: Hier sitzt der junge Mann nicht mehr unter dem Tisch, sondern wird von der Frau in die Höhe gestemmt und blickt von dort auf sie herab!)

Vielleicht gehört auch Kästners Freund Hermann Kesten in diese Reihe der jüdischen Wahlbrüder. Er sei, so Marcel Reich-Ranicki, im ersten Monat dieses Jahrhunderts geboren (also genau im Alter des Zimmermann'schen »Halbbruders«), und Kästner habe seinen Roman *Glückliche Menschen* (1931) mit einem Vorwort versehen (Reich-Ranicki 1993). Kesten schrieb hingegen zur Neuveröffentlichung seiner *Gesammelten Schriften für Erwachsene* die Ein-

Abb. 7: Die Herren im steifen Hut: Erich Kästner, in Gegenüberstellung mit seinem gezeichneten »Doppelgänger«, Dr. Zimmermann und sein Doppelgänger Dr. Kästner.

5. Kapitel

leitung und bezeichnete Kästners Werke »als seine transfigurierte Autobiographie« (Kesten 1968, S. 9). Kästner greift reale Erfahrungen auf – wie im Roman *Fabian, die Geschichte eines Moralisten* – und stattet seine Figuren damit aus. Auf der einen Seite er, offiziell der Sohn des armen, deutschen Sattlers Kästner, auf der anderen Seite die Kinder des wohlhabenden und angesehenen jüdischen Sanitätsrats Zimmermann und andere jüdische Freunde, z. B. Ralph Zucker. Nach Luiselotte Enderle hätte er nämlich dem Freund Ralph Zucker mit der Romanfigur Labude ein Denkmal gesetzt. Dieser, ein bayrischer Jude aus reichem Hause, hatte dem makabren Scherz eines Kommilitonen Glauben geschenkt, die schlechteste und nicht wie in Wirklichkeit die beste Arbeit geschrieben zu haben und sich deswegen erschossen (Enderle 1987, S. 35).

Was den Roman unter dem Aspekt des Doppelgängermotivs so eindrücklich macht, ist die Charakterisierung des Freundespaares: Fabian und Labude. So begeht zwar Labude, auch Sohn aus wohlhabendem, jüdischem Hause, aus vergleichbarem Grunde Selbstmord wie Ralph Zucker, der jüdische Freund trägt aber auch Züge von Kästner selbst. Beide haben eine Doktorarbeit über Lessing geschrieben und eine zerbrochene Liebesgeschichte erlebt. Fabian und Labude sind so gesehen Kästners Doppelgänger (wie Emil und Erich und später Luise und Lotte), seine Aufspaltungen, seine Ich-Teilungen. Den Leser und Zuhörer setzen diese Beziehungskonstellationen bei der verwirrenden Frage, wer ist wer, gleichsam in ein Karussell (siehe Abb. 5, S. 115)

Dies gilt sogar für Zeitgenossen. So sagte Hans Mayer in einer Radiosendung anlässlich des 100. Geburtstages von Erich Kästner, dass Walter Benjamin für Labude Pate gestanden hätte. Kästner und er seien früher Freunde gewesen.[10] Nach der vernichtenden Kritik an Kästners Gedichten, »Linke Melancholie« (1931) hätte dieser ihm mit dem »Dialog der Freunde« im *Fabian* (Kästner 1956 [1931], S. 40) geantwortet. Walter Benjamins Habilitation zu den *Wahlverwandtschaften* Goethes wurde 1929 abgelehnt. Er habe schon damals Selbstmordabsichten geäußert.

Der Roman endet nicht nur mit dem Selbstmord Labudes, sondern auch mit dem Untergang Fabians, der als Nichtschwimmer ein Kind vor dem Ertrinken retten will. Nur das Kind, das schwimmen kann, überlebt. Erich Kästner hält sich mit dem Bewahren seiner Kindlichkeit buchstäblich »über Wasser«. Der Roman wird ein großer Erfolg und von den Nazis verbrannt. Die Unversöhnlichkeiten im *Fabian* macht Erich Kästner mit dem Kinderbuch *Pünktchen und Anton* wieder gut: Das Mädchen aus reichem Hause, Pünktchen, rettet den armen Anton! (Beide hindern einen Dieb am Eindringen in die Familienvilla.)

---

[10] Eine These, deren Bestätigung ich in der Literatur vergeblich gesucht habe.

Kästners Romanfragment:
Die Doppelgänger

Kästners 1933 entstandenes Romanfragment *Die Doppelgänger* ist ein dramatisches Zeitdokument, das er unmittelbar nach dem *Fabian* zu schreiben begann und dann, laut eigenen Angaben, 1933 beiseitelegte. Er geriet in immer größere seelische Isolation. Nach und nach abgekoppelt von seinen besten Freunden blieb er allein in Deutschland zurück – vor allem der Mutter wegen. Erich Ohser (bekannnt unter dem Psyeudonym: e. o. plauen) wurde verfolgt und erhängte sich in der Gefängniszelle, Walter Trier emigrierte erst nach London, dann nach Kanada. Kesten ging erst nach Paris, dann nach New York, der Sanitätsrat wanderte 1938 mit seiner Familie nach Brasilien aus. Nach der Bücherverbrennung 1933 waren Kästners Werke zwölf Jahre lang verboten. Er versuchte, sich mit fünf Pseudonymen – Berthold Bürger, Melchior Kurtz, Peter Flint, Robert Neuner, Eberhard Foerster –, wie sein Vorbild Tucholsky, über Wasser zu halten und überlebte so ganz real als sein eigener Doppelgänger. Doch wie suizidal und psychisch gefährdet er in dieser Zeit war, darüber geben dieses Fragment und Briefe, »an sich selbst« geschrieben, Auskunft.[11]

Der Umstand, dass der Roman ein Fragment blieb, spricht dafür, dass Kästners Probleme, Konflikte und Zweifel in dieser Zeit größer waren als seine Kreativität, und er die Frage »Ist meine Arbeit Schöpfung oder Wahn?« (Segal 1992, S. 267) zugunsten des Wahns bzw. einer umgewandelten Wunschphantasie fallen ließ. Die *Briefe an mich selber* kommentiert er nach dem Krieg: »Es handelt sich hier um keine literarische Fiktion. Der Autor versuchte im Jahre 1940 tatsächlich, mit sich selbst zu korrespondieren.« Musste er sich so den guten männlichen Doppelgänger imaginieren, um für die Mutter am Leben bleiben zu können? Die Geschichte, die im Romanfragment ansatzweise erzählt wird, handelt von einem jungen Mann, der sich umbringen will und von einem älteren Herrn daran gehindert wird.

Betrachtet man die Charakteristik dieses väterlichen Mannes in *Die Doppelgänger*, dieses »Abgesandten Gottes«, genauer, stellt sich heraus, dass »Maximilian Seidel«, der sich als »Weinreisender« vorstellt, ein großer, rundlicher Mann ist, der gerne Zigarren raucht, vor dem verriegelte Türen aufspringen, der das tödliche Gift »wie Medizin« in den Blumentopf schüttet und sich schließ-

---

[11] Hier wird die »Einsamkeit [...] als lästige Gesellschaft eines Zweiten empfunden und dargestellt«, wobei der Akzent wie bei Nietzsche »auf der Geselligkeit mit dem eigenen Ich [liegt], das sich als Doppelgänger objektiviert« (Rank 1993 [1925], S. 33).

lich als »Engel« mit gutem Gedächtnis bezeichnet. Da fühlt man sich an den Sanitätsrat Zimmermann erinnert, der einst den Jungen zum Schutzengel seiner suizidal gefährdeten Mutter erhob. Und jetzt erscheint er dem zu Tode verzweifelten Mann als rettende Tagtraumfigur und verhindert so seinen Freitod.

Das doppelte Lottchen – das Zwillingsmotiv und die Wiedergutmachung

Im Kästner-Nachlass taucht *Das doppelte Lottchen* erstmals 1942 als Filmnovelle auf, unter dem Titel: »das große Geheimnis von Berthold Bürger«, das er zu Weihnachten seiner Mutter schenkte (Hanuschek 1999, S. 357). Mit den *Doppelgängern* verbindet es Kästners Definition aus dem gleichnamigen Fragment:

> Charakteristikum des Schriftstellers: […] Bei Schr.[eiber] [sind] Erfahrung und Phantasie organisch verbunden wie siamesische Zwillinge. Beider Mutter: die Neugier. Von der billigsten zur kostbarsten. (Kästner 1998 [1939], S. 219f.)

Hier beschreibt Kästner, dass ihm mit der Entfaltung seiner neugierigen Phantasie zu eigenen Gedanken die Identität als Schriftsteller gelungen sei, bei gleichzeitig verinnerlichter Doppelgängerschaft mit der Mutter. Dieses Kinderbuch ist die Wiedergutmachung für die verzweifelten, selbstmörderischen Phantasien im unvollendeten Romanfragment.

Von der Lebensgefährtin Luiselotte Enderle, bei der er 1944 einzog, als seine Wohnung abbrannte, entlehnte er den Namen für die Mutter der Zwillinge. Es blieb nicht nur beim Namen, Frau Enderle sollte auch in die Fußstapfen seiner Mutter treten, und dies nicht nur als seine Biographin, sondern als sein Zwilling, mit dem er schließlich mehr verbunden wurde, als ihm lieb war. Er bezeichnete sie später nicht nur als seinen »besten Freund« (Hanuschek 1999, S. 406), sondern sollte sie auch bei häuslichen Mitteilungen auf Zetteln als »Mama« tituliert haben (ebd., S. 407). Mit dem *Doppelten Lottchen* erfüllte er sich literarisch noch einmal den Wunsch seines Lebens, nämlich seine janusköpfigen Anteile *Luise*, die beim Vater lebt, und *Lotte*, die bei der Mutter ist, zu integrieren. Und es ist die literarische Enthüllung seines »großen Geheimnisses«.

Heinz Kohut hat den Begriff der »Spiegelübertragung« (Kohut 1971, S. 141)[12] in seinem Werk *Narzißmus* eingeführt. Ausgehend vom Glanz im

---

[12] Kohut hat in seiner Narzissmustheorie den Begriff der Alter Ego- oder *Zwillings-übertragung* eingeführt, d. h., das narzisstisch besetzte Objekt wird dem Größen-

Auge der Mutter finde die narzisstische Objektwahl ihre Fortsetzung in der Beziehungswahl. Dies kann auch bei Erich Kästner von den bereits erwähnten Freunden Erich Ohser und Walter Trier gesagt werden.

Etwas Vergleichbares scheint mir auch für seine Affinität zu Bertolt Brecht zu gelten, dem ein Jahr älteren, geistesverwandten Dichterkollegen. Er benutzte jedenfalls Brechts Initialen BB im Krieg, d. h., er wählte »Berthold Bürger« als Pseudonym. In Brechts *Die sieben Todsünden* gibt es eine Entsprechung zum Dualismus eines Charakters auf zwei Personen beim Geschwisterpaar »Anna«[13].

Freud schreibt in »Der Dichter und das Phantasieren« (Freud 1908), der Dichter lebe sich dichtend in seinen Tagträumen aus, wie er als Kind gespielt habe – so spielt Kästner sein Kindheitstrauma noch einmal durch, doch diesmal mit anderem Schwerpunkt. Im *Emil* ging es um die Überführung des Diebes, des »leiblichen Vaters«, hier geht es um die Entdeckung der Ähnlichkeit, der Blutsverwandtschaft.[14] Es ist psychologisch interessant, dass sein *Doppeltes Lottchen* im gleichen Alter wie »Emil« ist, zehn Jahre, und auch hier geht es um die Entdeckung eines Geheimnisses, nämlich, dass die »Doppelgängerinnen« *ein* Elternpaar haben. Sie wurden auseinander gerissen, obwohl sie doch schon vor der Geburt zusammengehörten! Kurz die wesentlichen Aspekte der Geschichte: Zwei Mädchen, Lotte und Luise, fahren von ihren jeweiligen Elternteilen weg – wie Emil von seiner Mutter – und lernen sich im Kinderheim kennen. Lotte hat nur noch eine Mutter, die Journalistin Luiselotte, und Luise lebt bei ihrem Vater, dem Kapellmeister Palfy. Beide sind von extrem verschiedener Wesensart, sehen einander jedoch zum Verwechseln ähnlich. Luise hat lange Locken und Lotte streng geflochtene Zöpfe. Als Lotte alleine ist, schaut sie in den Spiegel:

> Ernst und forschend mustert sie sich, als sähe sie sich zum ersten Mal. Dann wirft sie, mit plötzlichem Entschluss, die Zöpfe weit nach hinten und streicht das Haar so, dass ihr Schopf dem Luise Palfys ähnlich wird. (Kästner 1981 [1949], S. 13)

Selbst ähnlich erlebt. Die »*Spiegel*übertragung« wird wie folgt definiert: »[Sie ist] die therapeutische Wiederherstellung jener normalen Entwicklungsphase des Größen-Selbst, in dem der Glanz im Auge der Mutter […] und der mütterlichen Reaktionen auf sie, das Selbstwertgefühl des Kindes stärken […].«

[13] »Meine Schwester und ich stammen aus Louisiana / Wo die Wasser des Mississippi fließen. […] / Meine Schwester ist schön, ich bin praktisch / Sie ist etwas verrückt, ich bin bei Verstand. / Wir sind eigentlich nicht zwei Personen, / Sondern nur eine einzige, wir heißen beide Anna, / Wir haben eine Vergangenheit und eine Zukunft, / Ein Herz und ein Sparkassenbuch / Und jede tut nur, was für die andere gut ist, / Nicht wahr, Anna, ja Anna […].«

[14] In seiner Autobiographie setzt Erich Kästner die Körperertüchtigung in Parallele zur Geistesentwicklung: Er wolle seinen Körper trainieren wie einen Zwilling zur Seele.

5. Kapitel

Diese schockartige Entdeckung, seltsam genug konstruiert, ein Zwillingspaar wurde auseinander gerissen und entdeckt sich so wieder, könnte genauso gut für einen Jungen gelten, der plötzlich erfährt, dass er sozusagen einen großen Doppelgänger hat. Dass ein anderer sein Vater ist, als er bisher dachte, und er diesem tatsächlich ähnlich sieht.

Doch zurück zum Roman: Luise, die Zwillingsschwester, ist das genaue Gegenteil von Lotte: laut und frech, sie lebt beim Kapellmeister, einem angesehenen Mann. Lotte lebt im Gegensatz dazu bei der armen, fleißigen Mutter und geht ihr zur Hand wie einst Erich seiner Mutter.[15] Hier beleuchtet Kästner seine innere Teilung von einer anderen Seite: der Sohn eines Elternpaares sein zu müssen, das wie ein geschiedenes Ehepaar nicht mehr zueinander konnte, wo er als Kind diese Lücke schließen musste. Luise und Lotte sind im Grunde zwei Aspekte einer Person, wie Emil Erich eine war, Fabian und Labude, oder, wie es bei Brecht von »Anna« in *Die sieben Todsünden* heißt: »Wir sind eigentlich nicht zwei Personen, sondern nur eine einzige.«

Wie im *Emil* die Stiche in den Geldscheinen die Beschädigung seines Schatzes bewiesen und den Dieb stellten, so werden im *Doppelten Lottchen* die Eltern mit dem Photo überführt. Das Photo ist auch ein Spiegelbild, ein untrügliches Beweisstück – »Photos lügen nicht!«, sagt Kästner.

> »Ist dein Vater schon lange tot?« fragt Luise. »Ich weiß es nicht«, sagt Lotte, »Mutti spricht niemals von ihm – und fragen möcht ich nicht gern«. »Ich hab ein Photo von [...] meiner Mutti im Schrank.« Dann lässt sich Luise für Lotte ein Foto vom Vater schicken, »und Lotte *verzehrt* sich alles, aber auch alles über den Vater zu erfahren, was die Schwester weiß, jede entdeckt einen anderen, einen neuen Kontinent [...].« (Kästner 1981 [1949], S. 33)

Hier wird das getrennte Elternpaar entdeckt, im weiteren auch die einstige Vereinigung, die Urszene der Eltern. Plötzlich sind andere Personen im Spiel als bisher vermutet.

> Das, was bisher von ihrem Kinderhimmel umspannt wurde, war ja, wie sich plötzlich herausgestellt hat, nur die eine Hälfte ihrer Welt! Und wenn sie wirklich einmal nicht beschäftigt sind, voller Eifer diese beiden Hälften aneinander zu fügen, um das Ganze zu überschauen, erregt sie ein anderes Thema, plagt sie ein anderes Geheimnis: Warum sind die Eltern nicht mehr zusammen? (ebd., S. 39)

Und Lotte sagt beim Anblick des Photos ihres Vaters: »So wird einem ums Herz, wenn man einen wirklichen und lebendigen Vater hat« (ebd., S. 40). Mit

---
[15] Kästner 1999 [1928]. Kästner erzählt, wie er in der Schule als Mädchen verkleidet den Lehrern einen Streich spielte.

Hilfe der Photos und durch die Aktivität der zweigeteilten Kinder werden die Eltern wieder vereinigt. So gesehen war das Doppelgängermotiv das Mittel, der Weg, um aus den Eltern wieder ein Paar zu machen. Das Tabu wird durch die Vereinigung gebrochen, die Befreiung phantasierbar. Buch und Film können wie ein Tagtraum zu Tränen rühren. Für den Film schrieb Kästner 1950 selbst das Drehbuch und ist als Erzähler kurz zu sehen und zu hören.

Erich, der Rosenkavalier

Was sein letztes Geheimnis angeht, darüber sollte die Nachwelt sich nach Erich Kästners Tod an seinem Grabe den Kopf zerbrechen. Zu seiner Beerdigung hatte er sich, anstelle von Reden, nur die letzte Walzerfolge aus dem »Rosenkavalier« erbeten. Was sollte die phantastische Vereinigung aus Dichtung und Musik, Hugo von Hofmannsthal und Richard Strauss, als Rückblick auf sein Leben aussagen?

Nimmt man den Verlauf seiner letzten 15 Jahre, dann erinnern sie an die ersten 15 Jahre seiner Kindheit. Er begann als Spielkarte seiner Mutter und endete als Einsatz einer Frau, seiner Lebensgefährtin Luiselotte Enderle, die wie die Mutter alles auf eine Karte, auf ihn, gesetzt hatte.

Der Beginn des letzten Kapitels in seinem Leben kann 1951 mit dem Tod der geistig umnachteten Mutter angesetzt werden.[16] Erich Kästner schreibt seine Memoiren. Da begegnet ihm, mit dem Ausklingen des Lebens seiner Mutter, in Friedel Siebert die Frau, nach der er sich schon 1931 dichterisch gesehnt hatte:

> Brief an meinen Sohn
>
> *Ich möchte endlich einen Jungen haben*,
> so klug und stark, wie Kinder heute sind.
> Nur etwas fehlt mir noch zu diesem Knaben.
> *Mir fehlt nur noch die Mutter zu dem Kind.*
>
> Nicht jedes Fräulein kommt dafür in Frage.
> Seit vielen langen Jahren such ich schon.
> Das Glück ist seltner als die Feiertage.
> Und deine Mutter weiß noch nichts von uns, mein Sohn.

---

[16] Dr. Emil Zimmermann starb 1953 in São Paulo.

5. Kapitel

Doch eines schönen Tages wird's dich geben.
Ich freue mich schon heute sehr darauf.
Dann lernst du laufen, und dann lernst du leben,
und was daraus entsteht, heißt Lebenslauf.

Zu Anfang schreist du bloß und machst Gebärden,
bis du zu andern Taten übergehst,
bis du und deine Augen größer werden
und bis du das, was man verstehen muss, verstehst.

Wer zu verstehn beginnt, versteht nichts mehr.
Er starrt entgeistert auf das Welttheater.
Zu Anfang braucht ein Kind die Mutter sehr.
Doch wenn du größer wirst, brauchst du den Vater.

Ich will mit dir durch Kohlengruben gehn.
Ich will dir Parks mit Marmorvillen zeigen.
Du wirst mich anschaun und es nicht verstehn.
Ich werde dich belehren, Kind, und schweigen.

Ich will mit dir nach Vaux und Ypern reisen
und auf das Meer von weißen Kreuzen blicken.
Ich werde still sein und dir nichts beweisen.
Doch wenn du weinen wirst, mein Kind, dann will ich nicken.

Ich will nicht reden, wie die Dinge liegen.
Ich will dir zeigen, wie die Sache steht.
Denn die Vernunft muss ganz von selber siegen.
Ich will dein Vater sein und kein Prophet.

Wenn du trotzdem ein Mensch wirst wie die meisten,
all dem, was ich dich schauen ließ, zum Hohn,
ein Kerl wie alle, über einen Leisten,
dann wirst du nie, was du sein sollst: mein Sohn!

Anmerkung: Da der Autor, nach dem Erscheinen des Gedichts in einer Zeitschrift, Briefe von Frauen und Mädchen erhielt, erklärt er, vorsichtig geworden, hiermit: Schriftliche Angebote dieser Art werden nicht berücksichtigt.[17]

---

[17] In: Kästner 1989.

Diese Traumfrau also erscheint ihm 20 Jahre später – er war gerade 50 geworden – in Form der 27 Jahre jüngeren Schauspielerin Friedel Siebert.[18] Er formte sie zu seinem Geschöpf, wie einst die Mutter über ihn bestimmt hatte – sie gab ihre berufliche Karriere für ihn auf –, und sie sollte nach sieben Jahren geheimer Liebschaft die Mutter seines Sohnes werden.

> Jetzt habe ich die Frau kennen gelernt, die ich wirklich liebe, aber ich kann mich von der Enderle nicht trennen, denn sie hat gesagt, sie stürze sich aus dem Fenster. (Hanuschek 1999, S. 368)

Es entbehrt nicht einer tragischen Komik, dass Kästner in seiner Doppelrolle als Liebhaber und Lebensgefährte das Doppelleben seines »Vaters« bzw. seiner Mutter wiederholt. Nur ist diesmal Luiselotte, als sein gleichaltriges, weibliches Alter Ego, dem Täter auf der Spur und setzt Detektive auf ihn an, um sein Sexualleben mit dieser Frau zu bespitzeln. Und wie die Mutter droht sie mit Selbstmord bei seinem Verlust: Das kann nicht gut gehen. Er möchte sich »halbieren«, wie einst als Kind an Weihnachten, und dichtet der jungen Mutter 1959, ein Jahr nach der Geburt ihres gemeinsamen Sohnes:

> Mein Zwei und alles: Was tu ich? Ich denk an Dich und den Jungen. Ich will arbeiten – und denk an Dich. Ich will lesen – und denk an Dich. Ich blick aus dem Fenster, oder beim Rasieren in den Spiegel und denk an Dich […] Es ist schön und schlimm. (ebd., S. 404f.)

Der Sohn ist bereits drei Jahre alt, als der Vater seines Doppellebens überführt wird und nun nach einem Kompromiss sucht. Später, im Jahr 1963, beteuert er der Lebensgefährtin Luiselotte Enderle schriftlich: »Vergiss bei keiner Zeile, dass *Du* der Mensch bist, an dem ich am meisten hänge […]!«, und man kann hinzufügen, im ursprünglichen Sinn des Wortes, wie einst an seiner Mutter.

Und wie im *Doppelten Lottchen* möchte er aus den *beiden* Frauen am liebsten *eine* machen – doch was im Roman gelingt, scheitert an der Realität! Letztlich zerbricht Kästner an diesem Konflikt. Während die junge Frau und der Sohn noch einmal Licht in seine schattenhafte Existenz nach dem Tode seiner Mutter brachten, er sich auch öffentlich zu seinem Sohn bekannte, so kann er sich doch aus der kranken Einheit mit Luiselotte nicht trennen.

Von dem strahlenden Dr. Erich Kästner von einst bleibt, nach vielen Fluchtversuchen in Krankheit und Sanatorien, schließlich nur noch der tragische, alte Herr Emil übrig, der von Alkohol und Zigaretten zerstörte, krebskranke Mann. Er habe im letzten Jahr mehr oder weniger vor sich hin gedämmert, bis ihn

---

[18] Geboren am 21. Februar 1926.

der Tod am 29. Juli 1974, einige Monate nach seinem 75. Geburtstag, endlich erlöste.

Und nun beim Begräbnis diese letzte Walzerfolge aus dem »Rosenkavalier«. Der, kennt man die Geschichte, wie ein Märchen anmutet, mit dem guten Ende, das ihm vorenthalten war. Lässt man die Musik dieses Abschiedswalzers an sich vorüberziehen, weiß um die Themen der Protagonisten, wie sie in schriller und melodischer Folge sich aneinander reihen, dann kann man Kästners Leben an sich vorüberziehen sehen und hören, ihn in allen Rollen wiedererkennen: in der Doppelrolle des Rosenkavaliers, mal Junge, mal Mädchen, mal jugendlicher Liebhaber der Mutter, dann wieder die verzichtende Marschallin, mal nimmersatter alter Casanova, selbst in der Rolle der überraschten Braut Sophie, die entsetzt sagt: »Mein Gott, es war nicht mehr als eine Farce.«

Diskussion:
Psychopathographie kontra Textanalyse[19]

Es gibt Dichter und Autoren, die ihr Leben ganz absichtlich in ihrem Werk gestalten. So wie Goethe z. B. seinem Werther sein Alter, seinen Geburtstag und seine Liebesgeschichte gab und früh die heilende Wirkung des Schreibens für sich entdeckte (Zinnecker-Mallmann 1994, S. 75). Oder Thomas Mann, der mit seinen *Buddenbrooks* gar keinen Hehl daraus machte, dass es bei all den Figuren doch nur um ihn ginge: »Ein Künstler, der nicht sein ganzes Selbst preisgibt, ist ein unnützer Knecht, heißt es. Aber wie kann ich mich selbst preisgeben, ohne zugleich die Welt preiszugeben, die Teil meiner Vorstellung ist?« (Breloer 2001, S. 107) So bezeichnet Dolf Sternberger Thomas Manns *Dr. Faustus* auch als »Doppel-Selbstportrait« des Autors (Sternberger 1975, S. 1123-1140).

Erich Kästner gehört zu diesen Schriftstellern, die nur von sich selbst schrieben, die sich mit Beruf und Lebenskonstellationen in ihren Werken (z. B. im *Fabian, Emil* oder in den Gedichten) gar nicht bemühten, ihre Identität zu verbergen. Kästner konnte nur von sich schreibend leben, der Bezeichnung seines Stils als »transfigurierte Biographie« bei seiner Geburtstagswürdigung zum 60. (Kesten 1958) hat er nicht widersprochen!

Dies ist nicht zu verallgemeinern. Autoren wie Max Frisch oder Arthur Miller, deren Leben auch im Zentrum des öffentlichen Interesses stand, verwahrten

---
[19] Reiche 2001, S. 7

sich ausdrücklich gegen eine Reduzierung ihres Werkes auf ihre Biographie. Doch sagte auch Arthur Miller in einem Zeitungsinterview zu Fritz Raddatz: »Der Schriftsteller darf nicht außen sein, er ist immer ein Teil von allem und allen. Er ist jede seiner Figuren.« (Raddatz 1998, S. 47)

Ausgangspunkt für diese Arbeit war – wie im Vorwort dargestellt – die Analyse einer außerordentlichen Berührung, die bei der Lektüre Kästner'scher Texte stattfindet, ohne irgendwelche biographischen Kenntnisse zu haben. Also eher ein rezeptionsanalytischer Ansatz, der dann in die Erforschung von düsteren Andeutungen – Unausgesprochenem, »schwer wie ein Ziegelstein«, dem Tabu, dem »Kind, das Kummer hat«, also der belastenden Biographie Kästners selbst – überging, zu der der Schriftsteller geradezu einlädt. Vermutlich käme die Textanalyse zu einem ähnlichen Ergebnis, doch das wäre wieder eine andere Arbeit.

Maligner oder benigner Doppelgänger

Aufgrund von Kästners dichterischen Werkes und seines Lebens kann von einem neuen Beitrag zur Doppelgängerkonfiguration gesprochen werden. Während in der Literatur eher der *maligne* Typus von Doppelgänger bekannt ist, z. B. *Dr. Jekyll und Mr. Hyde* von Robert Louis Stevenson (1953, S. 106), kann bei Kästner auch an einen *benignen* Typ des Doppelgängers gedacht werden (Balzer 2002).

Nach dem Tod der Mutter erlebte Kästner mit seiner neuen Geliebten ein Aufflackern aus seiner Schattenexistenz während des Krieges, doch diesmal mit vertauschten Rollen: Der alternde Kästner stand, wie einst die Mutter bei ihm, ganz im Schatten der jungen Frau, konnte diesen Part jedoch, aus Schuldgefühl gegenüber der älteren, aber im Grunde malignen, weil mütterlichen Zwillingsbindung an Luiselotte Enderle (seinen »besten Freund«) nicht durchhalten. Aufgrund dieser inzestuösen Bindung konnte er ihren sehnlichsten Wunsch, ein Kind von ihm zu haben, nicht erfüllen. Ihr blieb nur die Rolle seiner Biographin, die sie mit eigenen Worten kommentierte: »Die *Schatten*biographie schreibt man ja mit« (Hanuschek 1999, S. 398).

Die Sublimierung in einen benignen Doppelgänger konnte Kästner also nur zu Lebzeiten der Mutter und einige Zeit danach als Geliebter und Vater aufrechterhalten. Das war so lange möglich, bis der unlösbare Konflikt zwischen Geliebter und Lebensgefährtin bzw. Mutter aufgedeckt und immer heftiger agiert wurde. Schließlich kapitulierte Kästner und wurde zum Schatten seiner selbst – sein maligner Doppelgänger.

Diese radikale Veränderung ins Gegenteil, die er voller sarkastischer Selbstverachtung kommentierte: »Ich bin ein verlogener Bourgeois geworden« (Hanuscheck 1999, S. 396), das, was er in den 1920er Jahren angegriffen hatte, teilt sich in Bild und Wort überzeugend mit. Zu seinem 100. Geburtstag gab es über ihn eine Fülle von zeitdokumentarischen Filmen, die ihn sowohl auf dem Höhepunkt seiner Kreativität als lebendigen, liebenswerten Kästner zeigen als auch als gebrochenen, alten Mann, steif, schroff und unnahbar. In der Gegenübertragung löst die Betrachtung seines Lebens dieselben mitreißenden, ambivalenten Gefühle wie das Studium seines Werkes aus. Dies spricht für die Authentizität seiner Themen.

Zeitzeugen, die mit dem alternden Erich Kästner zu tun hatten, bestätigten diese tragische Veränderung. So schreibt Marcel Reich-Ranicki in seinen Memoiren (Reich-Ranicki 2000a), dass er Kästner nach dem Krieg mit höchsten Erwartungen interviewen wollte. Seine Frau Teófila hatte ihm im Warschauer Getto 56 Gedichte der *Lyrischen Hausapotheke* als Geburtstagsgeschenk abgeschrieben und illustriert. Es kam 1957 zu einer ersten Begegnung. Er fand Kästner höchst liebenswürdig, schlank und charmant. Als er ihm berichtete, welche Wege seine Gedichte genommen hatten, sei er gerührt gewesen. »Ich glaube der smarte Poet hatte Tränen in den Augen.« Doch welche Veränderung, als er ihn 1969 zu dessen 70. Geburtstag interviewen sollte. Äußerlich habe er täuschend gut ausgesehen, in Wirklichkeit war sein Zustand traurig und bedauernswert. Kästner sei alkoholisiert zum Termin gekommen, und ein Gespräch war kaum möglich.

Nachwort

Mein Anliegen, mich mit Erich Kästner zu beschäftigen, begann mit der Frage, weshalb die Arbeit über ihn von so ambivalenten Gefühlen begleitet ist, und endete mit der Erforschung des Doppelgängertums in seinem Werk wie in seinem Leben. Ich fühlte mich gleichsam als analytische Detektivin, die Indizienforschung anstellte, wo es keine dokumentierten Fakten, sondern nur Familienlegenden gibt; Mutter und Sohn haben ihr Geheimnis mit ins Grab genommen! Ich erlebte einen zirkulären Prozess von Affekten, zwischen Nicht-Wissen und Unbedingt-Wissen-Müssen, der mich bei meinen Recherchen als starkes Gegenübertragungsgefühl begleitete und der in jeder Arbeitsgruppe, bei jedem Vortrag, gleichsam als Spiegelung des Autors wieder auftauchte.

Insbesondere die Frage nach der Vaterschaft des Sanitätsrates ließ in der bisherigen Diskussion polare Theorien entstehen, von der Version, alles sei eine Wunschphantasie der Mutter, die sich der Sohn introjiziere und durch seine Werke verwirkliche, bis zu meiner Version, die das Kind Erich favorisiert[20], das sich nichts vormachen ließ, sondern die »Eltern« überführte und als Erwachsener seine persönliche Geschichte auf symbolischer Ebene und in der verallgemeinerten Gestaltung in seinen Kinderbüchern so überzeugend und erfolgreich darstellte. (Die Rührung, die diese auch bei Erwachsenen auslösen können, spricht, wie gesagt, für die Authentizität seiner Themen.)

Die Zwillingsphantasie hatte ihren Ursprung bei der Mutter, die das männliche Kind an sich angleichend vereinnahmte, unter Kontrolle behielt und an seinen Erfolgen so partizipieren konnte, als wären es ihre eigenen. Der Wechsel zur männlichen Orientierungssuche diente der Abwehr der starken Mutterbindung und wurde nach dem gleichen Beziehungsmuster fortgesetzt, das sie mit ihm entwickelt hatte: komplementär, zwillingshaft, unzertrennlich. Dies gelang dem Spätadoleszenten einerseits mit seinen eigenen Gedanken – er wurde Poet – und andererseits mithilfe seiner kreativen Verbindung zu seinen Illustratoren, mit denen er im Künstlerischen erfolgreiche und zugleich jedoch paarähnliche Beziehungen einging.

Ich versuchte dem »Täter: Vater« auf die Spur zu kommen, wie »Emil« dem Dieb »Grundeis«, doch schien mir das eigentliche Vergehen die Irritation um den Erzeuger, das fehlende Bekenntnis zur Vaterschaft. Dadurch erst wurde es für den Jungen so identitätsverwirrend. Sein Erfolg vor allem als Kinderbuchautor dürfte ihn als einfühlsamen Übervater getröstet haben, auch wenn ihm dieses Glück in der Realität nicht beschieden war.

Die Suche nach dem rettenden Dritten verlief beim Kind erfolglos. Der Kästner-Vater war physisch zu wenig präsent und psychisch auf seine Rolle als Josef-Vater reduziert.[21] Der Arzt war als »Vater« tabu, unnahbar. Durch sein Kindheitstrauma mütterlicherseits, die narzisstische Überhöhung und die Überflutungen seiner melancholisch gefährdeten Mutter blieb er ein Leben lang an sie gekoppelt, graduiert zu ihrem Schutzengel und damit gleichzeitig ihrer und der heimliche Doppelgänger des Hausarztes. Wie er damit umgegangen ist, erfuhren wir u. a. in seiner Identifikation als Dr. Kästner, der »lyrische Haus-Apotheker«. Dieser ist kein Arzt, vielmehr führt er die Verordnungen des Mediziners aus und liefert den Patienten die Medizin! Vor allem diente

---

[20] Jupiter: »Er will geliebt sein, nicht ihr Wahn von ihm.« aus: Kleist, H. v.: *Amphitryon*, zweiter Akt, Stuttgart, Hamburg: Deutscher Bücherbund, o. J., S. 260.

[21] Die eigentliche Annäherung zwischen den beiden fand erst 1951 nach dem Tod der Mutter statt. Emil Kästner lieferte wichtige Informationen für die Memoiren und überlebte seine Frau um fast sieben Jahre.

er dem Wohle seiner Hauptpatientin, der Mutter, die er ständig erheitern und am Leben erhalten musste. Letzteres mag eine wesentliche Ursache für seinen Witz sein, mit dem er versuchte, seine »Verzweiflung zu überwinden« (Kesten 1968, S. 25).

Erich Kästner war ein »Zweckkind« (»Spielkarte«), und das bereitete ihm »Schuldgefühle«, wie uns das von »unerwünschten« oder auf diese Weise »beabsichtigten« Kindern wohl bekannt ist. Welche Auswirkungen hatte dies auf seine Lebensweise? Literarisch versuchte er, sich immer zu rechtfertigen, er schrieb Vorworte, in denen er sich mit einem imaginären Partner, der Öffentlichkeit, unterhält: »Kein Buch ohne Vorwort«, beginnen seine Memoiren, und dann schreibt er: »Liebe Kinder und Nichtkinder!« In dieser Weise muten sie wie nie abgeschickte Briefe an – an einen Dritten, an den Vater.

Die Mutter war so nah, dass er erst nach ihrem Tod ihre Verrücktheit beschreiben konnte. Z. B.: Als sie ihm, dem Siebenjährigen, »jeder Zoll ein Mann«, heimlich auf dem Schulweg folgte, wie sein Schatten oder wie sein »Emil« den Dieb verfolgt hatte. In seinen Memoiren, die die Mutter nicht mehr lesen konnte, schreibt er:

> Ich überlegte mir eben, was ich wohl dächte, wenn ich morgen früh in die Stadt spazieren ginge, und plötzlich spränge vor mir eine hübsche junge Frau hinter eine Plakatsäule! [...] Und was dächte ich, wenn ich sähe, sie verfolgt einen kleinen Jungen [...] Dächt ich, die Ärmste ist übergeschnappt? Oder: Beobachte ich eine Tragödie? (Kästner 1985 [1957], S. 55)[22]

So ist es die Tragödie seines Lebens, dass er nur in der Beziehung zu einem Mann, als männliches Pendant, wirklich ein Mann sein konnte. In den Beziehungen zu Frauen verlor er seine männliche Identität und wurde wieder der weibliche Doppelgänger der Mutter. Er war nicht in der Lage, diese Zweierbeziehungsebene zu verlassen, sondern endete traurig mit eigenen Worten als »verlogener Bourgeois«. Sein inneres Gleichgewicht hielt er durch seine schriftstellerische Tätigkeit: Er schrieb, um zu überleben, gespalten, halb Kind, halb Erwachsener. Da war er weder »Spielkarte der Mutter« noch »Stellvertreter für den Arzt«, sondern Erich Kästner, der beliebte Kinderbuchautor, der gefürchtete Satiriker und Moralist. Und doch war er gefangen in seiner Biographie, in seinen Rollen, darin, dass er ständig seine Lebensgeschichte transfigurieren musste. So wurde er sein eigener literarischer Doppelgänger.

---

[22] Die Szene erinnert an *Der Horla* von Guy de Maupassant (1953, S. 291).

Zusammenfassung

Diese Arbeit begann mit dem Rätsel »Wer war Erich Kästner?« und entwickelte sich zu einem packenden Interesse an seiner Person, die bisher nur als beliebter Kinderbuchautor oder Verseschreiber bekannt war. Nachdem die Autorin durch seine Biographie Einblicke in sein Schicksal gewonnen hatte, wurde sie – vom detektivischen Eifer seiner literarischen Helden angesteckt – zur analytischen Forscherin des Doppelgängertums, sowohl in seinem Werk als auch in seinem Leben. So gab es den benignen und den malignen Doppelgänger Kästners zu entdecken: einmal das Ideal der Mutter, dann der Stellvertreter für den heimlichen »Vater« Sanitätsrat Emil Zimmermann und – last but not least – Erich Kästner, den kreativen Autor, der in der »Paarbeziehung« zu seinen Illustratoren sein eindrucksvolles, literarisches Lebenswerk schuf. Ein Glück, das für ihn privat nicht realisierbar war. Er scheiterte an der ungelösten Mutterbeziehung. Nach ihrem Tod sollte die junge Geliebte – und der gemeinsame Sohn – Licht in sein Dasein bringen. Doch die Lebensgefährtin, die eigentliche Stellvertreterin der Mutter, verhinderte die lösende Trennung und damit die Bewältigung seines Konfliktes. So endete er voller Selbstverachtung und wechselte damit vom benignen zum malignen Doppelgänger seiner selbst. Die letzte Walzerfolge des »Rosenkavaliers«, die auf seinen Wunsch hin anstelle von Reden auf seiner Beerdigung gespielt wurde, scheint die tragik-komischen Doppelrollen seines Lebens widerzuspiegeln.

6. Kapitel

»Bist du bei mir, geh ich mit Freuden zum Sterben ...« Chronologie einer psychotherapeutischen Sterbebegleitung

> *Bist du bei mir*
> *geh ich mit Freuden*
> *zum Sterben und zu meiner Ruh.*
> *Ach wie vergnügt*
> *wär so mein Ende,*
> *es drückten deine schönen Hände*
> *mir die getreuen Augen zu.*
>
> Aus dem Notenbüchlein für Anna Magdalena Bach (BWV 508)

Eissler rückte als erster Psychoanalytiker die Bedeutung des sterbenden Patienten ins Zentrum der Aufmerksamkeit. Sein Buch *The psychiatrist and the dying patient*, 1955 in New York erschienen, fand jedoch nicht die gebührende Beachtung. 1978 wurde es ins Deutsche übersetzt: *Der sterbende Patient. Zur Psychologie des Todes.*

Erst 1969, als die bahnbrechenden Untersuchungen der Elisabeth Kübler-Ross, *On death and dying*, erschienen, die sich auch auf Eissler bezog, gelang der Durchbruch mit diesem noch heute als das »zurecht berühmteste Buch« zu diesem Thema Bezeichneten (Klee 1976). Die deutsche Ausgabe mit dem unglücklich gewählten Titel *Interviews mit Sterbenden* erschien zwei Jahre später 1971 im Kreuz Verlag in Stuttgart.

1970 wurde es in der *FAZ* von Kurt Rudzinski als »wichtiges Lehrbuch, wie kaum eines sonst in unserer Zeit« bezeichnet. Er schrieb: »Über das Sterben als subjektives Erlebnis weiß die Wissenschaft fast nichts«. Dieses mangelnde Interesse sei begründet in dem gewandelten Verhältnis des modernen Menschen zum Leben und zum Tod. Sexualität, Zeugung und Geburt würden immer mehr ans Tageslicht gezerrt, während gleichzeitig Sterben und Tod aus

dem Denken verdrängt und tabuisiert seien. Nur das Leben interessiere, das Fit-Sein und wieder Fit-Machen. Der unheilbar Kranke werde dabei unvermeidbar zum Ballast.
Rudzinski fährt fort:

> Der Ausgangspunkt der Schweizer Ärztin und Psychiaterin Dr. Elisabeth Kübler-Ross war, als sie 1965 an der Universität in Chicago ihre Gespräche mit Todkranken und Sterbenden begann:
> Ist (die) Flucht in die Geschäftigkeit des klinischen Betriebs etwas anderes als unsere Weise, die unbewusste Angst abzuwehren, die ein Todkranker in uns weckt?
> – Wie auch immer die Antwort sein mag – der Sterbende leidet darunter, vielleicht weniger physisch als psychisch.
> Alle Erwartungen, dass die Todkranken nicht bereit wären, über ihren lebensbedrohten Zustand zu sprechen, dass sie das Sterben selbst aus ihrem Denken ausschlössen, erwiesen sich als irrig [...] Einer der Hauptgründe für die hohe Bereitwilligkeit zu sprechen, liegt in dem Bedürfnis die große Einsamkeit zu durchbrechen, in die der Krankenhausbetrieb und die Tabuisierung des Todes in unserer Gesellschaft die Kranken versetzen. Und ein anderer ist es, dass sie damit das so tief deprimierende Gefühl der Nutzlosigkeit ihrer Existenz in diesem Stadium überwinden. [...] Die von einer tödlichen Krankheit Befallenen sind sich des Ernstes ihrer Lage bewusst [...] Das Spiel des Verleugnens und Versteckens vor dem bevorstehenden Ende ist überflüssig. Entscheidend ist aber, wie der Kranke aufgeklärt wird und dass der Arzt seine Diagnose nicht zum Todesurteil macht, sondern dass er der Hoffnung immer eine Tür lässt. (Rudzinski 1970)

Der Artikel endet mit: »Das ist die dringlichste Lehre, die wir aus dem Buch über den Tod und das Sterben zu ziehen haben, dass dieser menschliche Kontakt für den Kranken und Sterbenden das Wichtigste auf seinem letzten Wege ist.«
Von den Psychotherapeuten wird eine seelsorgerische und ethische Funktion erwartet, die von Cicero als Inbegriff der Philosophie bezeichnet wurde: dass alle Weisheit und alles Sinnen der Welt letztlich darauf hinauslaufen, die Überwindung der Furcht vor dem Sterben zu lehren. So griff ihn Montaigne vor 400 Jahren auf, dessen Werk vom Gedanken an den Tod durchzogen war und folgert in seinen Essays sinngemäß daraus: Es ist ungewiss, wo der Tod uns erwartet – erwarten wir ihn deshalb überall! »Es ist ungewiss, wo der Tod unserer wartet: lasst uns also allerwegen seiner warten« (Montaigne 1992, Bd. 1, S. 115, Übers. Tietze)

Behandlungsbericht

Frau R., eine 58-jährige Buchhalterin, von deren Therapie ich erzählen möchte, hätte normalerweise nie eine psychotherapeutische Behandlung für sich in Anspruch genommen, wäre sie nicht durch ihre Krankheit – ein operiertes Darmkarzinom mit künstlichem Ausgang – veranlasst und von ihrer Tochter, die eine gute Therapieerfahrung hatte, ermutigt worden, sich bei mir zu melden.

Als sie zum ersten Mal in meine Praxis kam, begegnete mir eine üppige, einfache Frau mit großen, wasserblauen Augen und schütterem, von der Chemotherapie gezeichnetem Haar. Der Introspektion unkundig und das Sprechen über sich selbst nicht gewohnt, versuchte sie voller Scham wegen der glucksenden Geräusche ihres Stomas, in ihrer Mundart den Grund ihres Kommens darzustellen. Ihre Hemmungen verschwanden bald zugunsten einer zutraulich werdenden Offenheit, als sie sich von mir immer mehr angenommen fühlte.

Sie stammte vom Lande aus einer kinderreichen Familie und war von früher Jugend an gewohnt, das Joch der Arbeit zu tragen. Dennoch hatte sie große Sehnsucht, ihren Horizont zu erweitern, zu reisen, aber auch im übertragenen Sinne, zu lernen. Ihre Ziele schienen von ihrem vier Jahre älteren Freund und späterem Ehemann und durch ihre Schwangerschaft als 19-Jährige durchkreuzt worden sein. Es wurde geheiratet, gegen den Widerstand der Schwiegermutter, er habe zu ihr gestanden.

Als dann die kleine Tochter zur Welt kam, wurde diese, da Frau R. die Älteste war, mit ihren jüngsten Geschwistern bei der Mutter aufgezogen. Sie konnte wieder zur Arbeit gehen, bis nach sechs Jahren, aufgrund einer beruflichen Veränderung ihres Mannes, ein Umzug in die nahe gelegene Großstadt stattfand. So schlimm diese Entwurzelung für ihre Tochter war, die sofort eingeschult wurde, so erleichternd war es für Frau R. ihr Dorf verlassen zu können. Allerdings um den Preis eines großen Schuldgefühls, weil sie als Älteste für die Altersfürsorge der Eltern hätte bleiben sollen.

Stattdessen baute sie gemeinsam mit dem Ehemann in zäher Arbeit ein vom Ersparten billig erworbenes Haus um, bis sie es schließlich, ohne Ferien oder irgendeinen anderen Luxus wahrzunehmen, ihr eigen nennen konnten. Dies, berichtete sie mir voller Stolz, habe ihr Leben bestimmt. Als ihre Tochter herangewachsen war, heiratete sie auch bald und bekam zwei Söhne.

Frau R. unternahm mit ihrem Mann viele Reisen in die weite Welt, eine Erfahrung, die sie mit Photos dokumentierte, die sie mir stolz zeigte, und von denen sie bis zum Schluss zehrte. Ihre Stabilität brach zusammen, als sie von einem lange bestehenden Verhältnis ihres Mannes erfuhr, das dieser in einer Kur begonnen hatte. Der Zeitpunkt war identisch mit dem Wahrnehmen ihrer

6. Kapitel

Darmkrebserkrankung, die im Augenblick der Entdeckung bereits so weit fortgeschritten war, dass sie operiert werden musste. Auch wenn hier keine monokausalen Zusammenhänge hergestellt werden, so sollen doch ihre Einfälle zu den körperlichen Vorgängen Erwähnung finden.

So berichtete sie mir, als ich sie nach ihren zeitgleichen, seelischen Belastungen fragte, sie fühle sich »vergiftet«, sie habe in ihrem Leben so »viel geschluckt und nicht verdaut«. Er sei ihr »ein und alles« gewesen, warum nicht auch umgekehrt? Für sie gebe es nur ihn, die Tochter und deren Familie. Er habe das Verhältnis zwar beendet, der Bruch sei jedoch geblieben.

Da die Entwicklung der Krankheit ihr Angst bereitete, vereinbarten wir eine 25-stündige Krisenintervention, die sie als »faires Angebot« verstand. Sie hoffte, durch die Therapie etwas von ihrem chronischen Misstrauen, ihren Ängsten und Depressionen zu verlieren. Schon in den Vorgesprächen fand sie erstmals Zeit, über sich und ihre Vergangenheit nachzudenken.

Das halbe Jahr verging rasch, als durch den Verlauf der Krankheit eine dramatische Wendung eintrat. In der bisherigen Therapie war ihr Leben besprochen worden, ein Prozess, an dem sie emotional bewegt, lachend und weinend, teilgenommen hatte, von der Kindheit bis zum Ausbruch des Krebses, und den sie gehofft hatte, nach 25 Stunden abschließen zu können. Die letzten Untersuchungen hatten jedoch Metastasen gezeigt. Die Patientin war nun mit der Diagnose »unheilbar«, mit Sterben und ihrem Tod konfrontiert. Durch diese Entwicklung wollte sie die Behandlung bei mir fortsetzen, um mit den unausweichlichen Härten des Krankheitsverlaufes nicht alleine zu sein. Die begleitende Psychotherapie wurde von ihrem Onkologen dringend angeraten, auch verordnete er Medikamente gegen ihre Stimmungsschwankungen.

Ihr ganzes Bestreben war nun, ihre lebenserhaltenden Kräfte zu mobilisieren, und dabei erfuhr sie in der Therapie volle Unterstützung. Es war beeindruckend, wie tapfer sie kämpfte und sich der Wahrheit stellte. So, wie sie sich ein Leben lang gemüht hatte, kämpfte sie nun gegen den Tod an, auch wenn dieser Prozess großen Schwankungen unterworfen war. Sie müsse ihr Leben anders planen, berichtete sie, als sie zuhause fiebernd über ihre Zukunft nachdachte. Sie wolle kein Anhängsel sein, das Leben ihrer Tochter und ihres Mannes nicht behindern. Dann setzte sie ihre vom Arzt verordneten Antidepressiva ab, mit der Begründung, sie machten nur müde und hinderten sie am Autofahren. Diese Einbuße ihrer Unabhängigkeit wolle sie nicht.

Es kamen die großen Ferien, die sie – wie geplant – mit dem Ehemann und der Familie der Tochter, vor allem den Enkelkindern, verbringen wollte. Nach diesem Urlaub sahen wir uns zur 26. Stunde wieder, der ersten von 25 weiteren Sitzungen, die zur Fortsetzung der Therapie genehmigt worden waren.

So gut ihr die Ferien in der »Normalität« mit ihrer Familie getan hatten, so stark war der Rückfall, als sie eine lang geplante Kur wahrnehmen musste. Sie war froh, als sie die vier Wochen hinter sich hatte und zu unseren Gesprächen zurückkehren konnte. Wieder zuhause bekam sie eine neue Chemotherapie und ließ sich von ihrem Mann zur Therapie fahren. Sie berichtete mir von guten Erkenntnissen einer amerikanischen Klinik, sich den Krebs bildlich vorzustellen. Auch homöopathische Behandlungen mit Pilzpräparaten taten ihr gut. Die vom Onkologen verschriebenen Psychopharmaka lehnte sie jedoch nach wie vor ab, sie wolle lieber zu unseren Gesprächen kommen.

Die Woche Herbstferien war sie erneut mit ihrem Mann und den Enkelkindern verreist. Auch wenn sie wieder zuhause fast zusammengebrochen sei, so wäre dies doch eine gute Zeit gewesen, weil sie vorübergehend alles habe vergessen können.

Sie bekam eine andere Chemotherapie und nahm erstmals an einer Selbsthilfegruppe für Stomapatienten teil. Diese gab sie jedoch bald wieder auf, weil sie die wortlose Dokumentation, durch eine Kerze auf dem Stuhl eines verstorbenen Mitgliedes zu gedenken, so befremdete.

Ich versuchte, sie anhand von berühmten Beispielen zu ermutigen, welch positive Kraft eine Überlebensidee haben könnte. So sei vom erkrankten Gabriel García Márquez berichtet worden – seine Lebenserinnerungen erschienen gerade als Vorabdruck –, dass er seiner Krebserkrankung mit seinen Aufzeichnungen, die er noch schreiben wollte, trotze, erst dann könne er sterben. Dazu meinte sie, ihr Überlebenswunsch bezöge sich auf ihre Tochter. Wenn es nur um sie alleine ginge, dann könne sie gerne abtreten. Ich deutete ihr, dass sie sich bei ihrem Kind ihrer Einmaligkeit bewusst sein könne.

Die Stunden darauf waren von Grübeln um das Ende bestimmt. Dann kam sie in die vorweihnachtliche Stunde mit einer freudigen Überraschung, der Tumor hätte sich verkleinert. Ich bekam voll Dankbarkeit eine Tüte selbst hergestellter Bethmännchen, ein Marzipankonfekt, geschenkt.

Leider war der Krankheitsverlauf nicht nur von der Größe des Tumors bestimmt. Das neue Jahr begann mit ihrem 60. Geburtstag, der zu einer schweren Krise werden sollte. Sie wollte ihn bewusst auf kleiner Flamme begehen, statt Geschenken Spenden für die Krebshilfe haben. Unsere erste Stunde zwei Tage davor vergaß sie, die zweite nach ihrem Geburtstag sagte der Ehemann ab, weil sie sich mit den Vorbereitungen für ihre Feier übernommen habe und krank im Bett liege. Erst in der dritten Stunde konnten wir anhand eines Alptraumes das Vorgefallene besprechen. Sie fühlte sich von allen vergessen und träumte, von den Eltern wegen des Verlassens ihres Dorfes schwer beschuldigt worden zu sein. Der Traum endete damit, dass ihr der Zugang zum

Elternhaus verwehrt wurde. Ich versuchte eine vorsichtige Deutung, ob der Inhalt ihrer Einladung, statt Geschenken für die Krebshilfe zu stiften, nicht eher einem Beerdigungsritus geglichen und sie die Furcht vor ihrer Erkrankung unterschätzt hätte, auch habe sie unsere Gespräche vergessen, so als sei sie schon nicht mehr da? Dazu meinte sie nachdenklich, das kenne sie von jemand anderem. Als ich jedoch ihre Beschwerden, physische Verstopfung bekommen zu haben, als Folge der versäumten seelischen Entlastung deutete, weil sie vor lauter Schuldgefühlen glaubte, nicht kommen zu können, stimmte sie meiner Interpretation lachend zu.

Überhaupt war bei ihr die Frage der Schuld sehr groß. Vielleicht erleben die meisten Menschen eine maligne Erkrankung als Bestrafung. Sie fühlte sich von den Eltern bestraft, auch dafür, dass ihr Mann sich für sie entschieden habe. Solche Gedanken kamen oft erst fünf Minuten vor Schluss. Der Krebs, das Maligne konnte nur nach ihrer Dosierung in Maßen thematisiert werden.

Inzwischen wurde sie vom Ehemann in die Praxis gefahren. Dies entdeckte ich zufällig. Er blieb lesend im Wartezimmer sitzen und fuhr sie dann wieder nach Hause. In ihren Grübeleien spielten immer wieder die alten Schuldgefühle eine Rolle, weil sie die Eltern unerlaubt verlassen hatte, so, als stünde ihr kein eigenes Leben zu. Sie habe sie ins Nachbarhaus in die Großstadt holen wollen, aber alte Bäume könne man nicht verpflanzen.

In die 51. Stunde kam sie mit Schmerzen und fragte unter Tränen, wie lange alles noch dauern sollte.

Sie empfand sich als Belastung, zumal der Ehemann seinerseits über Herzbeschwerden klagte. In eine spätere Stunde kam sie weinend auf ihre Angst, ersetzt zu werden, zu sprechen. Er zerstörte Blumen, die ihr wichtig seien. Da sie sehnsüchtig auf die blauen Blüten in meinem Kübel auf der Terrasse schaute, schenkte ich ihr am Ende der Stunde einen Ableger für ihren Garten. Dieses Geschenk nahm sie gerne an, überhaupt waren Blumen in ihrer Unvergänglichkeit ein wichtiges, drittes Element in unserer Beziehung.

In der 58. Stunde stand der Freitod des Politikers Möllemann im Hintergrund. Da sie von sich aus nicht darauf zu sprechen kam, erwähnte ich schließlich nur seinen Namen. Sie schien fast darauf gewartet zu haben, denn ihre Reaktion kam prompt: Sie habe eine Patientenverfügung ausgestellt und ihr Testament schon fertig. Da im Zentrum ihres Grübelns immer wieder die Angst stand, den anderen eine Last zu sein, kann ein plötzlicher Darmverschluss auch als unbewusster Selbstmordversuch verstanden werden. Dann wiederum klagte sie, wenn sie in ihrem Garten sitze und bedenke, alles bekäme eine andere ... Ich bot ihr einen zusätzlichen Termin an, den sie gerne wahrnahm.

Allmählich wurden die Veränderungen, ihre Gewichtsabnahme, auch äußerlich sichtbar. Sie kam mit neuen, schlechten Nachrichten, sie habe Metastasen im Gehirn. Sie hatte nur einen Wunsch, nichts zu merken, wenn es schlimmer würde.

Die Sommerpause stand vor der Türe. Ich gab ihr meine Handynummer, unter der sie mich immer erreichen könnte. Auch wenn sie sagte, es käme nicht in Frage, mich in den Ferien zu stören, so war es doch gut, dass sie wusste, die Verbindung zu mir war nicht abgeschnitten.

Wie sehr sie mich entbehrt hatte, entnahm ich ihrer Äußerung, als sie nach der langen Unterbrechung als erstes meinen Sonnenblumenstrauß kommentierte: »Die Sonne geht auf!« Auch ich war erleichtert zu sehen, dass sie die lange Pause überlebt hatte. Sie brachte mir Bilder von den Enkeln mit. Sie hatte mit ihrem Mann und den Kindern einen kurzen Urlaub wahrgenommen. Auch wenn sie danach wieder zusammengeklappt sei vor Erschöpfung, so sei es doch eine gute Zeit gewesen.

Sie wurde immer transparenter, die helle Haut und die schmaler werdende Gestalt gaben ihr etwas Porzellanhaftes. Als sie in der 70. Stunde apathisch vor sich hinstarrte, fragte ich sie nach ihren Gedanken. Sie meinte, sie sei mit ihrem Ende beschäftigt. Ich sagte ihr, dass ich entschlossen wäre, sie auf diesem letzten Schritt zu begleiten. Ich fürchte mich nicht, da mir die Erfahrung, einen nahe stehenden Menschen in den Tod zu begleiten, nicht neu sei, wenn auch zum ersten Mal in der Praxis. Wenn sie nicht mehr kommen könnte, käme ich zu ihr nach Hause oder ins Krankenhaus. Mein Angebot nahm sie gerne an.

Die nächste Stunde wurde vom Ehemann abgesagt, weil sie ins Krankenhaus musste. Ich hatte zwischenzeitlich einen neuen Antrag gestellt. Als sie wieder in die Praxis kam und fremdelte, deutete ich ihre Verlassenheit. Sie antwortete, dies sei ihr nicht bewusst gewesen, aber der Zusammenhang leuchte ihr ein. Ich nahm sie wahr wie ein kleines, krankes Mädchen, das tapfer und kooperativ die stützende Begleitung annahm, die ihr im seelischen Bereich bisher unbekannt war. Das erleichterte auch mir die ansonsten schwere Begleitung zum Ende.

Die 74. Stunde sollte die letzte in der Praxis sein. Sie hatte neue Medikamente bekommen, Schmerztabletten, ein Morphinat, das offensichtlich ihre Stimmung anhob, denn sie war etwas »high« und sagte am Ende der Stunde, die Zeit bei mir sei ihr wie im Fluge vergangen.

Am Vorabend zur 75. Stunde informierte mich der Ehemann, dass sie wieder im Krankenhaus sei.

Ich ließ mir ihre Telefonnummer geben und rief sie in ihrer Stunde an. Sie freute sich sehr über meinen Anruf und klagte über unstillbare Schmerzen, die Tabletten wirkten nicht mehr. (Der Ehemann sagte am Telefon, weshalb man sie nicht erlöse und ihr Morphium spritze.) Ich bat ihn, mich über den weiteren Verlauf zu unterrichten. Als ich in der folgenden Woche keine Nachricht bekam, rief ich am Vorabend zu ihrer Stunde an. Sie meldete sich schuldbewusst: »Ich habe vergessen Sie anzurufen.« Ich antwortete: »Aber ich Sie nicht!« – und wieder klagte sie über ihre Schmerzen. Wir vereinbarten den Anruf am nächsten Tag. Das Telefonat fand in ihrer Stunde statt und sie meinte mit matter Stimme, keine gute Nacht gehabt zu haben, morgen käme sie heim. Ich fragte sie, ob ich ins Krankenhaus oder zu ihr nach Hause kommen sollte. Da ihr letzteres lieber war, verabschiedeten wir uns und ich stellte mich auf Hausbesuche ein. Dazu sollte es nicht mehr kommen. Der folgende Tag sollte ihr Sterbetag sein.

Das erfuhr ich jedoch erst drei Tage später, als mir der Ehemann fünf vor 12 Uhr mitteilte, dass sich seine Frau an besagtem Tag, ihrem Mittwoch, »verabschiedet« habe. Ich war bestürzt, dass es doch so schnell gegangen war, und bat ihn, in ihrer Stunde zu kommen. Ich wollte genau von ihrem »Abschied« erfahren, bei dem er anwesend gewesen war.

An diesem trüben Novembertag versuchte ich in meiner Mittagspause, mir die Musik zu dem Text – der dieser Arbeit vorangestellt ist –, »Bist du bei mir, geh ich mit Freuden zum Sterben« zu erwerben, der mir in meiner Trauer andauernd durch den Sinn ging. Ich wusste nicht, dass er dem Notenbüchlein der Anna Magdalena Bach entstammte. Dem Covertext entnahm ich dann die Entstehungsgeschichte. Johann Sebastian Bach hatte 1720 seine Frau Maria Barbara verloren und war mit seinen zahlreichen Kindern zurückgeblieben. Eineinhalb Jahre später heiratete er die junge Sängerin Anna Magdalena. Für sie legte er dieses kleine Notenbuch an. Besagte Arie stammte von Gottfried Heinrich Stölzel, den Bach hoch geschätzt hatte (aus Editio Classica, deutsche harmonia mundi, Freiburg, 1990/1966).

Nun mag man spekulieren, was der 35 Jahre alte Bach seiner jungen, neuen Frau mit diesem Lied sagen wollte. Beides klingt darin an, Freude und Trauer in der sehnsüchtigen Bitte, die letzte Stunde gemeinsam zu meistern. »Bist du bei mir, geh ich mit Freuden zum Sterben und zu meiner Ruh'...« – was für eine Botschaft! Und bei der Frage, ob Gott oder ein Liebesobjekt mit dem »du« gemeint ist, erteilt der weitere Text Auskunft: »Ach wie vergnügt wär so mein Ende, es drückten deine schönen Hände mir die getreuen Augen zu.« Ich denke, dass Bach bei der Auswahl dieses Textes sich wünschte, dass seine junge Frau ihn überleben würde. Und er eingedenk des Verlustes, nicht von Gott, wohl aber von der (physischen) Präsenz seiner geliebten Frau verlassen worden war. Das wollte er nicht noch einmal erleben. So verbinden sich in dieser Melodie mit diesem Text eindringlich Neubeginn und Abschied.

»Bist du bei mir, geh ich mit Freuden zum Sterben ...«

Auch wenn Herr R. kein zartfühlender Schöngeist war, so hatte er seiner Frau doch in dieser letzten Stunde beigestanden. Dies waren meine Gedanken, als ich ihn in ihrer Stunde erwartete. Die kurzen Begegnungen im Wartezimmer oder am Telefon hatten mich Herrn R. als einen einfachen, auch in Mundart sprechenden, lebensbejahenden Mann wahrnehmen lassen. Er war mit der Krankheit seiner Frau sichtlich überfordert, auch wenn ihm dies – nicht zuletzt durch die soziale Kontrolle der Therapie – Schuldgefühle bereitete. So begann er, zunächst weitschweifig zu erzählen, welche Anstrengungen er unternommen habe, um es seiner Frau noch »schön« zu Hause zu machen. Der Onkologe habe gesagt, sie würde Weihnachten nicht überleben. Ich anerkannte seine Fürsorge, bat ihn jedoch, vor allem über die letzten Stunden zu berichten. Ich hätte ja am Tag davor, heute vor einer Woche, zuletzt mit ihr gesprochen. So kam er endlich ausführlich auf diesen Mittwoch zu sprechen, als er sie früh besuchte. Sie habe allein im Krankenzimmer gelegen und ihn gebeten, sich ein bisschen zu ihr zu legen. Den Wunsch habe er ihr gerne erfüllt. Später sei dann die Tochter gekommen. Seine Frau habe im Morphiumrausch viel gesprochen. Obwohl er wusste, wie schlecht es um sie stand, habe er die Tochter zu ihren Schulkindern nach Hause geschickt. Als er jene zur Tür begleitete, habe seine Frau angstvoll gerufen: »Ist denn keiner bei mir?« Da sei er zu ihr gegangen, habe ihre Hand genommen, sie beim Namen genannt und beruhigt: »Aber ich bin doch bei dir!« Dies war der einzige Augenblick, in dem Herr R. seine Fassung verlor und eine Träne im Auge hatte, die er sofort wegwischte. Bald darauf habe der Todeskampf eingesetzt. Seine Ausführungen sollen hier im Detail nicht wiederholt werden, ich hob seine Couragiertheit lobend hervor, als er mich erstaunt fragte, ob seine Frau mir nicht gesagt hätte, dass das Sterben von Tieren zu seinem Handwerk gehörte?!

Wie dem auch sei, es hatte ihn befähigt, ihr beizustehen, und ich war erleichtert, dass ihr ein einsamer Tod erspart geblieben war. Die Therapie konnte hier vor allem den Beitrag leisten, die Bedeutung dieser rechtschaffenen Kranken anzuheben. Ich dankte Herrn R. für sein Kommen und bat ihn um einen Anruf seiner Tochter.

Diese meldete sich umgehend. Wie ihrem Vater schlug ich ihr den nächsten Termin der Mutter vor, was sie gerne annahm. Frau C. war kleiner und zierlicher, ihre Augen waren dunkel und trotzdem hatte ich das Gefühl, in die Augen von Frau R. zu schauen. Dies umso mehr, weil sie sich sofort mit Tränen füllten, als wir auf die Verstorbene zu sprechen kamen. Sie machte sich bittere Vorwürfe, dass sie am Sterbetag zu früh gegangen sei. Sie habe eigens für die Mutter an einem Hospizkurs teilgenommen, um ihr in der letzten Stunde beistehen zu können. Sie berichtete, dass die Mutter gesagt habe, »es ist schön, dass du gekommen, nicht dass du bei mir bist«. Aus meinen Kenntnissen um Frau R. wusste ich, wie schwer es ihr gefallen war, ihre Gefühle mitzuteilen, so konnte ich zwischen Mutter und Tochter noch vermitteln. Wie die Fürsorge um ihr Kind der Mutter einen Lebenssinn gegeben habe, sich nicht austauschbar fühlen zu müssen. Auch berichtete Frau C. von ihrer Enttäuschung, dass die Mutter davon sprach, die ganze Familie bekochen zu wollen, statt über den Abschied zu sprechen. Ich versuchte, sie zu trösten, ihr den schützenden Sinn der Abwehr zu erklären, denn eine Stunde später sei die Mutter ja gestorben.

Ich schlug ihr einen weiteren Termin vor, um sie von ihren Schuldgefühlen, sie hätte die Mutter zu früh verlassen, weiter zu entlasten. Dieses Gespräch fand wieder in der Stunde von Frau R. statt, einen Tag vor ihrer Beerdigung und eine Woche vor Weihnachten. Es war eine gemeinsame Trauerarbeit. Ich versuchte, der Tochter klarzumachen, dass die Anwesenheit des Ehemannes in der Sterbestunde noch wichtiger war als die des Kindes. Der Todeskampf habe Urszenencharakter, die Scham der Mutter vor dem Lebenspartner sei kleiner, als vor ihrem Kind. Diese Erfahrung von Getrenntheit sei nicht entwertend zu verstehen. Wichtig sei doch gewesen, dass sie nicht alleine gewesen war, sondern er in der Todesstunde bei ihr war, ... *es drückten deine (schönen) Hände mir die getreuen Augen zu.*

Dieses Manuskript wird nach zehn Jahren zur Publikation kommen. Die Durcharbeitung des Textes hat mich die Behandlung noch einmal durchleben lassen. Das Sterben selbst war nicht die Angst der Todkranken, wohl aber die Verlassenheit, alleine ihrer Situation ausgeliefert zu sein. Die Gespräche hatten ihr geholfen, ihren Zustand schließlich annehmen zu können. Es ging darum, sie zu begleiten und ihre Umgebung für ihre Situation zu sensibilisieren. Ich habe erst jetzt im Zuge meiner Herausgabe der Eissler'schen Schriften zu Literatur, Kunst und Gesellschaft, Zeit gehabt, sein Buch D*er sterbende Patient, Zur Psychologie des Todes* zu lesen. Es ist nicht das erste Mal, dass ich mich in meiner psychoanalytischen Haltung und Vorgehensweise in seinen Überlegungen bestätigt wiederfinden konnte.

Zeit der Behandlung: 2002-2004

Nachwort

Wie bestimmend für die Sinnhaftigkeit einer so bedrohlichen Krankheitssymptomatik eine lebenslange Verbundenheit mit Musik sein kann, vermittelte jüngst Claudia Abbado, der große Dirigent, der am 20. Januar 2014 gestorben ist. Er hatte seine schwere Krebserkrankung um mehr als zehn Jahre überlebt. Seinem Freund Simon Rattle schrieb er in einem Brief:

> Simon, meine Krankheit war fürchterlich, aber ihre Folgen waren nicht nur schlecht. Irgendwie scheint es mir, als ob ich aus meinem Inneren heraus hören könnte, als ob der Verlust des Magens, mir innere Ohren gegeben hätte. Ich kann gar nicht ausdrücken, wie wunderbar sich das anfühlt. Und ich bin sicher, dass mir die Musik damals das Leben gerettet hat.

Dies war den Stimmen zum Tod von Claudio Abbado zu entnehmen (*FAZ*, 21. Januar 2014, Nr. 17, S. 25).

7. Kapitel

Stirb und werde!
Kreative Trennungsprozesse bei Goethe und Piero della Francesca

Vorwort

Die Gedanken, die ich vorweg mitteile, sind entstanden, als ich mit dem fertigen Skript in Urlaub fuhr. Ich las in meinen Ferien das Vorwort zu Eisslers Goethestudie nach 20 Jahren wieder und fand zu meiner Überraschung und Entlastung, dass er als routinierter, schreibender Analytiker meinte:

> Ich vermute, daß es das gewöhnliche Schicksal von Autoren ist, dann zu wissen, wie die Arbeit wirklich hätte getan werden müssen, wenn sie diese abgeschlossen haben. (Eissler 1983, S. 15)

Vielleicht greift dies ganz besonders das Spezifische der Arbeit mit einem Dichter wie Goethe und einem Künstler wie Piero della Francesca auf. Man wird in einen Lernprozess verwickelt, der immer neue »Türchen« aufgehen lässt und nie abgeschlossen ist. Dies lässt den Erkenntnisprozess so freudig, ja entdeckerisch lustvoll werden.

Konzipiert war diese Arbeit gemeinsam mit der Kunsthistorikerin Edda Hevers zum Thema »Stirb und werde!«. Schöpferische Trennungsprozesse in Dichtung und Kunst, bei Goethe und Piero della Francesca, vorgetragen auf der DPV-Frühjahrstagung 2009: »Wie wird Neues möglich? Das Unerwartete in der Psychoanalyse«.

Entstanden sind zwei voneinander unabhängige Arbeiten, ungeachtet der Tatsache, dass uns die Vorbereitungszeit nicht nur große Freude bereitete, sondern auch jeder von uns seine Erkenntnisse aus unserer Zusammenarbeit geschöpft hatte. Jetzt präsentiert jeder seine Schöpfung ganz separat, mit neuer Orientierung (vgl. Hevers 2012). Mein Schwerpunkt zentrierte sich um die Analyseziele, Lieben und Arbeiten, die durch schöpferische Konfliktlösungen erreicht werden.

Selige Sehnsucht
Sagt es niemand, nur den Weisen,
Weil die Menge gleich verhöhnet,
Das Lebendge will ich preisen
Das nach Flammentod sich sehnet.
In der Liebesnächte Kühlung,
Die dich zeugte, wo du zeugtest,
Überfällt dich fremde Fühlung
Wenn die stille Kerze leuchtet.
Nicht mehr bleibest du umfangen
In der Finsternis Beschattung,
Und dich reißet neu Verlangen
Auf zu höherer Begattung.
Keine Ferne macht dich schwierig
Kommst geflogen und gebannt
Und zuletzt, des Lichts begierig,
Bist du Schmetterling verbrannt.
Und solang du das nicht hast,
Dieses: Stirb und werde!,
Bist du nur ein trüber Gast
Auf der dunklen Erde.

(Goethe: *West-östlicher Divan*)

Kreative Trennungsprozesse bei Goethe

Stirb und werde! – das Motto dieser Arbeit – ist Goethes Gedicht »Selige Sehnsucht« entnommen. Mit den Überschriften zu diesem Gedicht beschäftigte sich Goethe jahrelang. Er betitelte es zunächst »Selbstopfer« (1815) und zwei Jahre später »Vollendung« (1817), dann verwarf er auch diesen gedanklichen Vorläufer, bis er sich schließlich (1819), inzwischen 70-jährig, in der Erstausgabe des *West-östlichen Divans* für »Selige Sehnsucht« entschied.

Dieses *Stirb und werde!* kann gleichsam als seine Lebensmelodie erkannt werden. Von seiner Adoleszenz an ging es um solche Metamorphosen, bis der reife Goethe diese Grenzprozesse, dieses ständige Suchen nach Neuem auf diese Formel *Stirb und werde!* brachte. Er versah sie mit dem fast drohenden Hinweis: »Und solang du das nicht hast, Dieses: Stirb und werde!, bist du nur ein trüber Gast, auf der dunklen Erde.«

Schon im Eingangsmonolog des *Urfaust*, der Arbeit des jungen Goethe, die zeitgleich zu seinem *Werther* entstanden ist, heißt es:

Ich fühl's, du schwebst um mich, / Erflehter Geist! /
Enthülle dich! / [...] / Du mußt! du mußt! Und kostet es mein Leben
(*Urfaust* 370, meine Hervorhebung, KZM)[1]

Goethe lässt seinen Faust den Tod um der Erkenntnis willen nicht fürchten. Die Hauptdarsteller einiger seiner Schauspiele oder Romane werden gerichtet, wie Gretchen, oder sie müssen sterben, wie Werther, damit ihr Schöpfer sich wie ein Phönix aus der Asche erheben konnte.

Erst im Alter, 40 Jahre später, gelang ihm der symbolische Tod, das imperative »stirb!«, um zu werden, wie es in der »Seligen Sehnsucht« beschrieben wird. Goethes Vorgehen ist eindrucksvoll in seiner Suche nach Neuem, weg von den Trieben, »auf zu höherer Begattung!« Wir wollen ihn begleiten auf seinem Weg dahin.

Wenden wir uns zunächst Goethes Wechsel der Überschriften zu: »Selbstopfer« – »Vollendung« – »Selige Sehnsucht«. So könnten sie stehen für einen Rückblick auf sein Leben, unter dieser Melodie: *Stirb und werde!* Beginnen wir mit dem »Selbstopfer« und betrachten die erste bewusste Trennung in seinem Leben.

Gretchen – eine reale Person – war »der erste und bleibende Eindruck«, den ein weibliches Wesen auf ihn gemacht hatte: So schreibt er (60-jährig) in *Dichtung und Wahrheit*[2] (*DuW*, S. 25) viel später. Sie war sein erstes Liebesobjekt außerhalb der Familie. Er war ein verliebter Frühadoleszenter, über 14, während sie, ein paar Jahre älter als er, schon klug und besonnen war. Er sah sie als »Modell für seine zukünftige Gattin«, sie bezeichnete – im Gegensatz zu ihm – ihre Empfindungen für ihn als rein »schwesterlich«, ja sie betrachtete ihn als »Kind«. Als er diese Diskrepanz ihrer Gefühle erfuhr, nahm er ihr diese Einstellung ganz entsetzlich übel: »Sie dünkte sich ammenhaft weise gegen mich«, schreibt er. Das Ende dieser »Liebe«, die in seiner Phantasie, nicht in der Realität stattgefunden hatte, drohte ihn fast zu zerstören, »Leib und Seele in eine unheilbare Krankheit zu verwickeln«, hätte er nicht früh die Kraft zu einer »Radikalkur« gehabt. Er riss sich »den Pfeil mit all seinen Widerhaken« aus dem Herzen und – mit Hilfe eines väterlichen Freundes, der ihn mit der Wahrheit konfrontierte – besann sich auf seine Fähigkeiten, die heilende Kraft des Schreibens: »Diese kränkenden Vorstellungen waren, wie ich mich leicht überzeugte, nur durch Tätigkeit zu verbannen« (*DuW*, S. 220). »Um mir Luft zu verschaffen, entwarf ich mehrere Schauspiele« (*DuW*, S. 285).

---

[1] Goethes Werke werden zitiert nach der Hamburger Ausgabe in 14 Bänden. E. Trunz (Hrsg.). München, dtv, 1988.
[2] *Dichtung und Wahrheit* im Folgenden kurz *DuW*.

7. Kapitel

Das Schauspiel, in dem er Gretchen ein Denkmal setzte, war der *Faust* (vgl. Trunz 1987). Wenn man die Geschichte, die er in *Dichtung und Wahrheit* beschreibt, genau betrachtet, so stellt er die Realität von damals mit vertauschten Rollen dar. Er ist der Gelehrte – klug und besonnen –, der sich zu ihr, dem unschuldigen Kind, herabbeugt, sie schwängert und dann, nach der »niederen«, auf zu »höherer Begattung« strebt. Er hatte seine Gefühle von damals auf sie projiziert und daraus ein Kunstwerk geschaffen.

Gretchen ist »über 14 Jahr doch alt«, so heißt es im *Faust*, das war *sein* Alter damals. In diesen Versen legt er ihr seine Gefühle in den Mund: ruhelos, zu Tode betrübt, süchtig nach dem anderen, kopflos, verrückt, zur Auflösung bereit: »An seinen Küssen vergehen sollt!«

Immer sind es diese Todesängste und Auflösungsmetaphern, die er äußern lässt: Gretchen meint an anderer Stelle, als Mephisto Frau Marthe vom Tod ihres Ehemannes berichtet: »Ich möchte drum mein Tag nicht lieben, Würde mich Verlust zu Tode betrüben.«

Und wie klagt der ratlose Faust Mephisto, ehe er Gretchen verführt? – »mag ihr Geschick auf mich zusammenstürzen und sie mit mir zugrunde gehen!«

Goethe lässt Gretchen eine Vorahnung dessen haben, was auf sie zukommt. Sie ist von der Begegnung mit Faust angezogen wie der Schmetterling vom Licht. Sie begibt sich in Gefahr und wird – wie der Schmetterling verbrennt – am Ende auch sterben. Sie wird gerichtet, weil sie nicht klug und besonnen war, sondern sich schwängern ließ und das gemeinsame Kind ertränkte. Goethe nahm Rache am realen Gretchen, das seine Phantasie von der »zukünftigen Gattin« getötet hatte. Sie war das Opfer, aber eigentlich war *er* es, der diese Trennung fast nicht überstanden hätte, wie bereits angedeutet. Die Hinrichtung der Margareta Brandt, der Kindsmörderin aus Frankfurt, diente ihm als Einfall für sein Schauspiel. Ihre reale Person interessierte ihn weniger, nur der Vorgang der Exekution war für ihn modellhaft. Er soll dem Spektakel auch nicht beigewohnt haben.

Bei Goethe geht es von Kindesbeinen an um Liebe und Tod, sie sind die Antipoden in seinem Leben. Bei seiner Geburt wäre er fast gestorben, viele Geschwister mussten im Laufe seiner Kindheit betrauert werden, und dann dieser erste Verlust seines Liebesobjektes. »Gretchen hatte man mir genommen«. Das Verlusttrauma wurde ihm sozusagen in die Wiege gelegt.

Es ist relevant, wie der junge Heranwachsende früh »die heilsame Kraft des Schreibens« für sich erkannte, einen kreativen Lösungsweg fand und so versuchte, mit seiner Realität besser zu Recht und damit seinen Vernichtungs- und Trennungsängsten zu *ent*kommen.

Nach Gretchen suchte er etwas Ähnliches in der Weite, fand Käthchen in Leipzig, Friederike in Straßburg. Die alten Wunden wurden wieder aufgerissen, es wurde neu geliebt, gelitten und verlassen, bis gleichsam seine Lebensmelodie *Stirb und werde!* im *Werther* – seinem literarischen Alter Ego – eine Form fand, in der er »unsterblichen« Ruhm erlangte. Er hatte sich in ein paar Wochen sein Leid von der Seele geschrieben, und damit das *Sterben* seiner Romanfigur in sein *Werden* verwandelt.

Wie es im *Faust* die reale Hinrichtung war, die er für sich nutzte, so war es im *Werther* der Selbstmord eines jungen Mannes namens Jerusalem, dessen Sterben ihm gerade recht kam, stellvertretend für sich selbst. Das war sozusagen der Schmetterling, der verbrannte, der symbolische Selbstmord. Er schrieb jedoch in seiner »Angelegenheit mit Lotte« an ihren Mann Kestner: »Und erschießen mag ich mich vor der Hand noch nicht.« (Goethe an Kestner v. 28. November 1772, Trunz 1988a, S. 524) Doch verließ er den Ort des Geschehens fluchtartig, um in Weimar Charlotte von Stein zu finden.

Die Schicksale der wirklichen Personen interessierten Goethe wenig, nur das Gleichnis, die Entsprechung in seinem Seelenleben, war für ihn wichtig. Die Fähigkeit, es in Worte zu fassen: »[…] ach könntest du das wieder ausdrücken […] daß es würde der Spiegel deiner Seele, wie deine Seele ist der Spiegel des unendlichen Gottes!«

An dieser Stelle möchte ich kurz meinen Weg zu Goethe erklären. Es war der junge Adoleszente, der mich – psychoanalytisch näher gebracht durch die Eissler-Biographie – faszinierte durch dieses Ringen um seine kreativen Trennungslösungen. Seit meinem Kolloquium vor drei Jahrzehnten bin ich mit ihm beschäftigt, und natürlich hat dieses Studium meinen Blick geprägt: »Gretchen – ein liebeswahnartiger Adoleszenzkonflikt des jungen Goethe« (Zinnecker-Mallmann 1994) war meine erste Arbeit (siehe S. 17).

»Werther. Eine psychoanalytische Fallstudie« (Zinnecker-Mallmann 2002) war die zweite (siehe S. 47). So viel zu meiner berufsbegleitenden Beschäftigung mit Goethe. Zurück zu Goethes Gedicht »Selige Sehnsucht«.

Wie kommt Goethe vom ersten Titel »Selbstopfer« über den zweiten, die »Vollendung«, zur »Seligen Sehnsucht«? Gretchen – alias der junge Liebende – wurde geopfert. Goethe rächte sich literarisch für seine verschmähte Liebe. Es gab kein Gleichnis, sondern die projektive Lösung. Im *Werther* wurde die Liebe durch den Tod als Vollendung idealisiert. Werther erschoss sich, und es gab Phantasien zum Jenseits: »… wir sehen uns wieder …«, sagt Werther zu Lotte beim letzten Abschied.

Erst in der »Seligen Sehnsucht« geht es um das Gleichnis des sterbenden Schmetterlings, der den Tod nicht scheut, um zum Licht zu gelangen. Selig

7. Kapitel

scheint Goethe diejenige Sehnsucht zu sein, die Erkenntnis und Wahrheit sucht um jeden Preis, die nicht in der »Finsternis Beschattung« verharren will.

Dieses Gedicht »Selige Sehnsucht« aus dem *West-östlichen Divan* ist eine Huldigung des alten Goethe an die islamische Mystik (vgl. Mommsen 2001, S. 293). Seine Entdeckung des Dichters Hafis entzückte ihn so sehr, dass er ihn als seinen »Zwilling« bezeichnete und in folgendem Gedicht besang und verewigte:

Unbegrenzt

Daß du nicht enden kannst, das macht dich groß,
Und daß du nie beginnst, das ist dein Los.
Dein Lied ist drehend wie das Sterngewölbe,
Anfang und Ende immerfort dasselbe,
Und was die Mitte bringt, ist offenbar
Das, was zu Ende bleibt und anfangs war.

Du bist der Freuden echte Dichterquelle,
Und ungezählt entfließt dir Well auf Welle.
Zum Küssen stets bereiter Mund,
Ein Brustgesang, der lieblich fließet,
Zum Trinken stets gereizter Schlund,
Ein gutes Herz, das sich ergießet.

Und mag die ganze Welt versinken,
Hafis, mit dir, mit dir allein
Will ich wetteifern! Lust und Pein
Sei uns, den Zwillingen, gemein!
Wie du zu lieben und zu trinken,
Das soll mein Stolz, mein Leben sein.

Nun töne, Lied, mit eignem Feuer!
Denn du bist älter, du bist neuer.

Unerschütterlich heiter hörte Goethe nie auf, der verschmelzende Liebende zu sein.

Aus Katharina Mommsens Buch *Goethe und der Islam* erfahren wir viel über die Entstehungsgeschichte des Gedichtes »Selige Sehnsucht« im Kapitel »Das Licht und der Schmetterling«. Es gab dort auch das Gleichnis von der ins Licht fliegenden Mücke, das Goethe in seinen Aufzeichnungen als »verliebte Mücke« festgehalten hatte. Er formulierte einmal:

> Sollt ich nicht ein Gleichnis brauchen,
> wie es mir beliebt? ...
> Da uns Gott des Lebens Gleichnis
> In der Mücke gibt.

oder

> Sollt ich nicht ein Gleichnis brauchen,
> wie es mir beliebt?
> da mir Gott in Liebchens Augen
> Sich im Gleichnis gibt.

Katharina Mommsen erläutert, dass Goethe zu *Stirb und werde!* Anleihen in der Bibel gemacht habe: »Es sei denn dass das Weizenkorn in die Erde falle und ersterbe, so bleibt's allein; wo es aber erstirbet, so bringet's viele Früchte.«

Goethe bleibt wie sein Lehrer Hafis und getreu seiner Biographie dem irdischen Lieben verbunden, statt sich wie die Mystiker des Islams zu verlieren. Bei Mommsen heißt es: »Gott ist es, der den Menschen verbrennt und ihn zunichte werden lässt – kein Verstand kann ihn erfassen« (Mommsen 2001, S. 210).

Betrachten wir das Gedicht »Selige Sehnsucht« genauer. Zunächst geht es noch um körperliche Gefühle:

> In der Liebesnächte Kühlung, die dich zeugte, wo du zeugtest ...

Doch dann lässt er uns teilhaben sozusagen am Zeugungsakt des Kunstwerkes:

> Überfällt dich fremde Fühlung, wenn die stille Kerze leuchtet ...

Weg von den Trieben, »aus der Finsternis Beschattung«, das Verlangen nach Erkenntnis, das keine Entfernung scheut, keinen Schmerz, »des Lichts begierig, bist du Schmetterling verbrannt«.

Dieser Zerstörungsakt ist am schwierigsten zu deuten. Goethe sei zwar zu dem Gedicht »Selige Sehnsucht« durch Hafis inspiriert worden, jedoch sei die Bereitschaft zum *Selbstopfer*, die Erlebnisweise des *Stirb und werde!* längst in ihm angelegt gewesen (ebd., S. 220).

Ich schlage eine Brücke zu zeitgenössischen Dichtern, die mir wichtig sind und die sich auf ihre Weise mit *Stirb und werde!* beschäftigt haben:

»Aus dem Reich der Toten hat noch keiner Kunde getan«, schrieb Max Frisch. Diese Worte formulierte er in seiner Beerdigungsrede für seinen verstorbenen Freund Peter Noll (Frisch 1987). Er hatte den Todkranken animiert, seinen Leidensweg aufzuschreiben. Hier ist die Konfrontation mit der Lebensbedrohung gemeint. Die Empfehlung Max Frischs an den Freund, seine Erfahrung mit der tödlichen Erkrankung festzuhalten, gleichsam für die Nachwelt in Erinnerung zu bleiben, hat diesem sein Scheiden sicherlich erleichtert.

Brecht hebt auf seine Weise den Wert des materiellen Gewinns und im übertragenen Sinn der Erkenntnis durch die Überwindung der »sieben Todsünden« hervor (Brecht/Weil o. J.). Hier durchkämpfen die Hauptfiguren Anna I und Anna II in sieben Jahren Prüfungen, um der Faulheit, dem Stolz, dem Zorn, der Völlerei, der Unzucht, der Habgier und dem Neid zu trotzen. Am Ende werden sie nicht nur glücklich, sondern reich an Erkenntnis und Wohlstand. Und es heißt da: »Wer über sich selber den Sieg erringt, der verdient auch den Lohn« und zum Schluss:

> Schwester, wir alle sind frei geboren, und wie es uns gefällt können wir gehen im Licht. Also gehen aufrecht im Triumphe die Toren, aber wohin sie gehen, das wissen sie nicht. [...] Schwester folg mir, du wirst sehen, am Ende gehst im Triumph du aus allem hervor, sie aber stehen, o schreckliche Wende, zittern im Nichts, vor geschlossenem Tor!

Es geht wie bei Goethe um die Weisen und die Toren, die Klugen und die Törichten. Ich verdanke Erika Krejci (persönliche Mitteilung) den Hinweis, dass es schon bei Giotto[3] die sieben Sünden (Torheit, Unbeständigkeit, Zorn, Ungerechtigkeit, Ungläubigkeit, Neid, Verzweiflung) und die sieben Tugenden (Klugheit, Tapferkeit, Besonnenheit, Gerechtigkeit, Glaube, Nächstenliebe und Hoffnung) gibt, dargestellt in der Arenakapelle in Padua. Vielleicht war er modellhaft für Brecht.

Zurück zu Goethe: Für ihn war die Reise nach Italien eine Neugeburt. Nach der Trennung von Charlotte von Stein schreibt er: »Bei meiner Reise nach Italien wie neugeboren ...« (zitiert nach Mommsen 2001, S. 220). Interessanterweise ist während des Redigierens der *Italienischen Reise* das Gedicht »Selige Sehnsucht« (Selbstopfer) 1814 entstanden.

Durch Eissler erfahren wir, dass dieser Trennung der Tod des Vaters im Jahre 1782 vorausging:

> Krankheit und hohes Alter hatten Goethes Vater zu einer völlig hilflosen Last für seine Umgebung reduziert; schon 1781 hatte Goethes Mutter seine Existenz als »ein wahres Pflanzenleben« charakterisiert. [...] Da Charlotte von Stein auch und vor allem als Repräsentantin des Überichs [Goethes] fungierte, wurde die Verschiebung von seinem Vater auf sie und die Wirkung der Verleugnung ungeheuer erleichtert. (Eissler 1983, S. 801, S. 804)

---

[3] Giotto di Bondone (1266-1337), italienischer Maler und Wegbereiter der Renaissance.

Stirb und werde!

Dies ermöglichte Goethe, seinen *Wilhelm Meister* zu beginnen, und er schrieb an die Freundin, er hoffe, die Lust käme fortzufahren an »meinem geliebten dramatischen Ebenbilde« (ebd.). Eissler geht so weit zu vermerken: »Mit dem Tod des Vaters wurde der Weg frei zum aktiven Gestalten und Bilden eines projizierten Bildes seiner selbst« (ebd.). »Es ist wichtig festzuhalten, dass schon der erste Vorbote des tragischen Ereignisses, das später auf das Genie seine volle Wirkung ausübte, zu kreativer Tätigkeit anspornte« (Eissler 1985, S. 827).

Das sind unmissverständliche Worte: Der Tod des Vaters bereitete die Trennung von Charlotte von Stein vor. Goethe hoffte, die noch geliebte Frau mit dem umfangreichen *Italienischen Tagebuch* als Geschenk zu versöhnen. Ohne Erfolg, wie aus der Geschichte bekannt ist. Vor allem seine neuen Liebschaften ließen die beiden unversöhnt voneinander scheiden.

Dem reifen Goethe gelingt schließlich die Metapher, der schöpferische Trennungsprozess im *Stirb und werde!* – das Werden mit Verlust (die Tributzahlung, die bei Piero della Francesca noch bedeutsam werden wird). Hier war es Marianne Willemer, die er als Inspirationsquelle geliebt hatte, aber verließ, als sie die Liebesphantasie zur Realität werden lassen wollte. Das Erreichen des Lichtes, die Bewältigung des Trüben können auch als Abwehrvorgang verstanden werden. Nicht nur eine Beschreibung der Sublimation auf höchster Ebene, sondern durch den Abschied, die Trennung, auf Kosten des Liebesobjektes durchzuführen. Diese Kompensation des Mangels, die Unerträglichkeit der Abhängigkeit kann das Movens zur Veränderung sein und Neues entstehen lassen.

In Anlehnung an Marcel Reich-Ranickis Überlegungen zu einem Gedicht von Goethe, das in dieser Zeit des *West-östlichen Divan* entstanden ist, möchte ich meine Betrachtungen über Goethe schließen:

An vollen Büschelzweigen

An vollen Büschelzweigen
Geliebte, sieh nur hin!
Laß dir die Früchte zeigen
Umschalet stachlig grün.
Sie hängen längst geballet
Still, unbekannt mit sich,
Ein Ast, der schaukelnd wallet,
Wiegt sie geduldiglich.

Doch immer reift von innen
Und schwillt der braune Kern
Er möchte Luft gewinnen
Und säh die Sonne gern.

7. Kapitel

> Die Schale platzt, und nieder
> Macht er sich freudig los;
> So fallen meine Lieder
> Gehäuft in Deinen Schoß.

Marcel Reich-Ranicki räumt diesem Gedicht besondere Bedeutung ein. Es krönt in der *FAZ* seine 1.500. Frankfurter Anthologie (vgl. Reich-Ranicki 2003) und ist überschrieben: »Sie ist bis heute unser aller Glück«. Die Rede ist von Marianne Willemer. Er, Goethe, war 66 Jahre alt und verliebt in sie, eine junge Künstlerin, die mit ihren 30 Jahren gerademal halb so alt war wie er.

Sie hat als einzige Frau in seinem Leben ihn nicht nur zum Dichten inspiriert, sondern »das erotische Spiel zu einem poetischen Dialog erhoben, indem sie zwei, drei eigene Gedichte beisteuerte, die so schön sind, dass Goethe sie in den ›Divan‹ übernehmen konnte«. Als es ihr ernst wurde, verließ er sie, wie so oft in seinem Leben. »Aber vielleicht war diese Hartherzigkeit die unerlässliche Voraussetzung für sein Werk«, meint Marcel Reich-Ranicki. Man kann aber auch sagen, dass er die Abhängigkeit lieber an die Freundin delegierte, wie wir gerade entwickelt haben.

Sie diente ihm zu »temporärer Verjüngung«, wie er Eckermann später erzählte. Es entstand Neues, weil er die Fähigkeit hatte, die Frauen, die ihm begegneten, als »Gleichnis« zu betrachten, sie als Inspirationsquelle zu nehmen, »sie hatten ihm zu dienen, also seinem Werk, zu neuen Liedern beizutragen« (M. Reich-Ranicki). Wenn sie verbrannten wie Schmetterlinge, wie Marianne in Depression verfielen, weil er sie mied, vielleicht sogar floh, dann erhob er sich wie Phönix aus der Asche (»... war im Einklang mit sich selbst, wie er seinen Türmer Lynceus, singen lässt«: »Und wie mir's gefallen / gefall ich auch mir«).

Im Gedicht »An vollen Büschelzweigen« ist der Prozess des *Stirb und werde!* anschaulich enthalten. Hier sind es die Früchte, die reifen Kastanien vom »stachligen grün« zum »schwillenden braunen Kern« bis zur »platzenden Schale«. Doch statt der Früchte fallen die »Lieder gehäuft« in den Schoß der Geliebten. Das »Sterben« der platzenden Schale ermöglicht den »Neubeginn«, das Geschenk der Lieder ihm die Trennung.

Wie sehr seine Schöpfungen ihm halfen, an seine Unsterblichkeit zu glauben, davon zeugen diese Zeilen, die Goethe an Marianne Willemer zur gemeinsamen Arbeit am *West-östlichen Divan* schrieb:

> Dergleichen Blätter geben uns das frohe Gefühl, dass wir gelebt haben. Dies sind die schönsten Dokumente, auf denen man ruhen darf. (Goethe an Marianne Willemer v. 10. Februar 1832, Weimar, DTV Hamburger Ausgabe, S. 471.

Abb. 8: Piero della Francesca: Der Tod Adams, *Gesamtbild*

Abb. 9: Piero della Francesca: Der Tod Adams, *Teilausschnitt: Der Sprössling wird von Seth in den Mund seines toten Vaters Adam gepflanzt.*

Stirb und werde!
Eine Form schöpferischer Trennung
bei Piero della Francesca

Ein gemeinsames Thema zwischen Goethe und Piero della Francesca[4] ist die Unsterblichkeit. Diese Überlegungen werden in *Der Tod Adams,* aus dem Bilderzyklus *Die Legende vom Heiligen Kreuz,* dargestellt (siehe Abb. 8, S. 159).

Hier ist das zentrale Thema die Schuld: Adam verlor seine Unschuld, als er, durch Eva verführt, vom Baum der Erkenntnis aß und aus dem Paradies vertrieben wurde. Damit büßte er seine Unsterblichkeit ein. Dies ist ganz im Sinne eines anderen Goethe-Gedichtes: »ihr laßt den Armen schuldig werden, dann überlaßt ihr ihn der Pein, denn alle Schuld rächt sich auf Erden!« (Goethe: Lied des Harfners aus Wilhelm Meister).

In Piero della Francescas Darstellung *Der Tod Adams* (Abb. 8, S. 159) geht es um den Verlust der Unsterblichkeit: Der todkranke Adam schickt seinen Sohn Seth aus, damit er ihm das Öl, das Symbol des ewigen Lebens, hole. Er will unsterblich bleiben, also die Verantwortung für seine Schuld nicht tragen.

Wie Liebe und Tod zusammengehören, auch in anderen Religionen, fand ich eindrucksvoll belegt in einem Gedicht des islamischen Dichters D. Rumi (1207-1273) aus dem 13. Jahrhundert, das Mommsen (2001, S. 219) in ihrem Kapitel »Das Licht und der Schmetterling« zitiert:

> Wohl endet Tod des Lebens Not,
> Doch schauert vor der Lieb' ein Herz,
> Als ob es sei vom Tod bedroht.
> Denn wo die Lieb erwachet, stirbt
> Das Ich, der dunkele Despot.
> Du laß ihn sterben in der Nacht
> Und atme frei im Morgenrot.

Auch Pflanzen und Tiere haben in den Religionen und Mythen ihre Bedeutung. Bei Goethe und Rumi war die Rede vom sterbenden Schmetterling. Das Opferlamm oder der Sündenbock sind Stellvertreter für den schuldig gewordenen Menschen, symbolische Formen der Schuldentlastung. Das Tier wird anstelle des Menschen geopfert.

---

[4] Piero della Francesca: Freskenzyklus der »Legende vom Heiligen Kreuz« im Chor von San Francesco in Arezzo, Szene: Auffindung und Verifikation des Heiligen Kreuzes in Jerusalem, Detail Entstehungsjahr: 1452-1466, Aufbewahrungsort: Arezzo.

7. Kapitel

Umgekehrt kann aber auch ein lebendiges Tier helfen, einen Verlust zu ertragen und einem unerwarteten Tod zu begegnen. Wie das Kind ein Symbol braucht, das die abwesende Mutter oder ihren Stellvertreter vergegenwärtigt.

Was hat dies mit Pieros *Der Tod Adams* zu tun? Piero della Francesca hat Leben und Sterben, Liebe und Tod so eindrucksvoll anschaulich dargestellt in diesem großen Wandgemälde. Das Bild soll von rechts nach links betrachtet werden: Adam und Eva sind umgeben von ihren Kindern, die Begegnung ihres Sohnes Seth mit dem Engel, Adams Beerdigung mit den Propheten und Trauernden und links das junge Paar. Der Kreislauf der Generationen wird vom »Geschichtenerzähler« des 15. Jahrhunderts verständlich dargestellt, der ganze Hergang um Adams Sterben, anschaulich in Bildern und mit Symbolen, so dass er auch für die einfache Bevölkerung, die damals größtenteils noch Analphabeten waren, verständlich wurde (vgl. Lavin 2008).

Ich möchte mich nur auf Carlo Ginzburgs kurze Nacherzählung der Legende nach der *Legenda aurea* von Jacobus de Voragine beziehen, die für den Zusammenhang zur Illustration genügen:

> In seiner Sterbestunde erinnert sich Adam, dass ihm vom Erzengel Michael ein Wunderöl versprochen worden war, das ihm das Leben retten würde. Sein Sohn Seth, der weggeschickt wird, um an den Pforten des Paradieses das Öl zu erbitten, erhält dagegen vom Engel einen Zweig, aus dem das rettende Öl hervorquellen würde – aber erst nach fünftausendfünfhundert Jahren. Seth kehrt zum Vater zurück und findet ihn tot; da pflanzt er den Zweig auf sein Grab. Aus dem Zweig wächst ein Baum. (Ginzburg 1981, S. 53)

Vor diesem Hintergrund wird die Originalität Pieros sichtbar: Ein bedeutsames Detail der Darstellung: Seth pflanzt den Zweig in den Mund seines toten Vaters (Abb. 9, S. 160), und das ist Pieros Erfindung. In Agnolo Gaddis Darstellung *Die Geschichte von Adam* in Florenz wird der Zweig in den *Leib* des toten Adam gepflanzt. In Pieros Genese der Legende vom Heiligen Holz wächst aus dem Sprössling ein Baum, genau so einer, der im Hintergrund dargestellt ist. Aus dessen Holz wird dereinst das Kreuz gezimmert, an das Jesus Christus geschlagen wird. Der Erlöser, das Lamm Gottes, stirbt für das ewige Leben der Menschheit. In diesem Geschehen wird der alte Brauch fortgeführt, indem ein »Bock« stellvertretend für die Sünden des Volkes Israel steht. Das ist kirchliche Lehre bis heute.

Mir scheint, das Goethe'sche *Stirb und werde!* findet eine darstellerische Entsprechung in *Der Tod Adam*s von Piero. Der Tod als Urbild des Abschiednehmens, des Verlustes. Adam will nicht sterben ohne die Hoffnung auf ein ewiges Leben.

Aus der Arbeit mit Todkranken ist bekannt, wie wichtig die Vergewisserung zur Versöhnung ist, Ordnung im Leben geschaffen, für eine Entlastung der Schuldgefühle gesorgt zu haben.

Adam kann nicht sterben ohne den Versuch zur Wiedergutmachung. Erst nachdem er seinen Sohn mit seinem letzten Willen beauftragt hat und hoffen kann, ist ihm das Loslassen möglich.

Was dann geschieht, entzieht sich Adams Kenntnis, denn er ist schon nach dem Wegschicken seines leiblichen Sprösslings gestorben. Der Sohn handelt im Auftrag des Vaters, und der Erzengel Michael wird ihm zum Schutzengel. Es ist derselbe Engel, der einst Adam und Eva aus dem Paradies vertrieben hatte. Inzwischen ist viel Zeit vergangen.

Jetzt tröstet der Engel den Adamssprössling: »Mühe dich nicht und weine nicht, um das Öl vom Baum des Erbarmens zu erhalten, du wirst dieses erst erlangen, wenn 5.500 Jahre vergangen sind.« (Ginzburg 1981) Der Tod, die Trennung ist nicht aufzuhalten, aber er lässt ihn nicht mit leeren Händen ziehen. Er gibt ihm den Pflanzensprössling mit auf den Weg und zeigt ihm, was er damit tun soll. Sohn Seth pflanzt ihn in den Mund des bereits toten Vaters.

Der Spross, der aus seinem Kopf treiben und wachsen wird, ist dann nach langer Zeit gereift zum Baum, der gefällt werden muss, um das Symbol der Unsterblichkeit und damit der Versöhnung zu werden. Es ist sozusagen eine »Kopfgeburt«, die Erschaffung und Umsetzung eines Gedankens, das Weiterleben, das Werden nach dem Tod. Und das ist der springende Punkt, um den es hier geht.

Aus dem Mund kommt die Sprache. Im Aussprechen liegt die Erkenntnis des Guten und des Bösen.

Es gibt auch die Bezeichnung »die Seele aushauchen«, die im Mittelalter z. T. ganz konkretistisch dargestellt wurde, wie der Geist den Körper aus dem Mund verlässt.

Mir hat der Gang zum Engel, der Hinweis auf die Symbolik des Sprösslings und des Zeitfaktors gefallen, weil es nach analytischen Gesichtspunkten um die Trennung von den Eltern geht, den Reifeprozess des Verlassenen, die Eigenverantwortlichkeit. Der Erkennende ist nicht mehr unschuldig.

So entsteht etwas Eigenes, der Sohn integriert den toten Vater in seine Lebendigkeit und beginnt damit, die Abhängigkeit zu lösen. Es sind auch die Kinder, die leibhaftigen Sprösslinge, die Liebe und das junge Paar, die Piero dem sterbenden Adam und seiner alten Eva gegenüberstellt.

Aber die junge Frau hat nicht nur eine entblößte Brust wie Adams Frau Eva, sondern auch den Schrecken im Gesicht; oder hat sie Angst im Angesicht des Todes?

7. Kapitel

Ich denke, der Brauch, die Gräber unserer Toten zu bepflanzen, hat einen ähnlichen Sinn, es ist gleichsam ein Ortenkönnen des Verstorbenen oder gar sein Weiterleben in Pflanzenform.

Es kann auch ein Märchenmotiv sein, ein Trost für zurückgelassene Kinder, zum Beispiel im Aschenputtel.

Hier verabschiedet sich die sterbende Mutter mit der Aufforderung, die Tochter möge brav und fromm sein, dann blicke sie vom Himmel zu ihr herab. Die Geschichte ist bekannt, der Vater nimmt sich nach einem Jahr eine neue Frau mit zwei Stieftöchtern, und das Mädchen wird ohne den Schutz des Vaters an den Herd verbannt und zum Aschenputtel degradiert.

Als der Vater auf Reisen geht und sie nach einem Wunsch fragt, erbittet sie sich nicht Kleider und Schmuck wie die Stiefschwestern, sondern den ersten Reis, der an seinen Kopf stößt. Er bringt ihr den Haselreis – auch ein Sprössling – mit, sie pflanzt ihn auf das Grab der Mutter: »... und weinte so sehr, dass die Tränen darauf niederfielen und es begossen. Es wuchs aber und ward ein schöner Baum.« Durch ihr tägliches, dreimaliges Beten und Weinen wird sie von einem Vöglein besucht, beschenkt und schließlich entschädigt für all ihr Leid, bis sie am Ende ihren Prinzen bekommt (Grimm/Grimm, 1997).

8. Kapitel

Die blaue Hortensie

Die Idee, das Gemälde einer Patientin mit psychoanalytischen und kunsthistorischen Augen zu betrachten und mit den Maßstäben eines Stilllebens zu messen, stammte von Edda Hevers. Wir stellten unsere Ergebnisse 2011 auf der Herbsttagung der *Deutschen Psychoanalytischen Vereinigung* vor, die unter dem Motto: »Generativität und Generationenkonflikte« tagte. Wir verstanden unser Anliegen als Fortsetzung der Thematik: »Stirb und werde!« (Teil II). Wie in Teil I sind zwei voneinander unabhängige Vorträge entstanden, die daher auch separat publiziert werden (siehe Hevers 2012) unter verändertem Schwerpunkt.

Bericht über die Analyse einer malenden Patientin

Die Behandlung, von der hier berichtet werden soll, zeichnete sich durch eine Konfliktlösung der besonderen Art aus: Die Patientin begann während einer ersten Ferienunterbrechung, sich malend selbst zu erschaffen. Die Bilder brachte sie mit in die Analyse, sie waren Gegenstand unserer bewundernden Erforschung und wurden das dritte Element in der gemeinsamen Arbeit. Nach Beendigung unserer Sitzungen – die Behandlung währte auf ausdrücklichen Wunsch der Patientin nur zwei Jahre – entwickelte sie sich weiter als anerkannte Künstlerin.

Erst nach sieben Jahren und neuer Sichtung der Unterlagen wurde mir die volle Bedeutung eines Replacement-Phänomens bewusst. Die Patientin hatte ihr Erstinterview bei mir, nachdem ich kurz vor ihrer Stunde vom Tod einer von mir begleiteten unheilbar Kranken erfahren hatte.[5] Trotz dieser Information gelang es Frau M., mich zu faszinieren. Vielleicht war es meine Bewunderung, um die sie bei ihrer Mutter vergeblich gebuhlt hatte, die über unserer Behandlung von Anfang an als gutes Omen stand. Die Patientin sollte der Mutter ein im siebten Monat totgeborenes Mädchen ersetzen, was ihr nie gelungen sei.

---

[5] Frau R., 6. Kapitel, S. 137.

Frau M. bekam bei mir den freigewordenen Platz dieser Vorgängerin, was nicht ausdrücklich geplant war. Dass es der einer Toten sein sollte, passte ganz unabsichtlich zu ihrer Replacement-Child-Vergangenheit. Es gelang hier die emotionale Korrektur eines Schicksals, obwohl das nie besonders thematisiert wurde.

Behandlungsbericht

Frau M. wurde von dem Therapeuten ihres 10-jährigen Sohnes auf die Notwendigkeit einer eigenen Behandlung aufmerksam gemacht. Der »superintelligente Knirps« hatte zweimal gedroht, sich umzubringen, indem er aus dem Schulfenster springen wollte. Diese Selbstmordversuche setzten die Mutter unter großen Druck, dem sie sich alleine nicht länger gewachsen fühlte. Deshalb griff sie diese Empfehlung auf und bemühte sich um eine eigene Therapie.

Die Patientin teilte schon am Telefon ihre Symptomatik mit, indem sie barsch eine Terminvereinbarung für den Nachmittag ablehnte: »wegen der Kinder«. Dies ließ in der Gegenübertragung ihre Not spürbar werden, nicht selbst über ihre Zeit verfügen zu können. Ihre Erscheinung entsprach dann dem Eindruck, den sie vermittelt hatte: eine hagere, mittelgroße Frau mit wenig Fürsorge für die eigene Person. Sie gewann jedoch durch die anschauliche Darstellung der oben erwähnten Misere. Als sie den kleinen Sohn als »frechen Knirps« bezeichnete, mussten wir gemeinsam über ihren affektvollen Ausdruck lachen. Er »guckt einem genau in die Augen«, meinte sie und erinnere sie damit an ihre vorwurfsvolle Mutter. »Der Sie sich frühzeitig zu entziehen versuchten?«, fragte ich, »doch so holt der Druck sie durch den Knirps wieder ein.« – »Das könnte sein«, war ihre erleichterte Antwort.

So schien durch die humorvoll distanzierte Betrachtung ihres Konfliktes eine Art weibliche Allianz, ein erster Grundstein für das Behandlungsbündnis zwischen uns entstanden zu sein. Doch obwohl sie angeblich sehr motiviert zur vereinbarten Analyse war, klagte sie nach dem dritten Vorgespräch über heftige Rückenschmerzen. Der dann diagnostizierte Bandscheibenvorfall musste umgehend operiert werden.

Wir begannen daher mit dreimonatiger Verzögerung, es war eine erste Bewährungsprobe: Es war *ihr* Zeitpunkt – mithilfe des leidenden Rückgrats erzwungen; die psychische Seite ihrer Operation war ihr einsichtig. So gewann sie durch masochistische Selbstzerstörung Zeit und Raum, den sie sich sonst nicht hätte nehmen können – Freiraum durch Destruktion.

Die Patientin hatte Architektur studiert, wie der Vater, weil sie gut in Kunst und Mathematik war. Die Mutter habe sich als dessen »Gehilfin« verstanden. Ein vier Jahre älterer Bruder sei der »Vorreiter« gewesen. Sie habe eine im siebten Monat totgebornen Schwester ersetzen müssen, die Wünsche der Mutter nach einem Mädchen aber trotzdem nicht erfüllen können. Warum, blieb ungeklärt. Dem Druck zu Hause sei sie früh mit beginnender Pubertät entronnen, Gefühle der Verwahrlosung ließ sie nicht aufkommen. Statt anzuklagen, hob sie ihre Unabhängigkeit hervor. Bonbonmahlzeiten statt eines warmen Mittagessens, Rauchen mit 15 und eine anorektische Phase waren der Ausdruck ihres Protestes. Die Ablehnung der Mutter versuchte sie, durch Nähe zum Vater zu kompensieren.

Ihr Jugendfreund habe den Eltern aus katholisch-moralischen Gründen nicht gepasst, die Mutter habe mit dem »schwachen Herzen« des Vaters gedroht. Diesen »Erpressungsversuchen« sei sie durch baldmöglichsten Auszug begegnet. Ein anderer Jugendfreund habe ihr *Raum* bei sich angeboten, als sie keine Wohnung hatte,

Als ihr erster Sohn geboren wurde, habe sein Vater »fürsorglich« auf eine Heirat bestanden. Drei Jahre später sei der zweite Sohn zur Welt gekommen. Sie gab dann ihren guten Job auf, um ihren Söhnen ihre eigene Kindheit zu ersparen. Der Jüngste, besagtes Problemkind, ein Nachkömmling nach zehn Jahren, sollte ein Mädchen werden. Dann sei dieser »Knirps« erschienen. Seine Hochbegabung wurde bei einem Leistungstest festgestellt.

Den Ältesten beschrieb sie liebevoll wie einen fürsorglichen Zwilling (er »nimmt mich in den Arm«). Der Zweite sei Vaters Liebling und der Dritte war von ihrem Wunsch nach einem weiblichen Kind bestimmt. Es schien, sie hatte sich als Replacement-Child, als das »falsche Mädchen« gefühlt, und der Junge hatte sozusagen das »falsche Geschlecht«. Das Ausmaß ihrer Not zeigte sich im Bandscheibenvorfall. Ihr seelischer Konflikt mit dem »Knirps« wurde körperlich, so dass sie daran zu zerbrechen drohte. Sie nutzte die Operation auch, um ihrem Jüngsten Schuldgefühle machen zu können, und sie stellte ihre Analytikerin unbewusst auf die Probe, ob diese die bessere Mutter sei, die so ein strapaziöses Kind halten könnte.

Das war unsere Ausgangssituation, als wir Ostern, vier Monate nach dem Erstgespräch, mit der Analyse begannen: Die Behandlung nahm sie zunächst als Pflichtübung wahr, vom Therapeuten des Sohnes verordnet, wie die sonntäglichen Kirchgänge der katholischen Eltern. Überraschenderweise legte sie sich sofort auf die Couch, das sei angenehm und entspannend, eine sachliche Fürsorge.

Dann sagte sie bald eine Stunde ab, weil sie zur Beerdigung einer Freundin müsse. Dieses Ereignis war noch nicht deutbar, stattdessen versuchte ich, ihren

Widerstand zu lindern: Der therapeutische Raum stünde zu ihrer Verfügung entsprechend der Grundregel, zu sagen, was ihr einfiele. Auch seien Träume sehr wichtig. Da erinnerte sie einen ersten, zurückliegenden Traum, der als ihr Initialtraum verstanden werden konnte:

> Sie war mit ihrem Ältesten schwanger und schaute in einen Spiegel, als dieser zerbrach.

In ihren Einfällen ging es um den Konflikt mit der Mutter, ihre Orientierungslosigkeit und die Angst vor Schuldzuweisungen. Und es ging um ihr weibliches Selbstbild, das sie befürchtete, mit der werdenden Mutterschaft nicht halten zu können.

Sie schwang sich gerne auf die Couch, genoss die Entspannung, die sie sonst nicht habe, und gähnte hörbar. Und sie berichtete, dass sie die Schwiegermutter mehr möge als die eigene. Im ersten Analysetraum ging es wieder um zerbrochenes Glas:

> Die Glasscheibe eines Radios ist zerbrochen, es geht aber noch.

Ihre Assoziationen führten zu ihrer Bestrafungsangst und erneuten Zusammenstößen mit der nicht konfliktfähigen Mutter. Ihr mechanisches Selbstbild, die Stimme des unzerstörbaren Radios, passte zu meiner Wahrnehmung ihrer automatischen, aber gefühlsschwachen Tüchtigkeit. Die kräftige Stimme schien mir wie in einem kleinen Vogelkörper. In dieser Stunde ging es noch um den Traum vom Fliegen. Den teilte sie mit ihrem Ältesten, berichtete sie mir.

Es entwickelte sich ein Ritual: Sie legte sich auf die Couch und gähnte. So begann sie, sich an die Analyse zu gewöhnen mit der guten Erfahrung, einen Zuhörer gefunden zu haben. Dies wurde jäh unterbrochen von der Nachricht, dass ihr Vater an Krebs erkrankt sei. Sie träumte vom Krankenhaus, die Mutter verfiel in Panik. Was, wenn der Vater stürbe? Die Patientin fühlte sich ungeschützt, versuchte, sich trotzdem einzurichten. Eine Reise ins Traumland, nach M... wurde zeitgleich geplant, sozusagen als Gegengewicht. Weil der blaue Himmel, der weiße Strand und das blaue Meer, Ausdruck ihrer Sehnsucht seien – Farben, wie die blaue Hortensie auf meiner Blumensäule, die ihr besonders gefiel, mit dem Blick aus dem Fenster auf den blauen Himmel hinter dem weißen Vorhang (siehe Abb. 10, S. 169).

In der Analyse berichtete sie vom Ärger mit dem jüngsten Sohn, dem sie sich nicht gewachsen fühle. Er habe sie gefoppt, und sie ging aus dem Raum, ins Büro ihres Mannes – wie sie einst aus dem Elternhaus gegangen war. Dann standen die Sommerferien vor der Tür, und wir versuchten, in der Analyse zu

Abb. 10: Die blaue Hortensie auf meiner Blumensäule.

Abb. 11: Statue im Park.

Abb. 12: Gemälde von Frau M.

erarbeiten, wie sie damit umgehen wolle. Sie sei gewohnt, alleine zu sein, und doch erinnerte sie ein Bild, eine Deckerinnerung?

Sie ruft als Kind den Vater, der dreht sich aber nicht um ...

In der letzten Stunde vor den Ferien versuchte sie ihre Gefühle von Verlassensein und Nichtgesehenwerden – durch den Vater und mich – abzuwehren, indem sie sich tröstete, »ich schaff das schon, mit Wille und Intelligenz«.

Die erste Stunde nach der langen Sommerpause begann mit einer Überraschung. Sie hatte in den Ferien wieder zu malen begonnen, es gehe ihr gut, sie habe entspannt. Der Jüngste rivalisierte mit ihr, das sei jedoch sein »Ding«. Sie habe einen weiblichen Akt gemalt und ins Schlafzimmer gehängt. Er zeigt eine blaue, sitzende Figur in einer Position wie der, wenn sie auf der Couch saß, zum Fenster hinausschaute und im Begriff war aufzustehen. Damit hatte sie unbewusst eine kreative Lösung für sich gefunden, die erfreut von mir anerkannt wurde. In den weiteren Stunden wurde dieses Gemälde analysiert, das sie zur Besichtigung mit in die Analyse brachte. Es hatte etwas von einem selbst erschaffenen Objekt, das ihr offensichtlich geholfen hatte, die Trennung zu bewältigen, sich unabhängig zu fühlen. Mich erinnerte ihre Darstellung an eine Statue im Park (siehe Umschlagbild dieses Buches und Abb. 11, S. 170).

Dies ließ mich an Kurt Eisslers Essay über »Eckermanns Beziehung zu Goethe« denken. Eissler stellt hier eindrucksvoll dar, wie der junge Peter Eckermann nach einer längeren Abwesenheit des Vaters, dem er mehr zugetan war als der Mutter, durch das Abzeichnen des Bildes eines Pferdes von einem Tabakpäckchen des Vaters ein »bisher unbekanntes Glück« erfuhr (Eissler 2009, S. 93). Durch diese Aneignung habe er eine Unabhängigkeit vom geliebten Objekt erfahren im Sinne von: »Du kannst ruhig gehen, ich habe ja mein gemaltes Pferd, das mir keiner nehmen kann.«

In der Analyse ging es weiter um schwerwiegende Themen wie die – auch ganz konkreten – Kastrationsängste ihres Jüngsten und das Wissen um die unheilbare Krebserkrankung ihres Vaters. Sie habe rote Bilder gemalt, die das »Entsetzen« darstellten, und sie brachte ihre Familie im Photoalbum mit in die Analyse. Sie berichtete von der Schwiegermutter, die sterben wollte, im Gegensatz zum Vater, der gehen musste. Und wieder stand eine Unterbrechung, die Herbstferien, vor der Tür.

Nach der Pause hatte sie sich meinen blauen Hortensienstock auf der Blumensäule malend angeeignet, aber in roten Tönen. Der todkranke Vater bekam auch ein Blumenbild gemalt und stand weiter im Zentrum der Analyse. Sie malte ihren Kopf in verschiedenen Perspektiven erst rot, dann in schwarz und erinnerte, die Mutter habe ihre Not nicht gesehen, sie verwahrlosen lassen. (So war sie ohne Fürsorge.) Das fiel ihr ein, als sie fror, krank und erschöpft war, und ich ihr die warme Wolldecke auf der Couch zeigte, der sie sich jederzeit bedienen könnte.

Als ihr Jüngster (J.) seine Therapie in zwei Stunden beenden wollte, malte sie einen zerbrochenen Spiegel – eine Selbstdarstellung? Mich erinnerte es an den Anfangstraum mit einem ähnlichen Motiv: Hatte sie Angst, über den Tod des Vaters zu zerbrechen? Und fühlte sie sich überfordert, den Jüngsten zu halten? Sie konnte J. wie sich selbst sehen. Er müsse »auf den Putz hauen«, um sie zu erreichen. Es kam die letzte Stunde vor den Weihnachtsferien. Ich gab ihr meine privaten Telefonnummern, damit ich für sie im Notfall erreichbar war, weil es dem Vater sehr schlecht ging.

Erste Stunde nach der Weihnachtspause: Der Vater war kurz nach der letzten Sitzung gestorben. Sie erzählte in großer Hektik vom Sterben, Abschiednehmen, J.s Schock. Dann wurde sie konkret. Sie hatte sich abgegrenzt, ihre Stimme nicht verloren (siehe der Radiotraum). Das Elternhaus sollte verkauft werden, sie und die Mutter würden je eine neue Wohnung bekommen. Sie suchte eine Lösung durch das Finden von Räumen.

Zur neuen Pflanze auf der Blumensäule fragte sie, ob die alte »gestorben« sei (Replacement). Ich zeigte ihr auf meiner Terrasse die »verblühte« Hortensie, die ich nicht weggeworfen hatte. Dann brachte sie das neue Bild mit: Hortensien auf blauem Hintergrund, weiß sei der abgrenzende Vorhang, ihr Blick von der Couch. Im Malen und Tun konnte sie den Verlust aufheben, im Analyseraum und zu Hause wie im Tagtraum alles arrangieren, wie es ihr gefiel.

Sie bereitete sich auf die Reise nach M... vor, freute sich auf den blauen Himmel, das Meer und den weißen Strand. Sie zeigte mir ihre Bilder: Gesichter und Blumen. Dann erfüllte sie sich den Traum vom Fliegen mit einer mütterlichen Freundin.

Der Aus-Flug war gefolgt von Alpträumen von einem brennenden Haus, von einem Feuer, das aber nicht auf das Elternhaus überging. Die Angst vor der eigenmächtigen Veränderung der Beziehung, dem Entfernen von Mutter und Analytikerin?

Es blieb nicht aus, dass ihr barscher Umgangston vor dem Hintergrund der negativen Mutterbeziehung mir in der Gegenübertragung auch zu schaffen machte. Eine abgesagte Stunde auf dem Anrufbeantworter führte zu einer ersten Auseinandersetzung zwischen uns. Ich fühlte mich manipuliert und thematisierte mein Gefühl des Übergangenseins durch ihr Organisieren.

Unser Konflikt setzte sie unter Druck. Sie träumte von Zerstörungssituationen, davon, bei lebendigem Leibe begraben zu sein. Sie fühlte sich verlassen und regredierte zu ihren Tagebüchern, die sie am analysefreien Tag gelesen hätte. So versuchte sie, ohne mich auszukommen. In der Realität fühlte sie sich in einem Annäherungsversuch von der Mutter abgelehnt, als ein teurer Blumenstrauß am Muttertag von dieser nicht gewürdigt wurde, mit dem Kommentar »das sei doch nicht nötig«.

Danach zeigte sie mir Photos ihrer neuen Wohnung auf dem Handy. Ich teilte ihr freundlich meine Anerkennung mit. So war das Bild wieder eine Brücke zwischen uns. Danach konnte sie weiter ihre Weiblichkeit entdecken. Sie hatte früher nie Kleider getragen, jetzt besorgte sie sich ein Ballkleid. Und sie malte weiter: rote Blumen in blauer Vase, vielleicht Pfingstrosen.

Zur Halbzeit (80. von 160 Stunden) kam die nächste Krise. Sie fühlte sich gezwungen zu kommen, so, wie sie einst sonntags zur Kirche gehen musste. Es folgte eine harte Auseinandersetzungsphase: Sie musste sitzen, mich anschauen, weil ihr Vertrauen durch Probleme mit dem Jüngsten zerbrochen sei. Nachdem diese in der Analyse bearbeitet worden waren, konnte sie wieder liegen. Der Tod der Schwiegermutter führte zu einer neuen Terminabsage, diese wurde aber nicht weiter thematisiert.

Nach den Sommerferien kam sie hübsch im rosa Kleid, vielleicht ein Ausdruck ihrer Wiedersehensfreude. Wiederholte Abweisungen durch den Jüngsten beantwortete sie wieder mit dreitägigem Auszug ins Büro ihres Mannes.

Dennoch entwickelte sich ihre weibliche Selbstentdeckung weiter. So kam sie hübsch im türkisen Rock und gleichfarbigen Schuhen. Mit dem Jüngsten lief es gut, er bekam ein weibliches Meerschweinchen geschenkt. Sie träumte: Jemand hob sie hoch, so hatte sie einen besseren Überblick. War es ihr Mann oder ihre Analytikerin oder beide zusammen? Der Jüngste gab seinem Meerschweinchen den Namen einer befreiten Sklavin und hatte damit die Mutter-Sohn-Beziehung charakterisiert. Danach realisierte sie im Elterngespräch erstmals ihre Veränderung durch die Analyse. Sie fühlte sich besser als ihr Ehemann (Ausdruck ihrer Rivalität mit dem Bruder). Dann kam sie mit ihrem Hochzeitsgedicht über den angemessenen Umgang mit Kindern, einem Auszug aus Khalil Gibrans *Der Prophet*, den sie mir vortrug. J. kam langsam los von seiner weiblichen Zwangsrolle, er konnte immer mehr Junge sein und durfte seine langen Haare (Mädchen) zum Friseur tragen.

Ihre neue Klage zum ersten Todestag des Vaters: »Die Mutter lässt mir keinen Raum zu trauern!« fand ihren Ausdruck in der Übertragung. Sie fühlte sich wieder gezwungen zu kommen, sehnte sich nach einem eigenen Raum, den sie brauchte und vermisste.

Der Konflikt setzte sich im neuen Jahr fort, bis erst ihr Jüngster und dann sie selbst erkrankten. Sozusagen auf ihrer eigenen Couch liegend hatte sie sich

8. Kapitel

ihren Raum über die Krankheit ertrotzt. Dann kam sie abgemagert wieder und verkündete, sie wolle nicht fliehen, aber im Sommer aufhören. Der Fluchtgedanke war gefolgt von einer Reihe von quälenden Stunden unter dem Motto: »Die Mutter macht mich krank«. Ihr Widerstand war deutend nicht aufzulösen. Ich dachte an Shakespeares *Der Widerspenstigen Zähmung*.

Die Stunden hatten »Töpfchen-Charakter«, sie wollte ihr Inneres fremdbestimmt nicht hergeben.

Schließlich kam die Wende. In die nächste Stunde brachte sie ihr Photoalbum mit und zeigte mir die Lücken (von der Mutter ausgerissene Photos). Dann gebar ihr Kopf eine neue Bildidee: Eine *Primaballerina*, die erste Tänzerin – ihren Bruder hatte sie als Vorreiter bezeichnet –, sie wollte als Frau und Mädchen im Blickpunkt stehen, das schien die Wiederannäherung zwischen uns anzubahnen. Sie zeigte mir die neue Skizze der *Primaballerina*, wollte aber an ihrem Geburtstag frei haben. Sie konnte ihren eigenen Raum nur durch ein Sichentziehen herstellen und sich gleichzeitig so der Gewissheit meiner Toleranz und emotionalen Verbundenheit sicher sein.

In einer weiteren Stunde erinnerte sie ein zentrales Kindheitsereignis von einer durchs Spielen umfallenden Zeltstange auf der *Dippemesse*, die der Mutter die Schneidezähne zerbrochen hatte. Dies brachte Aufklärung für ihre Ängste vor Brüchen, Schuldzuweisungen und unwiderruflichen Schäden.

Mutters Umzug fand endlich statt. Es kamen die Osterferien. Sie schenkte mir zum Abschied einen Osterhasen – ein Befriedigungsgeschenk?

Nach der Pause berichtete sie dann, es sei ihr gut gegangen. Meine Überlegungen, die Trennung gedanklich vorzubereiten, musste sie auf der Handlungsebene kontern: »Die Planung hat aufgehört, ich nehme es, wie's kommt.« Und die Primaballerinaentwicklung ging voran. Sie gähnte nicht mehr, hatte ihr eigenes Zimmer gefunden. Der mittlere Sohn war nach dem Abitur ausgezogen, so wurde der leer gewordene Raum ihr Atelier: Sie schaffte schöne Bilder, mein japanisches Rollbild in der Praxis einbeziehend, ockerfarben, den Sohn, der sich getrennt hatte, darstellend.

Ihre Entscheidung zur Trennung von mir gab ihr vielleicht die Kraft zum Schlagabtausch mit der Mutter: Sie wollte nicht mehr schlucken, hatte ihr eine Lektion erteilt. Die Mutter war schließlich erfolgreich befriedet, wurde dankbar, erwähnte den Bruder nicht mehr, schenkte ihr einen Ring und verreiste.

Die Uhr tickte, die Zeit lief, sie besann sich auf die Zweierbeziehung, der Mann hatte ihr zuletzt vorgelesen, als sie schwanger war. Sie erinnerte den Abschied vom Vater und bereitete sich hier weiter vor. Ich sagte, um das Analyseende zu thematisieren, dass auch etwas Endgültiges stattfinde. Es kam die letzte Unterbrechung, die Pfingstferien.

Danach berichtete sie, es seien schöne Urlaubstage gewesen, die Mutter bliebe versöhnlich, ziehe die Tochter vor, weil sie wie der Vater sei. Ihr Malen war Trauerarbeit. Dann kam sie sehr niedergeschlagen: Eine gute Freundin sei schwer erkrankt. Ich sagte besorgt: »Zwei Verluste auf einmal, Freundin und Analytikerin?« Ihre Reaktion in der nächsten Stunde war wieder Flucht in die Handlungsebene, die Freundin hätte sie erst einmal auf Eis gelegt, da sei nichts zu machen, und hier sei nicht mehr viel zu sagen.

Zur vorletzten Stunde kam sie hübsch angezogen, war sozusagen selbst das Gemälde: schwarzes Kleid, türkisfarbene Schuhe, ein Gürtel mit grüner Schnalle. Das seien Geschenke einer Freundin. Es war keine Hektik mehr. Und sie tröstete sich: »Ich freue mich aufs Malen!«

Ihr malendes Aneignen und Bewältigen erinnerte mich erneut an Eisslers Eckermannstudie, als ob er [Eckermann] sage:

»[…] ich […] schaffe mir meinen eigenen Vater, auf den ich mich auf Gedeih und Verderb verlassen kann, der bei mir bleibt oder den ich mir neu erschaffen kann, wann immer ich will.« Das erinnert an den Mechanismus *halluzinatorischer Wunscherfüllung*, der die frühe Beziehung des Säuglings zur Welt beherrscht und der möglicherweise *aller künstlerischen Kreativität zugrunde liegt*. (Eissler 2009, S. 95, meine Hervorhebung, KZM)

Zur 160. und letzten Analysestunde kam sie mit dem gemalten blauen Blumenstrauß in einer Vase, einem Gemälde auf Leinwand, 60 x 40cm groß (siehe Abb. 12, S. 171)

Ich freute mich sehr und sagte ihr, dass sie mir einen heimlich gehegten Wunsch erfüllt hätte. Ich stellte das Bild auf die Blumensäule, so dass wir es beide betrachten und besprechen konnten. Ihre Assoziationen waren: Die Erinnerung an die blaue Hortensie war offensichtlich. Die rote Seite verband sie mit Blut, das helle Gelb verknüpfte sie mit dem hereinscheinenden Licht, und die Erinnerung an den zerbrochenen Spiegel tauchte auf.

Heute nach fünf Jahren scheint mir dieses Gemälde ihr *Stirb und werde!* zu sein. Sie hatte mir und sich ein erwünschtes Abschiedsgeschenk geschaffen, uns sozusagen das richtige Kind kreiert und konnte damit gehen.

Sie hatte auch zwei Träume mitgebracht:

In ihrer (Senioren-) Wohnung ist die ganze Familie versammelt,
A ist die Vermieterin, sie zeigt ihr was zu reparieren ist.

Ihre Einfälle dazu waren: Sie sei die Besitzerin, sie könne sich jetzt selbst um ihre Reparaturen kümmern. Sie brauche keine Vermieterin, keine Analytikerin mehr. Sie habe ihren eigenen Raum gefunden, in dem sie sich auskenne.

Im nächsten Traum:

> Es geht um J.s Therapiewartezimmer, den leeren Therapiehocker. Sie wartet erst, dann geht sie, weil der Junge nicht mehr da ist

Der Grund ihres Kommens hatte sich erledigt: Mutter und Sohn waren aus ihrer seelischen Knechtschaft erlöst. Der Junge musste nicht mehr befürchten, kastriert zu werden. Sie hatte ihre Weiblichkeit entdeckt, sie in den Auseinandersetzungen mit der Mutter-Analytikerin dieser abgetrotzt, sprechend und malend sich selbst geschaffen. Aus dem sitzenden Akt hatte sie sich zur ersten Tänzerin, der Primaballerina, durchgearbeitet, sich bei mir auf der Couch der tragfähigen Beziehung zur analytischen Mutter versichert und zu Hause im eigenen Atelier ihre Kreativität entfaltet.

Jetzt tanzte sie gleichsam als Primaballerina aus der Analyse hinaus. Etwas von dem Schwebenden war in ihrem Bild enthalten, das die Vase ohne den sicheren Halt der Blumensäule zeigt. Es war eine gelungene Entfaltung, ein Geben und Nehmen, ein Voneinander-Bekommen, was wir wollten. Die Trennung ermöglichte das Wahrnehmen eigener Räume, konnte daher als Befreiung verstanden werden.

Ihr Stillleben symbolisierte ihre Unabhängigkeit von mir. Sie hatte sich ihre Lieblingsblume aus meiner Praxis malend angeeignet und mir ein Exemplar zum Abschied geschenkt – in der Großartigkeit der Malerin, die dieses Geschenk selbst wieder herstellen kann, in allen Farben und doch ein Unikat.

Es war ein Abschied mit der im Traum vermittelten Zuversicht, dass sie sich selbst zu helfen weiß. Ich fragte sie, ob ich diese Analyse aufschreiben und publizieren dürfte. Das erlaubte sie mir gerne. Im Nachhinein denke ich, es war mein Äquivalent zu ihrem Bild.

Nachwort

Die Diskussion der Fallgeschichte auf der DPV-Tagung (19. November 2011) hatte doch einige Fragen aufgeworfen, etwa ob die Analyse zu kurz gewesen sei oder die Frage des Replacement-Child. Um diese zu klären, schrieb ich die Patientin unmittelbar danach an und lud sie zu einem Gespräch ein. Meine erste Frage am Telefon galt ihrem Befinden nach fünf Jahren. Ihre Antwort: »Ausgezeichnet« war nicht frei von Abwehr, wie sich später herausstellen sollte. Wir einigten uns auf einen Termin, und ich bat sie um eine Photokopie ihres *Blauen Aktes* und der *Primaballerina*, um mir am Original einen erneuten Eindruck verschaffen zu können.

Beim ersten Wiedersehen schien Frau M. mir schmal und wachsam wie eh und je. Sie berichtete mir von Veränderungen, ihrer Berufstätigkeit, dem Tod ihres Bruders und der positiven Weiterentwicklung ihrer Söhne.

Ihr *Blauer Akt* war doch verhüllter, als ich ihn in Erinnerung hatte. Figur und Hintergrund fast unabgesetzt in Blautönen. Die Brust umhüllt vom langen blauen Haupthaar mit schwarz-weißen Strähnen. Die rechte Hand angewinkelt auf dem Knie, ein weißer Balken hinter ihr, als wollte sie sich anlehnen, und die Couch in schwarz-weißen Strichen vom blauen Untergrund angedeutet. Der Oberkörper steif und unkonturiert, also nicht so weiblich wie der *Blaue Akt* meiner Assoziation. Sie beginne immer mit großen Strichen, sagte sie, also erst die vertikale Lehne, und die horizontale Achse, beides gleichsam den analytischen Halt symbolisierend.

Die *Primaballerina* – ein großes Gemälde – verblüffte mich in seiner Konturiertheit: angezogen mit einem weißen Ballettkleid mit gleichfarbigen Spitzenschuhen, klar erkennbarem Busen, fleischfarbenem Körper, die blonden Haare zusammengeknotet. Der rechte Arm angewinkelt über dem Kopf, der linke aufgestützt in der Hüfte, die Beine im Spitzentanz auf dunklem Untergrund in blau übergehend. Sie habe das Bild immer als »unfertig« empfunden, weil ihr »keine Gesichtszüge« gelungen seien.

Ich war beeindruckt vom bildlichen Beleg meiner Beschreibung, der *Blaue Akt* hatte Kontur bekommen und tanzte als *Primaballerina* zur Analyse hinaus.

Die gemalte blaue Hortensie spiegelt in ihrer Dynamik am anschaulichsten (künstlerischsten) ihre Weiterentwicklung wieder, wie gesagt, auch den schwebenden Zustand, die Angst, ohne den Halt der Blumensäule zurechtkommen zu müssen.

Sie bekräftigte nochmals ihren Entschluss, damals unbedingt gehen zu wollen, ihr Wille sei sehr ausgeprägt. Das erinnerte mich an die Machtkämpfe zwischen Mutter und Tochter aus der anorektischen Phase, die mir jetzt im Rückblick verständlicher wurden.

Wichtig schien mir auch ihre bestätigende Ergänzung, dass sie von der Couch aus nach dem blauen Himmel geschaut hatte, der mit der gleichfarbigen Hortensie korrespondierte. Dies als Ausdruck ihres Bedürfnisses nach Freiheit, ihrer Sehnsucht nach dem Fliegen. Ihre Weiterentwicklung als anerkannte Künstlerin, die in ihren Bildern ihren eigenen Stil zum Ausdruck bringt und ihnen damit ein Gesicht geben kann, sollen mit das wichtigste Ergebnis der ansonsten eher fragmentarischen Analyse sein.

9. Kapitel

»Mein lieber, lieber August! ... ich hasse die deutsche Sprache« Kurt R. Eissler, Versuch einer Werkbiographie[1]

Am 12. Januar 1946 schrieb Eissler nach acht Jahren Emigration an Aichhorn:

> Mein lieber, lieber August! Dir zu Liebe will ich mich der deutschen Sprache bedienen, obwohl ich niemals Deutsch spreche oder schreibe [...]. Ich hasse diese Sprache [...] (Aichhorn/Schröter 2007, S. 19)
>
> Mein Haß gegen alles, was jemals Hitler unterstützt hat, ist unermeßlich. (ebd., S. 21)

Aichhorn hatte Eissler gebeten, ihm auf Deutsch zu schreiben. In diesem Hass auf Hitler-Deutschland gipfelt Eisslers Emigrantendrama, liebte er doch gleichzeitig ihren größten Dichter Goethe.

Seit Eisslers 100. Geburtstag vor fünf Jahren ist durch die Berichte seiner Wegbegleiter ein neues Bild von ihm entstanden. Ich habe versucht, mit diesen biographischen Einsichten seine literarischen Werke neu zu sichten und herauszugeben. Daraus entstanden ist ein Sammelband verstreuter Arbeiten Eisslers, nicht nur über Goethe, sondern auch über Shakespeare, Dostojewski u. a., 2013 erschienen, mit dem Titel: *»Diese liebende Verehrung ...« Essays zu Literatur, Kunst und Gesellschaft.*

»Diese liebende Verehrung...«, ein Zitat aus Eisslers Vorwort zur deutschen Ausgabe seiner Goethe-Studie, beginnt nicht mit der Hervorhebung seiner eigenen Person, wie ein analytischer Kollege: »Ich – Fenichel«, sondern er verneint eher seine Kompetenz: »Ich bin kein Literarhistoriker«, doch nach dem »aber« kommt der wichtigste Teil des Satzes, »von früher Jugend an habe ich Goethe geliebt und verehrt«. Auch wenn er seine Verehrung für Goethe gleich

---

[1] Vortrag, gehalten am Wiener Psychoanalytischen Institut, 29. November 2013: »Wir sind nicht mehr ganz hier und noch nicht dort.« Eine Veranstaltung im Gedenken an die Liquidierung der Wiener Psychoanalytischen Vereinigung vor 75 Jahren und die Vertreibung, Verfolgung und Ermordung ihrer jüdischen Mitglieder.

wieder relativiert, sie war nämlich »keineswegs ungewöhnlich, sondern im jüdischen Assimilationsmilieu Wiens fast regelmäßig anzutreffen«. So ist »diese liebende Verehrung« für Eissler ein wesentliches Charakteristikum, und sie galt umgekehrt, auch Eissler wurde verehrt und geliebt.

Diese Satzanalyse habe ich von Eissler gelernt, als er mit Goethes masochistischer Phase beschäftigt war und ihn hier aus einem Brief an Charlotte von Stein zitierte (S. 538):

> Goethe:
> »Wieder ein Tag ohne eine augenblickliche unangenehme Empfindung...«
>
> Eissler kommentiert:
> »Der Tag wird nicht positiv durch die Zunahme von Vergnügen charakterisiert, sondern durch die Abwesenheit des Schmerzhaften.«

So führt Eissler durch 1.600 Seiten Goethestudie. Wenn man bedenkt, dass diese Arbeit in der Emigration gewachsen ist – 1953 entstand seine erste Goetheveröffentlichung, der Eckermann-Essay und das ganze Buch beendete er 1963 in New York, also zehn Jahre später –, so ahnt man, was im Autor vorgegangen sein könnte, und wie er versuchte, sich zu retten. Erschwerend kam hinzu, dass Goethe in Amerika eher ein Unbekannter war und ist, sich also auch kaum jemand für ihn interessierte. »Es war ein Flop«, berichtete Eissler, man musste den Rest der Goethestudie einstampfen. Zum Glück wurde er 20 Jahre später von den Freiburger Literaturwissenschaftlern Wolfram Mauser und Rüdiger Scholz entdeckt und schließlich in einer großen Spendenaktion unter der Schirmherrschaft von Cremerius übersetzt. Erst dann widerfuhr seiner Arbeit im deutschsprachigen Raum die eigentliche Würdigung.

Es gehörte zum Wesen Eisslers, dass er sich zu bescheiden in den Schatten des Genies stellte, sich gleichsam dafür entschuldigend, dass er Goethe so verehrt habe. Begegnete man ihm jedoch selbst mit Ehrerbietung, so wurde man unmissverständlich, aber auch humorvoll zurechtgewiesen. »Überspannen Sie nicht den Bogen zwischen sich und mir oder heißt es uns?«, »Sie überschätzen mich, ich verzeihe Ihnen« oder »Meine Goethearbeit wird sehr überbewertet, die Mängel sind nur dem Autor bekannt«.

Dem Briefwechsel zwischen Eissler und Aichhorn ist zu entnehmen, wie sehr der Emigrant auch gegen seine negativen Gefühle ankämpfen musste, zuletzt mithilfe einer Analyse, um seine Beziehung zum »Wunschvater« von den »Schlacken der Ambivalenz« zu reinigen:

Es ist unglaublich wie viel Aggression hinter einem Gefühl der Liebe + Verehrung oft stecken mag + ich freue mich mit jedem Male mit dem ein Stück davon wegfällt.
(Aichhorn/Schröter 2007)

Um eine Einleitung zu Eisslers Essays schreiben zu können, bedurfte es einer Orientierung. Der Leitfaden ergab sich durch die chronologische Ordnung seines Werkes am Verlauf seines bisher im Detail unbekannten Lebens. Der Akzent liegt hierbei auf den kreativen Lösungen, die ihm mithilfe des Studiums der Dichter und Künstler gelangen.

Mein Anliegen war aufzuzeigen, wie er forschend seine analytische Grundhaltung entwickelte. Im Vordergrund stand sein literarisches Werk. Hier entwickelte er im Spiegel der Dichter, vor allem Shakespeare und Dostojewski, dieses Thema. »Fortinbras und Hamlet«, »Erklären und Verstehen« waren weitere wichtige »Vorarbeiten« zu seinem »HAMLET«. Als analysierender »Literarhistoriker« verrät er dabei auch einiges über sich selbst.

Eissler wäre wie gesagt im Jahr 2008 100 Jahre alt geworden. Michael Schröter, der Herausgeber des *Luzifer-Amor*, würdigte diesen Geburtstag, mit dem Themenschwerpunkt: »Wirken und Wirkung« dieses außergewöhnlichen Analytikers. Ohne diese Dokumente müssten wir mit Eisslers Wiener Lektor und späterem Freund, Ulrich Weinzierl, sagen, wir wussten fast gar nichts von ihm.

Weinzierls Erinnerungsskizze ist die herausragende Recherche: »Die Großväter sind die Lehrer« (Weinzierl 2007), der Titel ist Thomas Bernhard entlehnt. Hier kann man erfahren, dass Eissler der »Spross einer Dynastie von Holzmagnaten« gewesen sei. Sein Vater wurde durch seinen Cousin zweiten Grades aus Neid und Rachsucht im eigenen Geschäft erschossen. Die Affäre ging durch die Presse, der Mörder wurde verhaftet, aber dann vorzeitig begnadigt, mit der Begründung, er habe genug gelitten. Nie sei Eissler zum Skandal von damals ein Wort über die Lippen gekommen – so Weinzierl –, als er ihn einst um aufklärende Schriften zu dem Prozess gebeten hatte.

Eisslers Mutter starb 1938, 14 Tage nach dem Einzug der deutschen Truppen in Wien. Sein älterer Bruder Erik wurde 1943 von den Nationalsozialisten ermordet, ein jüngerer emigrierte. 1936 hatte Eissler seine zwei Jahre ältere Frau Ruth geheiratet und floh mit ihr 1938 von der Schweiz aus direkt nach Amerika. (Letzte amtliche Mitteilungen sind vom 4. Juli 1936 und vom 4. April 1939, eine Abmeldung liegt nicht vor.)

Wie Eissler diese Zeit erlebt hat, können wir seinem Briefwechsel mit Aichhorn von 1945 bis zu dessen Tod 1949 entnehmen (in Aichhorn/Schröter 2007, auszugsweise nachzulesen). Er versuchte, diese grauenvollen Ereignisse durch Flucht in die Literatur schreibend zu verarbeiten.

9. Kapitel

Die Psychoanalyse sei eine »großartige Waffe«, um durch Einsicht Macht über die bedrohte Kultur zu gewinnen, war eine Hoffnung Eisslers. Der »erste und älteste der Flüche, Mord eines Bruders!« (Hamlet) war und blieb ein Lebensthema von ihm:

> In der Tat enthüllen denn auch gerade diese »anspruchslosen« Stücke fast mit größerer Klarheit als die ästhetisch überlegenen das aus dem Unbewussten stammende Rohmaterial. (Eissler 1988, S. 140)

Wie nah ihm Hamlet stand, kann folgender Äußerung am Ende seiner Einleitung in »Diskurs über Hamlet und *HAMLET*«: entnommen werden:

> Hamlet ist für mich eine lebendige Person, die wir besser kennen und von der wir mehr wissen, als von den meisten Menschen unserer Umgebung. Es ist seine psychische Leidenschaftlichkeit, die – wie mir scheint – die Annäherung legitimiert, ihn klassisch psychoanalytisch zu untersuchen. (Übersetzung KZM)
> (Neujahrstag, 1969, S. 36)

Die wichtigste Person der Wiener Jahre *vor* der Emigration war für Eissler August Aichhorn. Eissler notierte 1948 im Rückblick auf die 20 Jahre davor: »[D]ie 10 Jahre in denen man am empfänglichsten ist«, habe er an Aichhorns Seite verbracht. Eissler, der Student für Philosophie, wollte »Erzieher für Verwahrloste« werden (Aichhorn/Schröter 2007, S. 11). Die Vermutung liegt nahe, dass er sich selbst als so ein Verlorener fühlte und zu allem bereit war, nur um in der Nähe seines »Wunschvaters« Aichhorn sein zu können.

Nach der Flucht war Eissler in der Emigration zunächst Heerespsychiater in Alabama geworden. Er schreibt einen denkwürdigen Brief in englischer Sprache an Aichhorn, als er ein neues Bild seines Freundes betrachtet, eine Photokopie, die ihm Frau Ruth aus Chicago zugesandt hatte. Voller Misstrauen durchforscht er sein Gesicht, ob es sich verändert habe, ob er ihm nicht mehr trauen könne und findet erleichtert die ihm bekannten Gesichtszüge wieder. Einem Mittelsmann gegenüber, der die Post transportierte, bezeichnet er ihn als »den einzigen Freund, den ich je hatte« (»the only friend I ever had«) (ebd., S. 18, meine Übersetzung, KZM). Dies lässt ahnen, wie verlassen, fast paranoid er sich in der Ferne fühlte.

In den frühen Zeiten der Emigration waren Eisslers Gefühle bestimmt vom Hass auf alles, was Hitler betraf, der einzige »Lichtstrahl« war Aichhorn. Am liebsten wollte er an der Front dienen – nicht ohne suizidale Impulse –, ins Kampfgebiet gehen, aber: »Als die Japaner hörten, daß ich in den Pazifik komme suchten sie um den Waffenstillstand an + so war ich wieder gestrandet« (ebd., S. 20). Dies schreibt er dem Freund ironisch-sarkastisch.

Da im Buch »*Diese liebende Verehrung* ...« Eisslers Lebensweg anhand seiner Werke nachgezeichnet werden sollte, steht Eisslers Hommage für Aichhorn am Beginn mit dessen Würdigung, 1947 verfasst in der Emigration: ein biographischer Abriss, der in der *Verwahrlosten Jugend* noch heute als Anhang zu finden ist. Hier setzte er dem Freund ein Denkmal:

> Er war wahrhaft jung, nur ohne die Leiden der Jugend, bis in sein Alter, er war wahrhaft glücklich, da er sich seiner Größe nicht bewusst war. (Eissler 2013, S. 33)

Eissler hatte zu Aichhorns 70. Geburtstag aus Amerika diese Festschrift herausgegeben: *Searchlight on Deliquency* zu deutsch: Verwahrlosung im Blickpunkt. In seinem Beitrag »Einige Probleme der Verwahrlosung« klingt erstmals das Thema der Urschuld des Menschen an, das später unter dem Titel »Nach dem Sündenfall« einer seiner berühmtesten Essays werden sollte. Und es bahnt sich das Finden der eigenen therapeutischen Haltung an: *Der Therapeut muss das Ideal des Verwahrlosten werden, wenn er ihn beeinflussen will.* Der freundliche Therapeut kontrastiert also mit den bisherigen schlechten Erfahrungen des Patienten.

Auch die Ablösung vom verehrten Lehrer-Freund August Aichhorn meldet sich an, wie Eisslers Fußnote zu seinem Festschriftbeitrag zu entnehmen ist:

> Diese Abhandlung enthält keine grundsätzlich neuen Gedanken, sondern beruht hauptsächlich auf August Aichhorns Theorie und Behandlungsmethode der Verwahrlosung. Da der Autor Aichhorn nicht *sklavisch* [meine Hervorhebung, KZM] folgte, ist es möglich, dass er dessen Positionen in einigen Punkten ungenau wiedergegeben hat. Die Behandlung des strukturellen Aspekts von Neurose und Psychose ist stark beeinflusst durch Freuds »Neurose und Psychose« (Freud 1924b) und durch »Der Realitätsverlust bei Neurose und Psychose« (Freud 1924e). (ebd., S. 35)

Vielleicht war diese Festschrift die Geburtsstunde von Eisslers eigener Kreativität, ganz im Goethe'schen Sinne, *Stirb und werde!*. Er wollte sich aus der Knechtschaft seiner Abhängigkeit vom Übertragungsobjekt (Aichhorn) befreien, trennte sich und wuchs durch das eigene Schaffen und Wirken. Dazu war ihm Freud als genialer Übervater geeigneter. Die Loslösung von Aichhorn ging jedoch nicht ohne Schuldgefühle vonstatten. So lobte er viel später Rosa Dworschaks Werk *Der Verwahrloste und seine Helfer* (1969): »So haben Sie dazu beigetragen, das schlechte Gewissen vieler seiner Schüler zu mäßigen.« (Aichhorn/Schröter 2007, S. 15)

In seiner Tätigkeit als Armeepsychiater, um die er sich ausdrücklich beworben hatte, war der Unterricht der jungen Soldaten sein neues Betätigungsfeld. Er musste sie unterrichten und flüchtete in seinem Lehrplan zu Goethes Therapieversuchen an Lenz und Plessing. Seine Beobachtungen flossen in sein so genanntes »Kriegsmanuskript« (War MS) ein; ein bis heute unveröffentlichtes Manuskript über die Psyche des Soldaten. (Bei der Bearbeitung des Textes tauchte die Frage auf, ob Eissler als »Denunziant« oder »Whistleblower« verstanden wurde.)

Aus diesem Komplex als nächstes »Die Seele des Rekruten – Zur Psychopathologie der US-Armee«:

> Ein hervorstechendes Merkmal der militärischen Umwelt, vor allem in den Ausbildungslagern, ist die massive, unnachgiebige, Angst machende Feindseligkeit, der die Rekruten – und die Soldaten allgemein – fortwährend ausgesetzt sind. (Eissler 2013, S. 67)

Hier ist unschwer zu erkennen, wie Eissler aus dem Feld der Verwahrlosten ins Armeelager der jungen Soldaten gewechselt war. Man kann vermuten, dass er seine erprobte Theorie dort fortsetzte.

Während dieser Zeit setzte Eissler seine Goethestudie fort:

> In gewisser Weise ist diese Studie das Ergebnis eines Zufalls. (Eissler 1983/85, S. 19)

Dass aus diesem »Zufall« zwei dickleibige Bände entstanden sind, mag für jeden anderen kokettierend wirken, nicht so für Eissler. Er versuchte, als Armeepsychiater Rekruten mit Goethes Lenz- und Plessing-Phase Einblicke in unbewusste Vorgänge zu vermitteln und erlag dem »sublimen« Vergnügen, bei Goethe zu verweilen!

In seiner Einleitung gesteht der Emigrant die »Flucht« zu Goethe:

> In der Tat wurde die mühselige Arbeit getragen von der Möglichkeit, aus »unserer Zeit des Kummers« zu entfliehen, um sich der exquisiten Lust zu erfreuen, die man aus der Versenkung in ein Leben gewinnt, das so einzigartig war. (ebd., S. 39)

Ich war sehr berührt von der Sehnsucht des Emigranten, der dieses Werk geschaffen hatte, dass ich ihm dies nach New York schrieb.

Seine Antwort blieb nicht aus. Sinngemäß sollte ich seine Worte im Vorwort zur deutschen Ausgabe wieder finden:

> Wenn neunzehn Jahre nach Erscheinen der Goethestudie in den Vereinigten Staaten noch das Bedürfnis nach einer deutschen Übersetzung besteht, dann kann ich mich des Gefühls der Entfremdung kaum erwehren. Was sich in einem und um einen seither verändert hat, gefährdet Sicherheit und Kontinuität. (ebd., S. 13)

Mir schrieb er sozusagen als Leserin der nächsten Generation, aber eben *auch* 20 Jahre nach Erscheinen der amerikanischen Ausgabe:

> Ihr Brief ehrt mich sehr und ich danke Ihnen, obwohl er mich beschämt. Meine Goethearbeit wird sehr überschätzt. Ihre Mängel sind dem Autor mehr bewusst als dem Leser. (Eissler an KZM)

Dann kam ein denkwürdiger Satz:

> Wenn ich Anlass fürs Arbeiten gegeben habe, so ist mir dies eine große Genugtuung. (ebd.)

Klang hier das Thema der Vertreibung, der Emigration an, dass der jüdische Analytiker die nachfolgende deutsche Generation über das gemeinsame Liebesobjekt Goethe aufklären konnte?

Doch zurück zum Buch: 1953, das war noch zehn Jahre vor der eigentlichen Goethestudie, schrieb Eissler, Marie Bonaparte zu Ehren, einen Essay über Eckermanns Beziehung zu Goethe (Eissler 2009).

Ich möchte daraus die Kindheitsepisode Peter Eckermanns zitieren, in der es um eine Pferdezeichnung geht. Eissler bezeichnete sie als Wendepunkt in Eckermanns Leben. Ich vermute, dass dies auch für Eisslers eigene Biographie galt, weshalb die wichtigen Erkenntnisse hier genauer betrachtet werden sollen und daher mehr Raum einnehmen. Eissler zitiert hier aus Eckermanns autobiographischem Bericht, der den Gesprächen mit Goethe vorangestellt ist.

Eckermanns geliebter Vater sei viel unterwegs gewesen. Eines Abends, beim Reisebericht zündete er sich seine Pfeife an. Da entdeckte der kleine Peter auf seinem Tabakbeutel das Bild eines schönen Pferdes. Er habe sogleich Tinte, Feder und ein Stückchen Papier geholt:

> [S]o bemächtigte sich meiner ein unwiderstehlicher Trieb es nachzuzeichnen [...] Als ich fertig war, kam es mir so vor, als sey meine Nachbildung dem Vorbilde vollkommen ähnlich und ich genoß ein mir bisher unbekanntes Glück. (ebd., S. 93)

Eissler interpretiert diesen Vorgang als klaren Bezug zwischen dem abwesenden Vater und dem verlassenen Sohn. Im Zeichnen des Pferdes habe er so etwas wie ein »Negativ einer Phobie« entwickelt, indem er seine passiven Neigungen gegenüber dem Vater angstfrei annehmen konnte. Im Zeichnen des Pferdes habe er sich losgelöst vom Liebesobjekt.

> Es klingt, als ob er sagte: »Wenn Du ständig von mir weggehst, mache ich mich unabhängig und schaffe mir meinen eigenen Vater, auf den ich mich auf Gedeih und Verderb verlassen kann, der bei mir bleibt oder den ich mir neu erschaffen kann, wann immer ich will.« (ebd., S. 94f.)

9. Kapitel

Diese freie Verfügbarkeit erinnere an die halluzinatorische Wunscherfüllung des Säuglings, fährt Eissler fort, und liege vielleicht aller künstlerischen Kreativität genetisch zugrunde. Besonders wichtig sei die Schaffung des Totems, als der Vater zwar anwesend war, der Sohn aber nicht seine volle Aufmerksamkeit hatte und ihn so erneut verlor. Eissler präzisiert wenig später:

> Natürlich ist das Verlangen, sich den toten Vater einzuverleiben und ihm durch Wiedergeburt eine Idealform zu geben, kein rein aggressiver, sondern auch ein liebevollzärtlicher Impuls. Die Intoleranz für die Unvollkommenheiten des Urvaters beruht auf der frühen narzisstischen Einstellung des Kindes. [...] »Ich will dich zu *meinen* Bedingungen lieben. Wenn du nicht so beschaffen bist, dass ich dich lieben kann, dann werde ich dich so umformen, wie ich es brauche, um dich lieben zu können.« (Eissler 2009, S. 122f.)

Es scheint mir nicht zu kühn, Eissler hier selbst wiederzufinden. Die Ablösung von den leiblichen Eltern gelang ihm mithilfe August Aichhorns, der ihm in seiner umfassenden Leiblichkeit Mutter und Vater war, den er von Amerika aus mit Nahrung und Kleidung versorgte und nicht müde wurde, ihn zu locken, er möge doch zu ihm kommen.

»Das Liebesobjekt von überwältigender Größe« – um es mit seinen Worten zu sagen – war jedoch Freud. Da fühlte er sich als sein »Eckermann« oder er wurde ganz Hamlet, in seiner leidenschaftlichen Liebe, wenn es darum ging, ihn zu preisen oder die Angriffe auf den Vater zu sühnen. (Freud, der 1939 in der Emigration starb, hatte er persönlich nie kennengelernt.) In der Realität folgte er dem idealen Vater Freud und verteidigte dessen Leonardo-Essay, weswegen Freud heftig angegriffen worden war. Eissler bildete jedoch nicht nur ab, sondern schuf darüber hinaus immer auch seine eigenen Werke. So stand in der Leonardostudie das Trauma mit dem Verlust des Vaters auch im Zentrum.

1963 dann die große Goethestudie, die, wie er uns selbst verrät, 1948, zehn Jahre nach der Emigration begonnen, und die schließlich in zwei je 800 Seiten starken Bänden ihren Niederschlag fand. Wie um sich zu entschuldigen für die Flucht in die Literatur, zu Goethe, schreibt er in der Einleitung:

> Unsere Zeit wird von schwerwiegenden Problemen heimgesucht, viele Ergebnisse und Werte stehen auf dem Spiel [...] In einer solchen Situation fragt man sich, ob es gerechtfertigt war, der luxuriösen Leidenschaft zu frönen, so viele Jahre der Plackerei und Anstrengung [...] einem peripheren Gegenstand [...] wie Goethes Leben in Weimar zu widmen.
>
> [Aber] [...] ohne [...] das Wirken der Genies wäre die Gesellschaft dem allmählichen Verfall preisgegeben [...]. (Eissler 1983/85)

So bekennt er:

> Ich gestehe, es war nicht nur Goethes unwiderstehliche Anziehungskraft, die mich in Bann geschlagen hat, sondern zudem das Vergnügen für eine Weile in einer vergangenen Welt zu leben. [...] (ebd., S. 39)

Im Vorwort zur amerikanischen Ausgabe der Goethestudie, finden wir auch einen Hinweis auf seine Frau Ruth (Eissler 1963, S. 15). Sie habe die harte Arbeit mit ihm geteilt, sie sei ihm ein verlässlicher Führer bei der Wahrnehmung vieler Feinheiten gewesen, sie habe ihn davor gewarnt, sich im Irrgarten der Theorie zu verlieren. Obwohl er nicht müde wird, sie zu loben, dass die besten Übersetzungen aus ihrer Feder stammten, schließt er seine Hymne, ihre Worte seien nicht gesondert von den seinen gekennzeichnet.

Das lässt an Goethe denken, vereinnahmte er sie nicht liebend wie einen Teil seiner selbst?

Wie Goethe in »Ginkgo biloba« schreibt:

> Sind es zwey, die sich erlesen,
> Daß man sie als eines kennt
> [...]
> Fühlst Du nicht an meinen Liedern
> Daß ich eins und doppelt bin

Ich verdanke dem guten Freund und Goetheverehrer – Günther Hadding – den Hinweis, dass Goethe mit Marianne von Willemer im Hinblick auf die in einigen Teilen gemeinsam verfasste Gedichtsammlung im *West-östlichen Divan* gleichermaßen vorging. Er »eignete sich im Stillen« ihre Gedichte als die eigenen an. Das Gedicht Suleikas »Ach um deine feuchten Schwingen« sei von Eckermann als besondere, kaum bemerkbare Goethekunst gepriesen worden, und Goethe, dem wohl bewusst war, dass Marianne die Urheberin dieses Gedichtes war, kommentierte:

> Als ich des guten Eckermanns Büchlein aufschlug, fiel mir (S. 279) zuerst in die Augen; wie oft hab ich nicht das Lied singen hören, wie oft dessen Lob vernommen und in der Stille mir lächelnd angeeignet, was denn im schönsten Sinne mein eigen genannt werden durfte. (S. 640, Jubilate 1824, Weitz: Willemer, S. 148f.)

Eine andere Interpretation Eisslers von Goethes Beziehung zu seiner Schwester Cornelia und später zur Freundin Frau von Stein lässt mich gleichfalls an die Parallele zu Ehefrau Ruth denken. Aus dem Gedicht »An Charlotte von Stein«:

9. Kapitel

Warum gabst du uns die tiefen Blicke…
Ach du warst in abgelebten Zeiten,
Meine Schwester oder meine Frau
(Goethe, S. 23, aus Erstes Weimarer Jahrzehnt 1775-1786, Münchener Ausgabe)

Eissler schreibt, Goethe sei in den frühen Lebenskrisen immer zu seiner Schwester, seinem »Magneten« zurückgekehrt:

> Die Rettung vor der Psychose dankte er seiner Schwester. Die Beziehung zu ihr war so, dass er jederzeit zu ihr zurückkehren und durch sie, die Schwester, ein ungebrochenes Verhältnis zur Welt aufrechterhalten konnte. Die Bindung an sie schützte ihn vor der Regression auf ein Niveau, auf dem die Welt des Unbewussten von seinem Geist Besitz ergriffen hätte. (Eissler 1983, S. 110)

Diese Einsichten hatte Eissler, so glaube ich, infolge von feiner Selbstwahrnehmung.

Goethes Flucht zu Frau von Stein kann mit seinen Worten selbst nicht schöner gesagt werden: »Die Stein hält mich wie ein Korkwamms über dem Wasser, dass ich mich auch mit Willen nicht ersäufen könnte.« (Goethe, Brief an C. v. Knebel 1782, S. 257)

Dass Frau Ruth sich nicht nur liebend vereinnahmen ließ, sondern auch dichtend für sich selbst sprach, zeigt ein Band *Gezeiten*, den sie ihm widmete: Liebesgedichte. (Ihr Gedichtband wurde 1976 in New York veröffentlicht.)

Insbesondere die »Ballade vom zerbrochenen Herzen« zeigt die Sicht aus ihrer Seite. Sie litt unter der Emigration, seiner Flucht in die Arbeit, fühlte sich übersehen und vernachlässigt. Es gab jedoch ein Erwachen seinerseits und das Paar fand sich wieder.

Eissler hatte frühzeitig um ein Forum in deutschsprachigen Zeitschriften gesucht und es gelegentlich in der *Psyche*, ab 1974 regelmäßig in der Mitarbeit im *Jahrbuch der Psychoanalyse* in der Zusammenarbeit mit F.-W. Eickhoff gefunden. Seine Essays zu Kreativität und zum Genie erfreuten sich großer Aufmerksamkeit und führten zu vielen Publikationen. Da für das Buch *»Diese liebende Verehrung …«* das Ziel war, hauptsächlich unbekannte Essays zu publizieren, wurde für diesen Band ein noch nicht übersetzter Essay ausgewählt, mit dem Thema: »Psychopathologie und Kreativität«. Eine zentrale Erkenntnis ist hier die Selbstheilung des Genies im Schaffen von Kunstwerken.

Bevor ich im Text weiter fortfahre, will ich weiter von meiner Bekanntschaft mit Eissler berichten. Auf einer Reise nach New York lernte ich ihn schließlich persönlich kennen. Er war von einer entwaffnenden Freundlichkeit. Auf meine Frage am Telefon, ob ich ihn besuchen dürfte, antwortete er: »Wann wollen Sie kommen?« Er wollte wissen, woran ich arbeitete, und so kam das Gespräch schnell in Gang. Wir sprachen auch von der Emigration. Er erzählte von seiner Liebe zu Amerika, er habe Bürgermeister von New York werden wollen. Erst jetzt konnte ich der Erinnerungsskizze Weinzierls die Ausblendung seines Heimwehs entnehmen, als es um dessen drohende Übersiedlung von Wien nach Frankfurt zur *FAZ* ging. Weinzierl zitiert Eissler in einem Brief: »Ich kann mir Ihren Auszug aus Wien nicht vorstellen, will es auch nicht, da es mir das Gefühl gibt, wieder die Heimat zu verlieren, so sind Sie mir mit Wien verbunden.« (Weinzierl 2007, S. 112) Er erzählte vom Misserfolg seiner Goethestudie in Amerika und ich war froh, ihm von der gerade erschienenen Taschenbuchausgabe berichten zu können.

Ganz anders seine Bedeutung im deutschsprachigen Raum, hier gab es jetzt eine Wiederholung mit seinen Arbeiten. Garcia bestätigte auch das mangelnde Interesse in Amerika. Siehe die »Bemerkungen zur Umwelt eines Genies«, das jetzt im Goethehaus in Frankfurt begrüßt wurde. Es entbehrte nicht einer gewissen Komik, als ich auf Eisslers Spuren im Hochstift wandelte und seine Übersetzungen wieder in die Originalsprache zurückführte. Auch fühlten die Übersetzer sich an Eisslers »vertrackten Stil« erinnert, als es galt diesen »leserfreundlicher« zu gestalten (ebd., S. 111).

Aus der Fülle der Arbeiten habe ich den thematisch wichtigen Dostojewski herausgegriffen: Es geht wieder um den Vatermord als literarisches Thema: »Psychoanalytische Überlegungen zu den ›Brüdern Karamasoff‹«.

Eissler beschäftigt sich zu Beginn dieses Essays mit Dostojewskis Konstruktion, Aljoscha, den jüngsten Sohn Karamasoffs, an den Anfang des Buches zu stellen. Analytisch gesehen misst er dieser initialen Position besondere Bedeutung bei.

Aljoscha habe doch scheinbar eine eher untergeordnete Rolle im Verhältnis zu seinen Brüdern. Es handele sich jedoch um einen Kunstgriff des Autors, so auf die besondere Stellung dieses Sohnes aufmerksam zu machen.

In Anbetracht der Tatsache, dass Eisslers Überlegungen zu den *Brüdern Karamasoff* im War MS (1945) erschienen sind, also bereits früh im Autor Eissler brodelten, lassen auf einen besonders wertvollen, biographischen Fund schließen.

Wenn man die Würdigung zum 100. Geburtstag Eisslers von Hans Erich Troje, Jurist, und seinem langjähriger (Brief-)Freund liest (Troje 2007), erfahren wir Genaueres zum Vatermord im Hause Eissler. Troje bezieht sich auf Weinzierls Nachforschungen und komplettiert das Bild mit juristischer Präzision.

Man erfährt, dass der Vater Eissler als »barscher finsterer Mann, der mit seinen Untergebenen im Feldwebelton verkehrte«, als ein »despotischer Chef«

9. Kapitel

beschrieben wurde (Troje 2007, S. 8). Sein Mörder, Sohn eines verstorbenen Onkels des Opfers, habe sich mit angeblich unzureichender Abfindung aus dem Geschäft gedrängt gefühlt.

Kurt Robert Eissler war der zweite von vier Brüdern, die Tat sei kurz nach seinem 15. Geburtstag geschehen. Es lässt sich nur mutmaßen, wie der kränkelnde, leptosome Adoleszente mit Brüdern und Mutter diese Familientragödie überlebte, und weshalb diese Arbeit von allen seine persönlichste sein könnte.

> Dostojewskij stellt drei Arten dar, in denen sich der Wunsch nach dem Vatermord entfalten kann. Dimitrij, der älteste Sohn, [...] bereitet [die Tat] vor, [...] Iwan, der zweite Sohn, wünscht, dass das Ereignis stattfindet [...]. Der Epileptiker Smerdjakoff, ein unehelicher Sohn des alten Karamasoff, spricht nicht über seine mörderischen Triebe, [...] [er spielt] die Rolle eines Helfershelfers, [...] (Eissler 2013, S. 91)

Er begeht das Verbrechen und spielt die Brüder gegeneinander aus, so dass jeder den anderen des Mordes bezichtigt. Doch wie verhält es sich mit Aljoscha, wie er vom Autor zärtlich genannt wurde? Eissler:

> Offenkundig versuchte Dostojewski, in der Gestalt des Aljoscha einen Menschentypus darzustellen, der frei von den ödipalen Strebungen ist, insofern sie aggressive und feindselige Triebe gegenüber dem Vater oder einem seiner Repräsentanten beinhalten [...]. (ebd.)

> [...] Aljoscha, der liebevolle, nicht ambivalente Typus, der sich von Feindseligkeit befreit hat [...]. Wohin nun Aljoscha auch kommen mag, er bringt Frieden und Vernunft mit sich [...]. (ebd., S. 93f.)

> [Sein Vater... sagte] zu ihm: »Fühle ich doch, dass du der einzige Mensch auf der ganzen Welt bist, der mich nicht verurteilt hat.« (ebd., S. 94)

Dann kommt die wichtigste Aussage:

> Aljoscha, »eroberte sein Herz« sofort durch den einen Umstand, dass er »lebte, alles sah und nicht verurteilte« [...]. (ebd.)

Dostojewski beschreibt die Beziehung des Vaters zu seinem Sohn Aljoscha:

> Nur mit dir allein bin ich ein paar Augenblicke lang gut gewesen, denn sonst bin ich ja doch ein böser Mensch [...]. (ebd., S. 95)

> Es ist eine klinische Erfahrung, dass eine wahrhaft ambivalenzlose Haltung des Therapeuten eine starke therapeutische Wirkung auch auf einen noch so kranken Patienten hat. (ebd.)

Dieser Satz scheint zentral: Von den Verwahrlosten über die Schizophrenen bis zu den übrigen Patienten und Analysanden, es ist Eisslers generelles analytisches Credo geworden.

Die Beziehung zum Vater steht im Mittelpunkt, dem realen ist er vielleicht begegnet wie Aljoscha seinem Vater, von dem er schrieb, er behandelte ihn wie ein guter Therapeut.

Die Beziehung zu seiner Frau, vielleicht zu allen Frauen? Ruth Eissler hat davon in dem zitierten Gedicht berichtet. Ich glaube, er hat sie geliebt, gebraucht, geschützt wie eine Schwester. Die Beziehung war vor allem eine seelisch-geistige, wie wir ihrem Gedicht von »Der törichten Jungfrau« entnehmen können, das demselben Band, *Gezeiten*, entstammt. Eigene Kinder waren demnach vermutlich unvorstellbar.

Seine schöpferische Lebensfreude bestand im Erschaffen von Arbeiten. »Schreiben macht mir Spaß + ich tue es mehr zu meinem Vergnügen als weil ich es für nützlich halte,« ließ der Understatler einst seinen Freund Aichhorn wissen (Aichhorn/Schröter 2007, S. 31).

Hinter dem Titel »Mankind at its best« (»Das Beste an der Menschheit«) (1964) verbirgt sich Eisslers Rezension der ersten Ausgabe der Freud-Briefe (1960). Die persönliche Bedeutung dieser Arbeit wird ersichtlich, zieht man in Betracht, dass Eissler es gleichzeitig mit »der Menschheit von ihrer schlechtesten Seite« zu tun hatte. Er musste seine Gutachtertätigkeit in den Wiedergutmachungsprozessen durchstehen. Die Kraft und den Trost, die »schwarzen Tage« auszuhalten, bezog er aus der Beschäftigung mit Freuds Genie, um in deutscher Sprache seine aufrüttelnde Arbeit: »Die Ermordung wie vieler seiner Kinder muss ein Mensch symptomfrei ertragen können, um eine normale Konstitution zu haben?« (Eissler, *Psyche*, 1963) verfassen zu können.

Krönender Abschluss des Bandes ist der »Versuch über das archaische Lächeln – Eine Phantasie«. Es handelt sich wieder um eine Festschrift, diesmal für Professor Loch, von Eissler selbst auf Deutsch geschrieben: In der einleitenden Widmung ist wieder der Tiefstapler am Werk, er habe auf einen alten Aufsatz zurückgegriffen, der nie für eine Publikation gedacht gewesen sei, da er »nur« eine Phantasie enthalte. In diesem Sinne sei es ein »antipodisches« Geschenk, unwissenschaftlich, es solle eine Stunde Kurzweil bieten. Diesem Umstand verdanken wir eine der schönsten Arbeiten Eisslers.

Dieser Essay, dachte ich, könnte auch »Wie das Lächeln in die Welt kam« betitelt werden. Eissler stellt hier folgende These auf:

> Als es einem außerordentlichen Geiste gelang, auf das Fürchterliche des menschlichen Lebens mit einem Lächeln zu reagieren, war die Basis gelegt, auf der die

9. Kapitel

> ungeheuere Mannigfaltigkeit des Schönen, das der okzidentale Geist bis vor kurzem in Malerei, Plastik, Architektur und Musik schuf, erwuchs. (Eissler 2013, S. 390)

> Das archaische Lächeln ist meiner Ansicht nach die erste Dokumentation des Menschen, der angesichts der Grässlichkeit der menschlichen Existenz Kund gibt, dass das Leben trotzdem schön und lustvoll sei. Es war ein Akt großartiger Verleugnung und gleichzeitig lustvoller Zuwendung zur Welt. (ebd., S. 391)

Während die Kunst früher im Dienste der Bannung der Gefahr gestanden hätte, sei irgendwann eine Kunst entstanden, die das Leben freudig begrüßte.

> Es ist nicht ganz klar, wann das archaische Lächeln zum ersten Male auftrat. Gewöhnlich wird es den Kouros-Gestalten des 6. Jahrhunderts [v. Chr.] zugeschrieben. Frühe weibliche Kleinplastiken etruskischer Provinienz aus dem 7. Jahrhundert [v. Chr.], zeigen einen Gesichtsausdruck, der wie ein Lächeln anmutet; [...] (ebd., S. 391f.)

Heißt das nicht, sich die Welt anzueignen, wie das Totem, eigentlich das verlorene Liebesobjekt überhaupt? Dieser schöne, lächelnde Kouros, an den Eissler vermutlich dachte, wurde das Deckblatt des 1. Bandes und die kleine Etruskerin wird den 2. Eisslerband zieren: *Bleibende Relevanz. Schriften zu Theorie und Technik.*

Abschließend fährt Eissler fort:

> Das archaische Lächeln ist auch das Lächeln des Schöpferischen. (ebd., S. 397)

Was es einzigartig mache, sei die Hingabe an den Augenblick, der zur Dauer würde, ohne Bezugnahme auf die Zukunft.
Dachte da der Goetheforscher nicht an Faust?

> Werd' ich zum Augenblicke sagen: Verweile doch! du bist so schön! Dann magst du mich in Fesseln schlagen, Dann will ich gern' zugrunde gehn! (*Faust I*, S. 57)

Wie dem auch sei, eine Lieblingswendung von Eissler, die Schöpfung seiner letzten 10-20 Lebensjahre war: *Freud and the Seduction Theory. A brief love affair*. Zu deutsch lautet der ganze Titel: *Freud und die Verführungstheorie. Eine kurze Liebesaffaire.* Für Eissler wurde es seine ultimative »Love Affair« mit Freud. Hier soll der Hinweis genügen, dass Eissler – wie immer – nach der anfänglichen Verteidigung von Freuds Theorie seine eigene Huldigung an den Wahrheitsgehalt der Psychoanalyse formulierte, und er damit das Vermächtnis seines Lebens zu Papier gebracht hatte. Danach konnte er sterben.
(Emanuel E. Garcia, sein Nachlassverwalter, hat es mit Eisslers langjährigem Herausgeber und Freund Michael Meyer aus New York posthum für ihn herausgebracht.)

Gesamtbibliographie

Aichhorn, T./Schröter, M. (2007): K. R. Eissler und August Aichhorn. Aus ihrem Briefwechsel 1945-1949. *Luzifer-Amor*, 40, S. 7-90.

Argelander, H. (1980): *Der Flieger. Eine charakteranalytische Fallstudie.* Frankfurt a. M.: Suhrkamp.

Arnim, B. von (1986): *Goethes Briefwechsel mit einem Kinde.* Berlin, Weimar: Aufbau.

Balzer, W. (2002): Der arglose Doppelgänger. Mentale Gleichschaltung und falsche Sinnhaftigkeit bei der Behandlung narzisstischer Störungen. In: O. Kernberg u. H.-P. Hartmann (Hrsg.). *Narzissmus. Grundlagen – Störungsbilder – Therapie.* Stuttgart, New York: Schattauer.

Beland, H. (1996): Siehst, Vater, du den Erlkönig nicht? Psychoanalytische Betrachtungen über Goethes Ballade »Erlkönig«. In: G. Greve (Hrsg.). *Kunstbefragung.* Tübingen: edition diskord, S. 13-34.

Benjamin, W. (1930): Linke Melancholie. Zu Erich Kästners neuem Gedichtbuch. In: H. Tiedemann-Bartels (Hrsg.). *Gesammelte Schriften Bd. III. Kritiken und Rezensionen.* Frankfurt a. M.: Suhrkamp, S. 279-283.

Bion, W. R. (1967): The Imaginary Twin. In: W. R. Bion. *Second Thoughts. Selected papers on Psycho-Analysis.* New York: Jason Aronson, S. 3-22. Dt.: (2013): Frühe Vorträge und Schriften mit einem kritischen Kommentar: »Second Thoughts«. Frankfurt a. M.: Brandes & Apsel.

Blos, P. (1990): *Sohn und Vater.* Stuttgart: Klett-Cotta.

Boemer, P. (1983): *Goethe.* rororo Bildmonographie. Reinbek: Rowohlt

Bohleber, W. (1980): Spätadoleszente Entwicklungsprozesse. Ihre Bedeutung für Diagnostik und psychotherapeutische Behandlung von Studenten. In: E. Krejci u. W. Bohleber (Hrsg.). *Spätadoleszente Konflikte.* Göttingen: Vandenhoeck & Ruprecht, S. 11-52.

Bohleber, W. (1987): Die verlängerte Adoleszenz. Identitätsbildung und Identitätsstörungen im jungen Erwachsenenalter. *Jahrbuch der Psychoanalyse*, 21, S. 58-94.

Bonaparte, M. (1984): *Edgar Poe. Eine psychoanalytische Studie.* Mit einem Vorwort von Sigmund Freud und einem Nachwort von Oskar Sahlberg. 3 Bde. Frankfurt a. M.: Suhrkamp.

Brecht, B./Weil, K. (1933): *Die sieben Todsünden*. Ballett mit Gesang von Kurt Weil. Text von Bertolt Brecht. Gesang Lotte Lenya. Schallplatte: Philips B 07 186 L.

Breloer, H./Königstein, H. (2001): *Die Manns. Ein Jahrhundertroman*. Frankfurt a. M.: S. Fischer.

Carotenuto, A. (Hrsg.) (1986): *Tagebuch einer heimlichen Symmetrie. Sabina Spielrein zwischen Jung und Freud*. Freiburg i. Br.: Kore.

Conrady, K. O. (1988): *Goethe. Leben und Werk, Bd. 1*. Frankfurt a. M.: S. Fischer.

Cremerius, J. (1986): Vorwort. In: A. Carotenuto (Hrsg.). *Tagebuch einer heimlichen Symmetrie. Sabina Spielrein zwischen Jung und Freud*. Freiburg i. Br.: Kore, S. 9-28.

Dammasch, F. (1994): Zwischen Mutterland und Vaterland. Die triangulierende Funktion des Therapeuten. *Analytische Kinder- und Jugendlichen-Psychotherapie*, 84, S. 309-340.

De M'Uzan, M. (2003): Die Identität und die Frage des Doppelgängers. *Zeitschrift für psychoanalytische Theorie und Praxis*, 1, S. 87-105.

Dettmering, P. (1986): *Das »Selbst« in der Krise*. Frankfurt a. M.: Eschborn.

Dolar, M. (1993): Otto Rank und der Doppelgänger. In: O. Rank. *Der Doppelgänger. Eine psychoanalytische Studie*. Wien: Turia + Kant, S. 119-129.

Eckermann, J. P. (1981): *Gespräche mit Goethe*. F. Bergemann (Hrsg.). Frankfurt a. M.: Insel.

Eickhoff, F.-W. (1995): Sigmund Freuds »Bemerkungen über die Übertragungsliebe«. 80 Jahre danach. In: J.-P. Haas u. G. Jappe (Hrsg.). *Deutungsoptionen*. Tübingen: edition diskord, S. 48-75.

Eickhoff, F.-W. (1999): In memoriam K. R. Eissler. *Jahrbuch der Psychoanalyse*, Bd. 41, S. 209-214.

Eissler, K. R. (1949): *Searchlights on Deliquency*. Imago.

Eissler, K. R. (1955): *The Psychiatrist and the Dying Patient*. New York: International Universities Press [dt.: *Der sterbende Patient. Zur Psychologie des Todes*. Stuttgart, Bad Cannstadt: fromman-holzboog, 1978].

Eissler, K. R. (1960): Variationen in der psychoanalytischen Technik. *Psyche – Z Psychoanal*, 13, 609-624.

Eissler, K. R. (1963a): *Goethe: a psychoanalytic study. 1775-1786*. Detroit: Wayne State University.

Eissler, K. R. (1963b): Die Ermordung wievieler seiner Kinder muß ein Mensch symptomfrei ertragen können, um eine normale Konstitution zu haben? *Psyche – Z Psychoanal*, 17, 241-291.

Eissler, K. R. (1976): Der Sündenfall des Menschen. *Jahrbuch der Psychoanalyse*, 9, S. 23-78.

Eissler, K. R. (1980 [1971]): *Todestrieb, Ambivalenz, Narzismus*. Übers.: E. v. Scheidt u. K. H. Schütz. Frankfurt a. M.: S. Fischer.

Eissler, K. R. (1983/85): *Goethe. Eine psychoanalytische Studie (1775-1786)*, 2 Bde. Frankfurt a. M.: Stroemfeld/Roter Stern.

Eissler, K. R. (1988): *Leonardo da Vinci*. Basel, Frankfurt a. M.: Stroemfeld/Roter Stern.

Eissler, K. R. (2009): Eine klinische Notiz über den moralischen Masochismus. Eckermanns Beziehung zu Goethe. *Luzifer-Amor*, 22, S. 88-133.

Eissler, K. R. (2013): *»Diese liebende Verehrung ...« Essays zu Literatur, Kunst und Gesellschaft*. K. Zinnecker-Mallmann (Hrsg.). Frankfurt a. M.: Brandes & Apsel.

Eissler, R. (1976): *Gezeiten. Gedichte*. New York.

Enderle, L. (1987 [1966]): *Erich Kästner in Selbstzeugnissen und Bilddokumenten*. rororo Bildmonographie. Reinbek: rowohlt.

Engels, A. (1988): *Frau Aja – Rätin Goethe – 1731-1808*. Iserlohn: Terraflor Gesellschaft.

Freud, E./Freud, L./Grubrich-Simitis, I. (Hrsg.) (1985): *Sigmund Freud: Sein Leben in Bildern und Texten. Mit einer biographischen Skizze von K. R. Eissler.* Frankfurt a. M.: Suhrkamp.

Freud, S. (1900a): *Die Traumdeutung. GW* II/III.

Freud, S. (1905e): Bruchstück einer Hysterie-Analyse. *GW* V, S. 161-286.

Freud, S. (1907a): Der Wahn und die Träume in W. Jensens »Gradiva«. *GW* VII, S. 29-122.

Freud, S. (1908e): Der Dichter und das Phantasieren. *GW* VII, S. 211-223.

Freud, S. (1910h): Über einen besonderen Typus der Objektwahl beim Manne (Beiträge zur Psychologie des Liebeslebens I). *GW* VIII, S. 66-77.

Freud, S. (1914c): Zur Einführung des Narzißmus. *GW* X, S.138-170.

Freud, S. (1915a): Weitere Ratschläge zur Technik der Psychoanalyse: III. Bemerkungen über die Übertragungsliebe. *GW* X, S. 306-321.

Freud, S. (1916-17a): Vorlesungen zur Einführung in die Psychoanalyse. *GW* XI.

Freud, S. (1917b): Eine Kindheitserinnerung aus Dichtung und Wahrheit. *GW* XII, S. 13-26.

Freud, S. (1919h): Das Unheimliche. *GW* XII, S. 229-68.

Freud, S. (1921c): Massenpsychologie und Ich-Analyse. *GW* XIII, S. 73-161.

Freud, S. (1925d): Selbstdarstellung. *GW* XIV, S. 31-96.

Freud, S. (1925g): Josef Breuer (Nachruf). *GW* XIV, S. 562-563.

Freud, S. (1930e): Ansprache im Frankfurter Goethe-Haus. *GW* XIV, S. 547-550.

Freud, S. (1942a): *Psychopathische Personen auf der Bühne. Studienausgabe* X: 161-179

Freud, S. (1960): *Briefe 1873-1939*. Ausgewählt und hrsg. von E. L. Freud. Frankfurt a. M.: S. Fischer.

Friedenthal, R. (1982 [1963]): *Goethe – Sein Leben und seine Zeit*. München, Zürich: Piper.

Ginzburg, C. (1981): *Erkundungen über Piero. Piero della Francesca. Ein Maler der frühen Renaissance*. Berlin: Wagenbach.

Goethe, C. E. (1971): *Briefe an ihren Sohn*. J. Fackert (Hrsg.). Stuttgart: Reclam.

Goethe, J. W. (1988): *Goethes Werke*. Hamburger Ausgabe in 14 Bänden. Erich Trunz (Hrsg.). München: dtv.

Goethe, J. W. (1988): *Die Leiden des jungen Werther* (Bd. 6. Goethes Werke. Romane und Novellen I. Hamburger Ausgabe). Textkritisch durchgesehen von E. Trunz. Kommentiert v. E. Trunz u. B. v. Wiese (*W*).

Goethe, J. W. (1988): *Faust. Eine Tragödie* (Bd. 3. Goethes Werke. Dramatische Dichtungen I. Hamburger Ausgabe). Textkritisch durchgesehen u. kommentiert v. E. Trunz (*Faust*).

Goethe, J. W. (1988): *Faust in ursprünglicher Gestalt* (Bd. 3. Goethes Werke. Dramatische Dichtungen I. Hamburger Ausgabe). Textkritisch durchgesehen und kommentiert v. E. Trunz, S. 365-420 (*Urfaust*).

Goethe, J. W. (1988): *Aus meinem Leben. Dichtung und Wahrheit* (Bd. 9. Goethes Werke. Autobiographische Schriften I. Hamburger Ausgabe). Textkritisch durchgesehen von L. Blumenthal. Kommentiert v. E. Trunz) (*DuW*).

Goethe, J. W. (1988): *West-östlicher Divan*. Bd. 2. Goethes Werke. Hamburger Ausgabe.

Goethe, J. W. (1988): *Wilhelm Meisters Lehrjahre*. Bd. 7. Goethes Werke. Autobiographische Schriften I. Hamburger Ausgabe.

Görtz, F. J. (1998): Ein Hausbesuch mit weitreichenden Folgen – Neue Forschungen zu Erich Kästners Vater: Es war der Arzt der Familie. *FAZ* v. 4. September 1998. Feuilleton.

Görtz, F. J./Sarkowicz, H. (1998): *Erich Kästner. Eine Biographie.* München, Zürich: Piper.

Grimm, J./Grimm, W. (1997): Kinder- und Hausmärchen der Brüder Grimm. Urfassung 1812-1814. P. Dettmering (Hrsg.). Eschborn: Dietmar Klotz.

Haas, E. (1998): Freuds Weg in die Verbannung. DPV-Info.

Hanuschek, S. (1999): *Keiner blickt dir hinter das Gesicht. Das Leben Erich Kästners.* München, Wien: Hanser.

Häusler, B. (1992): »Vor der Hinrichtung nur noch ein Glas Wasser«. Der Fall der Kindesmörderin Susanna Margaratha Brandt – Das Gretchen in Goethes Faust. *FAZ* v. 23. Januar 1992.

Hevers, E. (2009): Piero della Francescas *Tod des Adam*. In: C. Bischoff u. a. (Hrsg.). *Wie wird Neues möglich? Das Unerwartete in der Psychoanalyse.* DPV-Frühjahrstagung 2009, S. 355-364

Hevers, E. (2012)*: Die blaue Hortensie* – Ein Stilleben. In: M. Teising u. C. Walker (Hrsg.). *Generativität und Generationenkonflikte.* DPV-Herbsttagung 2011, S. 486-492.

Hofmannsthal, H. v. (1975): Libretto zu Der Rosenkavalier. Musik von Richard Strauss. In: *Das erzählerische Werk.* Frankfurt a. M.: S. Fischer, S. 280-376.

Hofmannsthal, H. v. (1975): Das Märchen der 672. Nacht (Die Frau ohne Schatten). In: *Das erzählerische Werk.* Frankfurt a. Main: S. Fischer, S. 280-376.

Kästner, E. (1929): *Emil und die Detektive.* Hamburg: Dressler.

Kästner, E. (1932): *Pünktchen und Anton.* Hörspielfassung: Kurt Vethake, 1963, Philips mit E. Kästner als Erzähler.

Kästner, E. (1956 [1931]): *Fabian. Die Geschichte eines Moralisten.* Berlin: Kiepenheuer und Witsch.

Kästner, E. (1981 [1949]): *Das doppelte Lottchen.* Hamburg: Dressler.

Kästner, E. (1981): *Mein liebes, gutes Muttchen. Du! Briefe und Postkarten aus 30 Jahren.* Ausgewählt und eingeleitet v. L. Enderle. Hamburg: Dressler.

Kästner, E. (1985 [1957]): *Als ich ein kleiner Junge war.* Hamburg: Dressler. 21. Aufl.

Kästner, E. (1988): *Herz auf Taille.* München: dtv.

Kästner, E. (1989): *Gesang zwischen den Stühlen.* München, dtv.

Kästner, E. (1995 [1977]): *Briefe an die Doppelschätze.* Zürich, Hamburg: Arche.

Kästner, E. (1998 [1939]): Die Doppelgänger. In: Erich Kästner. *Werke* (Romane I. Möblierte Herren). München: Hanser, S. 211-225.

Kästner, E. (1998): *Werke.* F. J. Görtz (Hrsg.). München, Wien: Hanser.

Kästner, E. (1998): *Möblierte Herren.* In: Beate Pinkerneil (Hrsg.). *Werke* (Romane I). München: Hanser.

Kästner, E. (1998): *Parole Emil.* Romane für Kinder I. F. J. Görtz (Hrsg.) in Zusammenarbeit mit A. Johann.

Kästner, E. (1998): *Eintritt Frei! Kinder die Hälfte!* Romane für Kinder II. F. J. Görtz (Hrsg.) in Zusammenarbeit mit A. Johann.

Kästner, E. (1998): *Zeitgenossen, haufenweise. Gedichte.* Harald Hartung (Hrsg.) in Zusammenarbeit mit N. Brinkmann.

Kästner, E. (1998): *Der Zauberlehrling.* Zürich: Atrium.

Kästner, E. (1999 [1928]): Das Fräulein am Reck, eine vermeintlich junge Dame turnt. *FAZ* v. 9. August 1998, S. 27.

Kästner, E. (2000a): Mein Leben. Vorabdruck. *FAZ* v. 6. August 1999, S. 42; 7. August 1999, S. 38 u. 9. August 1999, S. 38.

Kernberg, O. (1988): Störungen in der Entwicklung der Fähigkeit, sich zu verlieben und zu lieben. In: O. Kernberg. *Objektbeziehungen und Praxis der Psychoanalyse.* Stuttgart: Klett-Cotta, S. 190-225

Kesten, H. (1968): *Kästner für Erwachsene.* Zürich: Atrium.

Dettmering, P. (Hrsg.) (1997): *Kinder- und Hausmärchen der Brüder Grimm, Urfassung 1812-1814.* Frankfurt a. M.: Dietmar Klotz.

Kleist, H. v. (1807): Amphitryon. In: *Kleists Werke in einem Band.* Stuttgart, Hamburg: Deutscher Bücherbund, S. 219-284.

Kohut, H. (1973): *Narzißmus. Eine Theorie der psychoanalytischen Behandlung narzißtischer Persönlichkeitsstörungen.* Frankfurt a. M.: Suhrkamp.

Kretschmer, E. (1966 [1927]): Über Liebeswahn. In: E. Kretschmer. *Der sensitive Beziehungswahn.* Berlin, Heidelberg, Tübingen: Mohr, S. 188-202, 4. erw. Aufl.

Kübler-Ross, E. (1969): *On Death and Dying*. London: Macmillan Company [dt.: *Interviews mit Sterbenden*. Stuttgart: Kreuz, 1971].

Laufer, M. (1965): Assessment of Adolescent Disturbances. *Psychoanalytic Study of the Child,* 20, S. 196-221.

Laufer, E./Laufer, M. (1989): *Adoleszenz und Entwicklungskrise*. Stuttgart: Klett Cotta.

Lavin, M. A. (2008): *Piero the Storyteller. The Legend of the True Cross in the Church of San Francesco in Arezzo*. Mailand: Skira.

Loewald, H. W. (1986): *Psychoanalyse. Aufsätze aus den Jahren 1951-1979*. Stuttgart: Klett-Cotta.

Lorenzer, A. (1985): Der Analytiker als Detektiv, der Detektiv als Analytiker. *Psyche – Z Psychoanal,* 39, S. 1-11.

Luxemburg, R. (1980): *Ein Leben für die Freiheit*. F. Hetmann (Hrsg.). Frankfurt a. M.: S. Fischer.

Matt von, P. (1989): Liebe und Wahnsinn. In: P. von Matt. *Liebesverrat. Die Treulosen in der Literatur*. München, Wien: Carl Hanser, S. 184-197.

Maupassant, G. d. (1953): Der Horla. In: G. d. Maupassant. *Französische Erzählungen*. Leipzig: Dieterich.

Mayer, Hans im Gespräch mit Marlis Gerhardt (1999): *Zum 100sten Geburtstag von Erich Kästner*, ausgestrahlt am 31. Januar 1999 im SWR 2.

Metzner, K. (2011): Zum Tode von Hanna Segal. Psychoanalyse und künstlerische Kreativität. *DPV-Info* Nr. 51, S. 11.

Michel, C. (1987): *Goethe. Sein Leben in Bildern und Texten*. Vorwort v. Adolf Muschg. Frankfurt a. M.: Insel.

Möhr, A. (1987): *Liebeswahn. Phänomenologie und Psychodynamik der Erodynamie*. Stuttgart: Ferdinand Enke.

Mommsen, K. (2001): *Goethe und der Islam*. Frankfurt a. M.: Insel.

Montaigne, M. de (1992 [1753/54]): *Essais [Versuche] nebst des Verfassers Leben nach der Ausgabe von P. Coste*. Ins Dt. übersetzt v. J. D. Tietz. Zürich: Diogenes.

Moser, T. (1974): *Lehrjahre auf der Couch, Bruchstücke meiner Psychoanalyse*. Frankfurt a. M.: Suhrkamp.

Moser, T. (1980): *Gottesvergiftung*. Frankfurt a. M.: Suhrkamp.

Moser, T. (1985): *Romane als Krankengeschichten*. Frankfurt a. M.: Suhrkamp.

Moser, T. (1986): Verrat in inniger Umschlingung – eine Gefühlskatastrophe aus der Frühzeit der Psychoanalyse. *FAZ* v. 22. November 1986.

Moser, T. (1987): *Der Psychoanalytiker als sprechende Attrappe. Eine Streitschrift.* Frankfurt a. M.: Suhrkamp.

Moser, T. (1990): *Das zerstrittene Selbst.* Frankfurt a. M.: Suhrkamp.

Parth, W. (1980): *Goethes Christiane. Ein Lebensbild.* München: Knaur

Perels, C. (Hrsg.) (1988): *Sturm und Drang.* Frankfurt a. M.: Goethe-Museum/ Freies Deutsches Hochstift.

Poe, E. A. (1953): *Phantastische Erzählungen.* Leipzig: Dieterich.

Prokop, U. (1991): *Weibliche Lebensentwürfe im deutschen Bildungsbürgertum 1750-1770. Die Illusion vom großen Paar*, Bd. I. Frankfurt a. M.: S. Fischer.

Quadflieg, W. (1976): *Wir spielen immer. Erinnerungen.* Frankfurt a. M.: S. Fischer

Raddatz, F. (1998): Schreiben ist Leben. Ein ZEIT-Gespräch mit Arthur Miller, v. 10. September. *DIE ZEIT*, 38, S. 47.

Rank, O. (1993 [1925]): *Der Doppelgänger. Eine psychoanalytische Studie.* Wien: Turia + Kant.

Reiche, R. (2001): *Mutterseelenallein. Kunst, Form und Psychoanalyse.* Frankfurt a. M., Basel: Stroemfeld/Nexus.

Reich-Ranicki, M. (1993): *Über Ruhestörer. Juden in der deutschen Literatur.* München: dtv.

Reich-Ranicki, M. (2003): Sie ist bis heute unser aller Glück. *FAZ* v. 29. November 2003, S. 37.

Reich-Ranicki, T. (2000): *Dr. Erich Kästners Lyrische Hausapotheke. 56 Gedichte im Warschauer Getto.* Aufgeschrieben u. illustriert, Warschau 1941. Stuttgart, München: DVA.

Reik, T. (1930): Warum verließ Goethe Friederike? *Imago* Bd. XV.

Reik, T. (1974): *Das Verlangen geliebt zu werden.* München: Kindler.

Rudzinski, K. (1970): Über das Sterben sprechen...Die Untersuchungen der Frau Kübler-Ross. *FAZ* v. 31. Januar 1970.

Sandler, J./Dare, C./Holder, A. (1973): *Die Grundbegriffe der psychoanalytischen Therapie.* Stuttgart: Klett-Cotta.

Sarasin, P. (1929): Goethes Mignon. *Imago*, Bd. XV.

Scheibenberger, K. (1982): *Aus den Briefen der Frau Aja.* Frankfurt a. M.: Kramer.

Schikorsky, I. (1999): *Erich Kästner*. München: dtv Portrait.

Schlesinger-Kipp, G./Warsitz, R.-P. (Hrsg.) (2007): *Eros und Thanatos*. Arbeitstagung der DPV in Bad Homburg 2006.

Schröter, M. (2007): K. R. Eissler über das Sigmund-Freud-Archiv. Synopsis eines Interviews mit Emanuel E. Garcia (1992). *Luzifer-Amor*, 40, S. 45-63.

Segal, H. (1992): Wahnsinn und künstlerische Kreativität. Ausgewählte Aufsätze. In: H. Segal. *Wahnvorstellung und künstlerische Kreativität*. Stuttgart: Klett-Cotta, S. 261-272.

Spielrein, S. (1986 [1912]): Die Destruktion als Ursache des Werdens. G. Kimmerle (Hrsg.). Tübingen: edition diskord.

Spielrein, S. (1986): *Ausgewählte Schriften*, Bd. 2. G. Bose u. E. Brinkmann (Hrsg.). Berlin: Brinkmann & Bose.

Stephanos, S. (unter Mitarbeit v. F. Berger) (1979): Das Konzept der pensée opératoire und das psychosomatische Phänomen. In: T. v. Uexküll (Hrsg.). *Lehrbuch der Psychosomatischen Medizin*. München, Wien, Baltimore: Urban und Schwarzenberg.

Sternberger, D. (1975): Thomas Manns Doktor Faustus und die Deutschen. *Merkur. Deutsche Zeitschrift für europäisches Denken*, 12, S. 1123-1139.

Stevenson, R. L. (1953): Der seltsame Fall von Dr. Jekyll und Mr. Hyde. In: *Das rätselvolle Leben*. Leipzig: Dieterich.

Stork, J. (1986): Der Vater – Störenfried oder Befreier? In: *Das Vaterbild in Kontinuität und Wandel*. Stuttgart, Bad Canstatt: fromann-holzboog.

Strauss, R. (1957/1997): *Der Rosenkavalier*. Emi Classics, Herbert von Karajan.

Troje, H. E. (2007): K. R. Eissler zum 100. Geburtstag. *Luzifer-Amor*, 40, S. 8-22.

Trunz, E. (1988): Nachwort/Anmerkungen. In: *Die Leiden des jungen Werther* (Bd. 6. Goethes Werke. Romane und Novellen I. Hamburger Ausgabe). Textkritisch durchgesehen v. E. Trunz. Kommentiert v. E. Trunz u. B. v. Wiese. München: dtv, S. 542-605.

Weinzierl, U. (2007): Die Großväter sind die Lehrer. K. R. Eissler, M. D., *Luzifer-Amor*, 40, S. 108-121.

Wegner, M. (1999): *»Die Zeit fährt Auto«. Erich Kästner zum 100. Geburtstag*. Berlin, München: Deutsches Historisches Museum Berlin/Münchener Stadtmuseum.

Abbildungsverzeichnis

Abb. 1, S. 19: Darstellung aus den Faust-Zyklen von Eugene Delacroix aus dem Jahr 1828, Gretchen am Spinnrad.

Abb. 2, S. 49: Johann Wolfgang von Goethe, eine Silhouette betrachtend. Gemälde von Georg Melchior Kraus, 1775.

Abb. 3, S. 83: Katsushika Hokusai: Die große Woge, aus der Serie der 36 Ansichten des Fudschijama, 1823 – 1829, Farbholzschnitt, 246 x 362 mm, London, Victoria and Albert Museum.

Abb. 4, S. 93: Chinesische Darstellung, Privatbesitz.

Abb. 5, S. 115: Dr. Emil Zimmermann © Archiv Bibliographica Judaica; Der Herr im steifen Hut, Zeichnungen von Walter Trier aus *Emil und die Detektive* © Verlagsgruppe Oetinger; Mutter und Sohn im Wanderkostüm, Mutter und Sohn vor Studienbeginn, Dr. Kästner © Nachlass Enderle; *Das doppelte Lottchen*, Titelblatt von Walter Trier © Verlagsgruppe Oetinger.

Abb. 6, S. 120: Erich Kästner: Gedicht: Jahrgang 1899 © Christian H. Ohser.

Abb. 7, S. 121: Erich Kästner © Nachlass Enderle; Der Herr im steifen Hut, Zeichnungen von Walter Trier aus *Emil und die Detektive* © Verlagsgruppe Oetinger; Dr. Kästner © Nachlass Enderle; Dr. Emil Zimmermann © Archiv Bibliographica Judaica.

Abb. 8, S. 159 und Abb. 9, S. 160: Piero della Francesca: *Der Tod Adams*, in: Piero della Francesca: The Legend of the True Cross in the Church of San Francesco. Photographs by Alessandro Benci.

Abb. 10, S. 169: Photo von Wulf Hevers.

Abb. 11, S. 170: Photo von Wulf Hevers.

Abb. 12, S. 171: Photo von Wulf Hevers